吕友仁 著

王力《古代漢語》經學芻議

上海古籍出版社

本書爲河南師範大學學術專著出版基金資助項目

目　録

緒　言

第一節　我對“廢止讀經”的認識

《漢書·武帝本紀》：建元五年（前136），“置五經博士。”贊曰：“孝武初立，卓然罷黜百家，表章六經。”①按照傳統的看法，建元五年置五經博士就是大學設置經科的開始。自此以後，按照皮錫瑞《經學歷史》的説法，兩漢時期是經學極盛時代，魏晋時期是經學中衰時代，南北朝時期是經學分立時代，唐代是經學統一時代，宋代是經學變古時代，元明時期是經學積衰時代，清代是經學復盛時代。經學極盛時代不用説了，就是經學積衰時代，讀經的烟火並没有斷絶。讀經的烟火何時斷絶了呢？曰：斷絶于民國元年。民國元年，蔡元培先生以中華民國臨時政府教育總長的身份在《全國臨時教育會議開會詞》（1912年7月10日）中説：“今日之臨時教育會議，即中華民國成立以後第一次之中央教育會議。此次會議，關係甚爲重大。因有此次會議，而將來之正式中央教育會議，即以此次會議爲托始。……普通教育廢止讀經，大學校廢止經科，而以經科分入文科之哲學、史學、文學三門，是破除自大舊習之一端。”②竊以爲，“普通教育，廢止

---

① 班固：《漢書》，中華書局，1962年，159、212頁。
② 高平叔編：《蔡元培全集》第二卷，中華書局，1984年，262—264頁。

1

讀經;大學校廢止經科",讀經的烟火斷絶從此開始。假設有哪位先生續寫《經學歷史》,民國元年至今的一百多年,祇能叫做"廢止讀經的時代"。李學勤先生評論此舉説:"當時由于强調接受西學,在這種情况之下,蔡元培先生做了這樣的一個决定。對于這一問題怎麽評價,大家可以見仁見智。可是經學被取消後,幾十年之後我們回過頭來看,確實發現了問題,那就是經學在很長一段時間成了禁區,很少有人願意去研究它,很少有人願意去碰它。"①我除了同意李學勤先生的上述看法外,還想更明確地坦承鄙見:讀經廢止百年,痛定思痛,此舉對大學文科教師著述的負面影響,千萬不能小覷。

下面讓我們對蔡元培先生的《開會詞》稍作分析。

所謂"普通教育,廢止讀經",也就是中小學教育廢止讀經,其結果必然是導致中小學生不知經學爲何物。這一招很厲害,影響深遠,因爲是"從娃娃抓起"。一個多世紀過去了,按照三十年一代的算法,已經至少有三代人與經學隔膜了。筆者認爲,這種隔膜對今日大學文科學者的著述有何影響,值得嚴肅反思。

所謂"大學校廢止經科,而以經科分入文科之哲學、史學、文學三門",細究起來,也有問題。既然廢止了經科,那麽,"哲學、史學、文學三門"的經學師資從何而來?據張曉唯《蔡元培評傳》,蔡元培先生在任職北京大學校長期間,曾聘請劉師培、黄侃等有經學專長者爲文科教授。但須知劉、黄等人是當時幸存在世的最後一代經學大師,恰如靈光獨存,從長遠來看,就無以爲繼了。試看蔡元培先生之後的北京大學,還有此等經學大師嗎?所以我認爲,所謂"以經科分入文科之哲學、史學、文學"云云,對于經學來説,名既不存,實將焉附?實際上是開啓了"廢止讀經的時代"。

所謂"是破除自大舊習之一端"是什麽意思?筆者的理解是:你經學不是自視甚高嗎?"經史子集",以經居首嗎?我就是要打打你的傲氣!

① 李學勤:《國學的主流是儒學,儒學的核心是經學》,《中華讀書報》2010年8月4日第15版。

如果此解不謬,就未免有點意氣用事了。經史子集,經學確實是老大。但這種老大的地位,不是經學自封的,是人們認識到經學的本身的價值如此,所謂"桃李不言,下自成蹊"是也。

試看古今學者對經學價值的論述:

(1)劉勰《文心雕龍》凡五十篇,《原道》是第一篇,《徵聖》是第二篇,《宗經》是第三篇。前三篇的主題都是經學。范文瀾《文心雕龍注》云:"'道沿聖以垂文,聖因文而明道',文體繁變,皆出于經。"①

(2)劉勰《文心雕龍》卷四《史傳》:"立義選言,宜依經以樹則;勸戒與奪,必附聖以居宗。"②

(3)《顏氏家訓·文章篇》:"夫文章者,原出五經。"③

(4)張之洞《書目答問》:"由經學入史學者,其史學可信。"④

(5)熊十力《讀經示要》:"經爲常道,不可不讀。夫學不本于經,即無根柢。孔子《六經》,諸子百家之淵源也。"⑤

(6)范文瀾在其《經學講演録》中第一句話就是:"經學與中國文化的關係很密切。"⑥

(7)馮友蘭《中國哲學史》說,在綿延兩千多年的經學時代"諸哲學家所釀之酒,無論新舊,皆裝于古代哲學,大部分爲經學之舊瓶内"。⑦

(8)饒宗頤《新經學的提出——預期的文藝復興工作》:"'五四'以來,把經學納入史學,衹作史料來看待,不免可惜!經書是我們的文化精華的寶庫,是國民思維模式、知識涵藴的基礎;亦是先哲道德關懷與睿智的核心精義、不廢江河的論著。"⑧

(9)李學勤《國學的主流是儒學,儒學的核心是經學》:"在中國的歷

---

① 范文瀾:《文心雕龍注》,人民文學出版社,1958年,5頁。
② 范文瀾:《文心雕龍注》,286頁。
③ 王利器:《顏氏家訓集解》,中華書局,2002年,237頁。
④ 張之洞著、范希增補正:《書目答問補正》,上海古籍出版社,2001年,258頁。
⑤ 熊十力:《熊十力全集》第三卷,湖北教育出版社,2001年,558、691、800頁。
⑥ 范文瀾:《范文瀾歷史論文選集》,中國社會科學出版社,1979年,300頁。
⑦ 馮友蘭:《中國哲學史》(下),華東師範大學出版社,2000年,3頁。
⑧ 饒宗頤:《饒宗頤二十世紀學術文集》第四卷,中國人民大學出版社,2009年,6頁。

史上，'經'的作用與地位與'史'是不一樣的，雖然古人説，剛日讀經，柔日讀史。可是二者在歷史上、在傳統文化中的地位是不一樣的。不能認爲'經'與'史'是相等的，如果説這二者是相等的，那就等于把'經'在歷史上或者説在傳統文化中的地位否定了。"①

（10）姜廣輝《〈中國經學史〉新纂》："經學是維護華夏民族統一性和穩定性的知識體系、價值原則和意識形態。"②

（11）彭林《論經學的性質、學科地位與學術特點》："在過去的幾十年中，'撕去六經僞裝，還其本來面目'之類意識形態色彩極濃的口號盛行，爲此，六經被重新定義：《詩》是周代的詩歌總集，《書》是歷代文獻的彙編，《春秋》是魯國的史書云云，成了中學歷史教材名詞解釋的標準答案，人們對于民族經典的認識頓時變得膚淺起來。……經史子集四部，經部文獻是中國學術的源頭，始終處于領軍地位，其價值絕非其他文獻可以比肩。"③

我想，蔡元培先生是在"當時由于强調接受西學"的時代氛圍中講的這番話，其用心良苦。一個世紀過去了，時過境遷，蔡元培先生苟今日復生，斷是另外一番與時俱進的言論。

大學廢止經科，可以通過行政命令去執行；而大學中的哲學、史學、文學三科中，或明或暗普遍存在的經學却兀自巋然不動，毫髮無損。不獨此也，其存在仍然是一種居高臨下的存在，是作爲指導思想的存在。諸凡臣子的建言，學者的議論，引經據典，或明或暗，都以經學爲指歸。這就帶來了一個很現實的問題，我們今日的哲學教授、史學教授、文學教授，甚至是大師級的教授，由于缺乏基本的經學修養，用李學勤先生的話來説，"經學在很長一段時間成了禁區，很少有人願意去研究它，很少有人願意去碰它"，其結果就是他們在或明或暗普遍存在的經學面前説了錯話而尚不自

① 李學勤：《國學的主流是儒學，儒學的核心是經學》，《中華讀書報》2010年8月4日第15版。
② 姜廣輝：《〈中國經學史〉新纂》，《光明日報》2012年6月6日第11版。
③ 彭林：《論經學的性質、學科地位與學術特點》，《河南社會科學》2007年第1期。

知,仍然感覺良好。職此之故,涉及經學的著述敗象叢生。何謂敗象? 恕小子直言,大師級學者的著述出現常識錯誤之謂也。何謂常識錯誤? 答案是現成的,就在經書書本上,衹要你去看,就行。而大師級學者,或者根本就沒有意識到那是經學問題,所以沒有去看,或者是雖然看了但沒有看懂,馴致遺憾。我們常說,實踐是檢驗真理的標準。在事實面前,還不該引起我們的反思嗎? 古語云:"十年樹木,百年樹人。"廢止讀經已逾百年,痛定思痛,還不該引起我們的反思嗎?

第二節　筆者撰寫此書的動機

動機有四。

一、竊不自揣,欲爲王力先生主編《古代漢語》的進一步完善略盡綿薄。俗話說:"金無足赤,人無完人。"被尊爲聖人的孔子尚說:"丘也幸,苟有過,人必知之。"是聖人也有說錯話的時候。孔子的高足顏淵,也衹是達到了"不貳過"的高度。王力《古代漢語》的讀者之衆,影響之大,衆所周知。樹大招風,對王力《古代漢語》提出商榷的論文和專著都有,而且不少。但從經學的角度與王力《古代漢語》編者商榷的,恕我孤陋寡聞,似乎沒有。竊以爲,處於廢止讀經的時代,大勢所趨,王力《古代漢語》也未能幸免,其中也有不少經學常識方面的失誤。

除了經學常識方面的失誤以外,筆者認爲王力先生主編《古代漢語》還有一個應該引起高度重視的問題,即引書學術規範問題。巧得很,追溯我國引書學術規範的源頭就在《禮記》。《禮記·曲禮上》:"毋勦說。"鄭玄注:"勦,猶擥也,謂取人之說以爲己說。"[1]"毋勦說"三字,言簡意賅,這就是引書學術規範。用現代漢語來說,就是"必須明引"。清人陳澧爲了教育他的學生不蹈勦竊之病,根據《禮記·曲禮上》的"毋勦說"三字,寫了一篇《引書法》,兹摘引其中的第一節如下:

――――――――――

[1]　吕友仁整理:《禮記正義》,上海古籍出版社,2008 年,57 頁。

前人之書當明引,不當暗襲,《曲禮》所謂"必則古昔",又所謂
"毋剿説"也。明引而不暗襲,則足見其心術之篤實,又足徵其見聞之
淵博。若暗襲以爲己有,則不足見其淵博,且有傷于篤實之道矣。明
引則有兩善,暗襲則兩善皆失之也。①

兩千多年來,學者對《曲禮》的這句"毋剿説"都恪遵無二。請看:

(1)東漢許慎《説文解字序》:"今叙篆文,合以古籀。博采通人,至于
小大,信而有證。"②

(2)三國魏何晏《論語集解序》:"今集諸家之善,記其姓名,有不安
者,頗爲改易,名曰《論語集解》。"邢昺疏:"此叙《集解》之體例也。今,謂
何晏時。諸家,謂孔安國、包咸、周氏、馬融、鄭玄、陳群、王肅、周生烈也。
集此諸家所説善者而存之。示無剿説,故各記其姓名,注言'包曰''馬
曰'之類是也。"③

(3)晉范寧《春秋穀梁傳序》:"今撰諸子之言,各記其姓名,名曰《春
秋穀梁傳集解》。"④

(4)南朝宋裴駰《史記集解序》:"采經傳百家並先儒之説。"張守節
《正義》:"采,取也。或取傳説,采諸子百家,兼取先儒之義。先儒謂孔安
國、鄭玄、服虔、賈逵等是也。"⑤

(5)唐顔師古《漢書叙例》:"凡舊注是者,則無間然,具而存之,以示
不隱。其有指趣略舉,結約未伸,衍而通之,使皆備悉。……諸家注釋,雖
見名氏,至于爵里,頗或難知。傳無所存,具列如左。"⑥

一百多年來,儘管是没有經學的時代,但學者對"明引"這條學術規範
却没有棄之腦後。請看:

(1)梁啓超《清代學術概論》也著力稱贊清代"正統派之學風"説:

---

① 陳澧:《東塾續集》,文海出版社,1966年,30頁。
② 許慎:《説文解字》,中華書局,1963年,316頁。
③ 朱漢民整理:《論語注疏》,北京大學出版社,2000年,7頁。
④ 夏先培整理:《春秋穀梁傳注疏》,北京大學出版社,2000年,14頁。
⑤ 司馬遷:《史記》,中華書局,1959年,第10册,《史記集解序》,4頁。
⑥ 班固:《漢書》,3—4頁。

“凡采用舊説,必明引之,剿説認爲大不德。”①

（2）范文瀾《文心雕龍注·例言》的第四條説:“凡有徵引,必詳記著書人姓氏及書名卷數。”②

（3）高亨《周易大傳今注·序例(三)》:“凡采用成説,見于已出版之《周易古經今注》,則不指明見于何人何書;如不見于已出版之《周易古經今注》,則指明見于何人何書。”③

（4）裴學海《古書虚字集釋》之凡例七:“凡所采前修及時賢之説,其出自何人或何書,皆見于注語中;唯普通之義,爲人所習知者,則間未之及,蓋以無掠美之嫌故也。”④

筆者希望王力《古代漢語》在未來的修訂中能充分注意這個問題。

二、筆者原是河南師範大學中文系《古代漢語》教研室的一個教師,用的教材就是王力先生主編《古代漢語》。1999 年退休。退休以前,由于不懂經學,照本宣科,誤人子弟而不覺。而今有所覺悟,深感不安。此書之作,亦庶幾稍贖愧疚也。

三、藉此機會,竊不自量,想提醒高校文科同行,千萬不要以爲經學僅僅存在經書裏,干我何事? 不是的。史部書、子部書、集部書中都有經學。不僅有,而且是明擺着的少,暗藏着的多。這在經學發皇的時代,大家習以爲常;而到了没有經學的時代,那些明引的經文,未必都能看懂;而那些暗引的經文(經常是節引、意引)就成了難以察覺的陷阱。没有這樣的認識,會吃虧的。

四、開啓新時代的經學研究。首要任務是確立新經學的書目。饒宗頤先生《新經學的提出——預期的文藝復興工作》對這個問題有比較詳細的闡述,謹摘録如下:

　　我們現在生活在充滿進步、生機蓬勃的盛世,可以考慮重新塑造

---

① 梁啓超:《清代學術概論》,上海古籍出版社,1998 年,47 頁。
② 范文瀾:《文心雕龍注》,4 頁。
③ 高亨:《周易大傳今注》,齊魯書社,1919 年,6 頁。
④ 裴學海:《古書虚字集釋》,中華書局,1954 年,2 頁。

我們的新的經學。世界上沒有一個國家沒有他們的 Bible。"五四"以來,把經學納入史學,祇作史料來看待,不免可惜! 現在許多出土的簡帛記錄,把經典原型在秦漢以前的本來面目,活現在我們眼前。過去自宋迄清的學人千方百計去求索夢想不到的東西,現在正如蘇軾詩句"大千在掌握"之中,我們應該再做一番整理工夫,重新制訂我們新時代的 Bible。我所預期的文藝復興,不是一二人的事,而是整個民族的事,也是世界漢學家共同的期望。經書是我們的文化精華的寶庫,是國民思維模式、知識涵蘊的基礎;亦是先哲道德關懷與睿智的核心精義、不廢江河的論著。重新認識經書的價值,在當前是有重要意義的。經學的重建,是一件繁重而具創闢性的文化事業,不僅局限文字上的校勘解釋工作,更重要的是,把過去經學的材料、經書構成的古代著作成員,重新做一次總檢討。何者纔值得稱爲經,有資格厠于經書之林?

我的不成熟看法有下列幾點:

(1)訓詁書像《爾雅》,不得列作經書。

(2)與《尚書》具有同等時代與歷史價值,一些較長篇而重要的銅器銘辭,可選取二三十篇,作爲彌補《尚書》的文獻。《逸周書》可選部分入于此類,二者作爲《尚書》的羽翼。

(3)古代史家,記言與記事分開。記言的重要,保存許多古賢的微言大義,像《國語》一類著述可以入經。

(4)思想性重要的出土文獻,可選一些,像馬王堆的《經法》《五行》等。

(5)儒道二家是中國本有文化的二大宗教思想基礎,儒道不相抵觸,可以互補,各有它的優越性,應予兼容並包。《老子》《莊子》等書,原已被前人確認爲經,自當列入經書體系之內,作爲重要一員。

我這一點小意見,不妨作爲一點星星之火,引起大家的考慮。①

---

① 饒宗頤:《饒宗頤二十世紀學術文集》第四卷,6—7頁。

　　筆者認爲,可以以饒宗頤先生上述意見爲基礎,廣泛徵求意見,反反復復,不急不躁,假以時日,形成一個爲大家認可的經書書目,也就是新時代的經書書目。

　　緒言最後,想説的是,筆者聞道也晚,見聞不廣,雖有求是之心,難免自必之失。敬祈各界,箴吾瑕疵,攻吾紕繆,筆者感激不盡。

第一章 論王力《古代漢語》文選所收經部文獻簡介之失誤

第一節 《左傳》簡介之失誤

1. 簡介原文：《左傳》是我國第一部敘事詳細的完整的歷史著作。
(7頁)①

按：這是編者介紹《左傳》的第一句話，但這一句話並沒有抓住《左傳》在史部書中的特點。《左傳》在史部書中的特點是什麼？答曰：是我國第一部編年史。建議將"歷史著作"四字改作"編年史"三字。根據何在？唐劉知幾《史通》卷一《六家》："古往今來，質文遞變，諸史之作，不恒厥體。權而爲論，其流有六：一曰《尚書》家，二曰《春秋》家，三曰《左傳》家，四曰《國語》家，五曰《史記》家，六曰《漢書》家。"②也就是説，我國的史書體裁有六種：《尚書》開創了記言體，《春秋》開創了記事體，《左傳》開創了編年體，《國語》開創了國別體，《史記》開創了通史紀傳體，《漢書》開創了斷代紀傳體。文史不分家，這不正是我們向學生傳授史學常識的

① 本章的括注頁碼，均指王力《古代漢語》（校訂重排本，中華書局，1999年）頁碼。
② 劉知幾：《史通》，影印文淵閣《四庫全書》，第 685 册，9 頁。

節點嗎？爲什麼輕輕放過呢？再説，這也是教師講授《左傳》内容時無法回避的問題。編年體史書記事的特點是"以事繫日，以日繫月，以月繫時，以時繫年"①，而課文中頻繁出現的"隱公元年""僖公四年""宣公二年""四年，春，齊侯以諸侯之師侵蔡""冬，十二月丙子朔，晋滅虢"等句子，如果學生向教師提出疑問時，教師將何以答對？

　　另外，《左傳》還有一個更重要的身份，它是一部經書。《漢書·藝文志·六藝略》即著録《左氏傳》三十卷。② 課文《鄭伯克段于鄢》選自《春秋左傳正義》，而《春秋左傳正義》是唐代孔穎達《五經正義》之一。試問，連《左傳》是部"經書"都不告訴學生，那麽，下文的"現在最通行的是《十三經注疏》中的《春秋左傳注疏》(晋杜預注，唐孔穎達疏)"云云，豈不令人費解！饒宗頤《新經學的提出——預期的文藝復興工作》："'五四'以來，把經學納入史學，祇作史料來看待，不免可惜！經書是我們的文化精華的寶庫，是國民思維模式、知識涵藴的基礎；亦是先哲道德關懷與睿智的核心精義、不廢江河的論著。"③ 彭林《論經學的性質、學科地位與學術特點》："在過去的幾十年中，'撕去六經僞裝，還其本來面目'之類意識形態色彩極濃的口號盛行，爲此，六經被重新定義：《詩》是周代的詩歌總集，《書》是歷代文獻的彙編，《春秋》是魯國的史書云云，成了中學歷史教材名詞解釋的標準答案，人們對于民族經典的認識頓時變得膚淺起來。"④ 彭林先生説的是中學歷史教材，大學教材何嘗不是呢！希望《古代漢語》作下一次修訂時，在這一點上有所更正。

　　2. 簡介原文：自東漢以來，爲《左傳》作注的很多。(8 頁)

　　按：説"自東漢以來"，就把《左傳》的注釋史推遲了一個朝代。建議改作"自西漢以來"。爲什麼？請看：

　　杜預《春秋左傳序》："古今言《左氏春秋》者多矣，今其遺文可見者十

---

① 　杜預：《春秋左傳序》，浦衛忠等整理：《春秋左傳正義》，3 頁。
② 　班固：《漢書》，1713 頁。
③ 　饒宗頤：《饒宗頤二十世紀學術文集》第四卷，6 頁。
④ 　彭林：《論經學的性質、學科地位與學術特點》，《河南社會科學》2007 年第 1 期。

數家。"孔穎達疏:"《漢書·儒林傳》云:'漢興,北平侯張蒼及梁太傅賈誼、京兆尹張敞、大中大夫劉公子皆修《春秋左氏傳》,誼爲《左氏傳》訓詁,授趙人貫公,公傳子長卿,長卿傳清河張禹,禹授尹更始,更始傳子咸及翟方進、胡常,常授黎陽賈護季君,護授蒼梧陳欽子佚。而劉歆從尹咸及翟方進受。由是言《左氏》者本之賈護、劉歆。是前漢言《左氏》者也。漢武帝置五經博士,《左氏》不得立于學官。至平帝時,王莽輔政,方始立之。後漢復廢,雖然,學者浸多矣。"①又,《漢書·藝文志》的《春秋》家有《左氏微》二篇,師古曰:"微,謂釋其微指。"張舜徽《漢書藝文志通釋》:"按:微亦古代注述之一體,唯治《春秋》者有是例,蓋以經文隱約,將欲循其微詞以通其意旨耳。"②又,《舊唐書·經籍志》著録劉歆《春秋左氏傳條例》二十卷,③後佚。清人馬國翰輯出劉歆《春秋左氏傳章句》一卷,其輯本序云:"隋、唐《志》皆不著録,佚已久。從《正義》《釋文》輯二十節,其説多與賈逵、穎容、許淑並引,則三家皆祖述劉氏者也。"④綜上所説,可知西漢是《左傳》注解的源頭。

第二節 《論語》簡介之失誤

1. 簡介原文:魏時的何晏集漢儒以來各家之説,成《論語集解》,這就是我們今天所看到的最早的《論語》注本。(179頁)

按:這幾句簡介,給人的觀感是,何晏僅僅是做了"集解"的工作,並沒有他自己作的注解。這就錯了。實際上,何晏做了兩件事,一是"集解"他人之注,二是自己親自作注。知者,南朝梁皇侃《論語集解義疏序》:"魏末吏部尚書南陽何晏字平叔,因《魯論》集季長(按:馬融,字季長)等七家,又采《古論》孔注,又自下己意,即世所重者。"⑤所謂"又自下己意",

---

① 浦衛忠等整理:《春秋左傳正義》,北京大學出版社,2000年,25頁。
② 張舜徽:《漢書藝文志通釋》,湖北教育出版社,1990年,63頁。
③ 劉昫:《舊唐書》,中華書局,1975年,1977頁。
④ 馬國翰:《玉函山房輯佚書》,《續修四庫全書》本,第1202冊,267頁。
⑤ 皇侃:《論語集解義疏》,影印文淵閣《四庫全書》,第195冊,337頁。

即指何晏親自作注而言。試舉一例：

《論語・學而》：“人不知而不慍，不亦君子乎！”注：“慍，怒也。凡人有所不知，君子不慍之也。”皇侃疏：“凡注無姓名者，皆是何平叔語也。”[1] 皇侃爲什麼説這個話，因爲這個“注”字下，没有出現注者的姓名，例如“孔安國曰”“馬融曰”“王肅曰”等等，皇侃要告訴讀者：請注意，凡是“注”字下没有注家姓名的注文，就是何晏自己所作的注。

2. 簡介原文：後來，《論語》逐漸被人重視，研究的人也很多。至唐文宗時，被列入經書。（179 頁）

按：竊以爲，説《論語》“至唐文宗時，被列入經書”，無乃太晚。謹略述管見如下。

簡介説《論語》“至唐文宗時，被列入經書”，這是結論。而得出這個結論的根據，王書一字未講。我們推測，其根據大約是唐文宗時有刊立石經之舉，而《論語》則爲石經之一。按《唐會要》卷六十六“國子監”下云：“其年（大和九年）十二月，敕于國子監講論堂兩廊，創立《石壁九經》，並《孝經》《論語》《爾雅》，共一百五十九卷。”[2]《新唐書・鄭覃傳》也談到，鄭覃以爲經書中頗有誤字，須要是正，建議“準漢舊事，鏤石太學，示萬世法”[3]，得到文宗批准。所謂“準漢舊事”，即仿照東漢建立熹平石經的故事。據《舊唐書・文宗本紀》，開成二年，石經刻成。這就是經學史上有名的“開成石經”，又叫“唐石經”。唐石經計有《周易》《尚書》《詩經》《周禮》《儀禮》《禮記》《左傳》《公羊傳》《穀梁傳》《論語》《爾雅》《孝經》等十二種儒家經典，現保存于西安碑林。

如果我們的上述推測不誤，那就意味着《古代漢語》是把《論語》作爲唐石經之一作爲其立論的根據。然而，衆所周知，早在東漢靈帝時，朝廷就有刊立石經之舉，而《論語》于彼時也是石經之一。《後漢書・蔡邕傳》云：“邕以經籍去聖久遠，文字多謬，俗儒穿鑿，疑誤後學。熹平四年，乃與

---

① 皇侃：《論語集解義疏》，340 頁。
② 王溥：《唐會要》，影印文淵閣《四庫全書》，第 606 册，858 頁。
③ 歐陽修、宋祁：《新唐書》，中華書局，1975 年，5068 頁。

五官中郎將堂溪典、光禄大夫楊賜、諫議大夫馬日磾、議郎張馴、韓説、太史令單颺等，奏求正定《六經》文字。靈帝許之，邕乃自書丹于碑，使工鐫刻立于太學門外。"①這就是經學史上有名的"熹平石經"。由于熹平石經是用隸書一種字體書寫，所以後世又叫作"一字石經"。"一字"者，謂用隸書一體也。漢魏之際，戰亂頻仍，熹平石經遭到嚴重破壞。西晋陸機《洛陽記》云："太學在洛城南開陽門外，講堂長十丈，廣二丈。堂前《石經》四部。本碑凡四十六枚，西行，《尚書》《周易》《公羊傳》，十六碑存，十二碑毁。南行，《禮記》十五碑悉崩壞。東行，《論語》三碑，二碑毁。"②文中明確記載了遭到破壞的《論語》爲熹平石經之一。宋人洪適《隸釋》卷十四載有熹平石經殘碑五種，其一就是《石經論語殘碑》，計 971 字。我們認爲，如果《論語》作爲開成石經之一可以被認爲是列入了經書，那麼，《論語》作爲熹平石經之一而被認爲是列入了經書，更應該毫無問題。因爲開成石經是效法熹平石經而刊立的，我們不能數典忘祖。如果以開成石經爲準，《論語》進入經書的時間就是公元 837 年，而如果以熹平石經爲準，則《論語》進入經書的時間便是公元 175 年，二者相差六百多年。《隋書·經籍志》著録《一字石經論語》一卷，其注又云："梁有二卷"（意謂南朝梁阮孝緒《七録》著録有《一字石經論語》二卷）③，這些唐代以前目録學著作的記載，正是《論語》作爲熹平石經之一正式進入經書行列的客觀反映。

熹平石經刊立以後，唐文宗刊立開成石經之前，在這六百多年的歷史長河中，《論語》被視爲經書的記載不絶如縷。王應麟《困學紀聞》卷八云："《春秋正義》云：'傅咸爲《七經詩》，王羲之寫。'今按《藝文類聚》《初學記》載傅咸《周易》《毛詩》《周官》《左傳》《孝經》《論語》詩，皆四言，而闕其一。"④傅咸是西晋人，這表明，《論語》在西晋時已被視爲經書。《宋

---

① 范曄：《後漢書》，中華書局，1965 年，1990 頁。
② 《後漢書》李賢注引，中華書局，1965 年，1990 頁。
③ 魏徵、令狐德棻：《隋書》，中華書局，1973 年，942 頁。
④ 傅咸的《七經詩》，見《藝文類聚》卷五十五"經典"，上海古籍出版社，1982 年，984 頁；又見《初學記》卷二十一"經典"，中華書局，1962 年，501 頁。

書·百官志上》:"《周易》《尚書》《毛詩》《周官》《儀禮》《春秋左氏傳》《公羊》《穀梁》各爲一經,《論語》《孝經》爲一經,合十經。"①這表明《論語》在南朝宋時是"十經"之一。劉勰《文心雕龍·論説》云:"自《論語》已前,經無'論'字。"范文瀾注云:"'《論語》已前,經無論字',非謂經書中不見'論'字,乃謂經書無以'論'爲名者也。"②然則,是劉勰以《論語》爲經書矣,而劉勰的這個觀點未嘗不可以看作是六朝時期學者的共同觀點。陸德明是隋唐之際的學者,其《經典釋文》中收有《論語》,這又一次表明《論語》在當時學者心目中的位置。杜佑的《通典》,成書于貞元十七年(801),早于開成石經三十六年,其《選舉五》在講到唐代前期的明經考試時説:"立身入仕,莫先于禮。《尚書》明王道,《論語》銓百行,《孝經》德之本,學者所宜先習。其明經通此,謂之'兩經舉'。"又説:"其但習《論語》《孝經》,名'一經舉'。"③這兩段話記載的是唐文宗以前唐代的情况,這表明,《論語》在唐文宗以前的唐代已被官方視爲經書之一。

《論語》在兩漢時期受到統治者的高度重視,王國維《漢魏博士考》對此有詳盡的考證。據王氏考證,漢文帝時,《論語》《孝經》《孟子》《爾雅》皆置博士,謂之傳記博士。至武帝時,祇立五經博士,罷傳記博士。傳記博士之罷,王氏有一段精彩的論述:"《論語》《孝經》《孟子》《爾雅》雖同時並罷,其罷之意則不同。《孟子》,以其爲諸子而罷之也;至《論語》《孝經》,則以受經與不受經者皆誦習之,不宜限于博士而罷之者也。劉向父子作《七略》,六藝一百三家,于《易》《書》《詩》《禮》《樂》《春秋》之後,附以《論語》《孝經》、小學三目。六藝與此三者,皆漢時學校誦習之書。以後世之制明之,小學諸書者,漢小學之科目;《論語》《孝經》者,漢中學之科目;而六藝,則大學之科目也。武帝罷傳記博士,專立五經,乃除中學科目于大學之中,非遂廢中小學也。蓋經師授經,亦兼授《孝經》《論語》,

---

① 沈約:《宋書》,中華書局,1974年,1228頁。
② 范文瀾:《文心雕龍注》,331頁。
③ 杜佑:《通典》,中華書局,1988年,421頁。

猶今日大學之或有預備科矣。然則漢時《論語》《孝經》之傳,實廣于五經,不以博士之廢置爲盛衰也。"①《論語》在兩漢時期的備受重視,由此可見。據此,我們似乎有理由這樣認爲,從西漢初年到熹平石經的刊立這段時期,《論語》雖然是家習户誦之書,但其身分尚是"準"經書;而從熹平石經刊立之後,《論語》的身分就發生了質的變化,開始由"準"經書的行列跨入正式經書的行列。這個過程,就是經書由"六經"發展到"七經"的過程。這個過程的歷史軌迹斑斑可尋,如果把這一歷史過程的完成歸之于唐文宗時開成石經的刊立,未免與歷史事實不符。

順便説一下,《古代漢語》説"後來,《論語》逐漸被人重視",這個"後來",據簡介上文,是指魏何晏編纂《論語集解》之後。筆者認爲,這樣的表述也欠妥當。它給人這樣一種印象:似乎《論語》的逐漸被人重視,是在魏晉以後。實則不然。上引王國維《漢魏博士考》,已表明《論語》在兩漢時期已經受到高度重視。爲了進一步説明這一點,下面再列舉一些具體事例。《漢書·張禹傳》云:"初元中,立皇太子,詔令禹授太子《論語》。"又《宣帝本紀》霍光議奏曰:"孝武皇帝曾孫病已,有詔掖庭養視,至今年十八,師授《詩》《論語》《孝經》。"又《漢書·景十三王傳》:"去(廣川王)即繆王齊太子也,師授《易》《論語》《孝經》皆通。"又《漢書·疏廣傳》:"皇太子年十二,通《論語》《孝經》。"又《漢書·王尊傳》:"事師郡文學官,治《尚書》《論語》,略通大義。"又《後漢書·包咸傳》云:"建武中,入授皇太子《論語》。子福,拜郎中,亦以《論語》入授和帝。"又《後漢書·范升傳》:"九歲通《論語》《孝經》。"又《後漢書·和熹鄧皇后紀》:"十二通《詩》《論語》。"又《後漢書·順烈梁皇后紀》:"九歲能誦《論語》。"又《後漢書·馬嚴傳》:"續(馬嚴子)字季則,七歲能通《論語》。"又《後漢書·荀爽傳》:"年十二,能通《春秋》《論語》《論衡》。"上述具體事例,多數見之于王國維《觀堂集林·漢魏博士考》。②試想,朝野上下,無分貴賤,皆以習誦《論語》爲能事,成爲一時風尚,這還不能説明問題嗎?難怪

---

① 王國維:《觀堂集林》,中華書局,1959 年,178—182 頁。
② 王國維:《觀堂集林》,河北教育出版社,2001 年,87 頁。

劉師培在《論漢魏之際文學變遷》一文中説:"兩漢之世,户習七經。"①

王力先生主編的《古代漢語》是一部在國内外有巨大影響的教科書,其立論不但對廣大讀者有影響,而且對某些《古代漢語》教材的編寫也有影響。例如,我們發現,有些其他古代漢語教材在作《論語》介紹時就因襲了王力《古代漢語》的錯誤説法。爲了避免以訛傳訛,謹略述管見如上。

第三節 《禮記》簡介之失誤

1. 簡介原文:《禮記》是一部資料彙編性質的書。是七十子後學者和漢代學者所記。其所記録的都是戰國秦漢間儒家的言論,特别是關於禮制方面的言論,内容很複雜。……其中有很多東西是封建性的糟粕,但這部書所收集的資料反映出古代社會倫理觀念、宗法制度、階級關係和儒家各派的思想等等,對研究這些問題還有不少參考價值。其中有些言論,是值得批判地繼承的。(206 頁)

按:首先,筆者將這一大段簡介讀了兩遍,總感到字裏行間有一種大批判的味道。筆者核對了中華書局 1962 年版的王力《古代漢語》的《禮記》簡介,二者一字不差。看來,我的直覺不錯。這篇簡介,寫在以階級鬥争爲綱的年代,寫在將儒家經典視作封建餘孽的歲月。而校訂重排本出版于 1999 年,此時改革開放已經二十年了,這篇簡介,依然故我,顯然是落後于時代了。簡介甚至連《禮記》是一部經書這樣的話也不敢説。

我認爲,簡介應把《禮記》定位作儒家的一部重要經典。爲什麽這樣説呢?

《禮記》不僅是儒家經典《五經》之一,《十三經》之一,其中《大學》《中庸》還是朱熹《四書》之二。"三禮"之中,《周禮》據説是周公所作,《儀禮》據説是孔子所作,而《禮記》是"七十子後學"所作。奇怪的是,從

---

① 劉師培:《劉師培學術論著》,浙江人民出版社,1998 年,236 頁。

唐代開始,《周禮》不吃香了,《儀禮》也不吃香了,進入《五經正義》的是周公、孔子的徒子徒孫撰寫的《禮記》。到了宋代,朱熹又把《禮記》中的《大學》《中庸》兩篇取出,作爲《四書》中的兩種。可以說,在儒家經典中,誰也沒有《禮記》風光。而《禮記》之所以如此風光,不是靠的吹捧,靠的是實力,靠的是正能量,靠的是它對中華民族優秀傳統文化的影響。謂予不信,姑舉幾個大家比較熟悉的例子。

(1)《禮記·禮運》篇描述了兩種讓國人無限嚮往的社會模式:大同社會和小康社會。而小康社會的治理,就是"禮義以爲紀"。今天我國全面建成小康社會中的"小康"這個概念,就出自《禮記·禮運》,是中華民族自古以來追求的理想社會狀態。

(2)《禮記》對形成中華民族根深蒂固的重視教育的優良傳統起着無可代替的主導作用。《禮記》中的《學記》篇,是我國有關教育的最早的經典文獻。其開篇就說:"玉不琢,不成器;人不學,不知道。是故古之王者,建國君民,教學爲先。"①董仲舒對策,建議漢武帝"立太學以教于國",就是以《學記》爲根據。此後歷代相承。

(3)《禮記》對我國尊師重道優良傳統的形成起着無可替代的主導作用。"天地君親師"這五個字在中國歷史上有很高的知名度。魯迅《我的第一個師父》:"我家的正屋的中央,供着一塊牌位,用金字寫着必須絕對尊敬和服從的五位:'天地君親師。'"②郭沫若《洪波曲》第十一章四:"中國社會是尊師重道的,每家的祖先堂上都供有'天地君親師'的香位牌。"③張舜徽《訒庵學術講論集》:"真正徹底瞭解'天地君親師'五個大字的來源和作用,對整個中國封建社會的内幕,可算是瞭解了一大半。"④

按:"尊師重道"這句話出自《禮記·學記》,姑且不說。就是那"天地

---

① 呂友仁整理:《禮記正義》,1424 頁。
② 魯迅:《且介亭雜文末編》,人民文學出版社,1973 年,89 頁。
③ 郭沫若:《郭沫若全集》文學編第十四卷,人民文學出版社,1992 年,169 頁。
④ 張舜徽:《訒庵學術講論集》,岳麓書社,1992 年,587 頁。

君親師"五字,也是源出《禮記》。《禮記·禮運》:"故天生時而地生財,人,其父生而師教之,四者,君以正用之。"①第一次將"天地君親(父)師"五字放在一起。②

(4)《禮記·王制》篇對勤儉節約的治國持家理念的形成有直接影響。《王制》:"三年耕,必有一年之食;九年耕,必有三年之食。"③這就是後世"耕三餘一"的由來。《王制》還提出了"量入爲出"的消費原則。

(5)《禮記》是培育引導社會風氣的士大夫(今曰"社會精英")精神的最好教材。《禮記》中勵志的話語很多。例如《禮記·儒行》云:"儒有可殺而不可辱也。身可危也,而志不可奪也。儒有苟利國家,不求富貴。"④又如《曲禮上》:"臨財毋苟得,臨難毋苟免。"⑤《表記》:"君子之接如水,小人之接如醴。"⑥《坊記》:"善則稱人,過則稱己。"⑦等等。范仲淹是北宋士大夫的代表人物,他的千古名句:"先天下之憂而憂,後天下之樂而樂。噫!微斯人,吾誰與歸?"感動了不知多少人,而他的"微斯人,吾誰與歸"兩句,正是脫胎于《檀弓下》的"死者如可作也,吾誰與歸"。林則徐是清代士大夫的代表人物,曾爲朱彬《禮記訓纂》作序,其熟悉《禮記》可知。林氏爲世傳頌的"苟利國家生死以,豈因禍福避趨之"兩句詩,其中的"豈因禍福避趨之"即脫胎于《曲禮》的"臨難毋苟免"。

(6)《論語》談到了中庸,但僅僅一句話。而《禮記·中庸》則將孔子的中庸思想發揮得淋漓盡致。朱熹將《中庸》從《禮記》中摘出,構成"四書"之一。當代學者指出,中庸思想不僅對傳統文化有巨大影響,而且有普世價值。中國人的名字(尤其是古人)中含有中庸意味的很多。唐代的韓愈,史稱"文起八代之衰",字退之。"愈"是超過,違背中庸之道,就用

---

① 呂友仁整理:《禮記正義》,911 頁。
② 有不少學者認爲"天地君親師"五字出自《荀子·禮論》,但《荀子·禮論》有"先祖"而無"親",此其一;《郭店楚墓竹簡》問世後,《荀子》成書在《禮記》之後,已成共識,此其二。詳見拙文《"天地君親師"溯源考》,載《河南師範大學學報》(哲社版)2015 年第 3 期。
③ 呂友仁整理:《禮記正義》,510 頁。
④ 呂友仁整理:《禮記正義》,2222、2225、2227 頁。
⑤ 呂友仁整理:《禮記正義》,8 頁。
⑥ 呂友仁整理:《禮記正義》,2092 頁。
⑦ 呂友仁整理:《禮記正義》,1964 頁。

字"退之"來中和一下。南宋的理學家朱熹,字元晦。"熹"是熾盛、光亮,未免太出風頭,沒有節制,于是就字"元晦","晦"是昏暗,名字相抵,正合乎中庸之道。翻檢臧勵龢等《中國人名大辭典》,可以看到取名"居中""執中""秉中""師中""安中""建中"的不少,雙名中都含有一個"中"字,這個"中"字是中庸之道之中,千萬不要誤會爲中國之中。

（7）中國大學的校訓,有不少是取自《禮記》。我們知道,校訓是格言,是座右銘,是一個學校追求的培養目標。據筆者初步調查,中國大學校訓全部采自《禮記》的凡7所,它們是:

中山大學：博學 審問 慎思 明辨 篤行

東南大學：止于至善

河南大學：明德新民 止于至善

湘潭大學：博學篤行 盛德日新

黑龍江大學：博學慎思 參天盡物

香港大學：明德格物

香港城市大學：敬業樂群

大學校訓部分采自《禮記》的凡10所,它們是:

福州大學：明德至誠 博學遠志

廈門大學：自强不息 止于至善

安徽大學：至誠至堅 博學篤行

北京郵電大學：厚德 博學 敬業 樂群

遼寧工程技術大學：誠樸求是 博學篤行

河南師範大學：厚德博學 止于至善

山東師範大學：弘德明志 博學篤行

中國政法大學：厚德 明法 格物 致公

南京中醫藥大學：自信敬業

香港浸會大學：篤信力行

我認爲,葉紹鈞對《禮記》的評價比較公允:"《禮記》之所以爲儒家言的要典,爲後人應該讀的書籍,可以説因爲含有尤其重要的這一部分——

20

第三、四、五類(按:作者按照《禮記》各篇的内容,把《禮記》分爲五類:
一、關于儀文的;二、關于器物的制度的;三、通論禮樂的;四、政治制度
談;五、哲理談。)。我們想到這是影響我們民族實際生活的,是範疇我們
民族的思想精神的。不但在過去的時代,就是在現時,在將來,總脱不掉
它好或壞的關涉:該發生多少珍重的意思呵!"①

其次,簡介所謂"《禮記》是七十子後學者和漢代學者所記。其所記
録的都是戰國秦漢間儒家的言論",是對《禮記》的作者于與成書時代的
表述,而這個表述是不準確的,也是落後于時代的。《禮記》的作者,《漢
書·藝文志》説是"七十子後學所記也",簡介無端地加上"漢代學者"。
不獨此也,《禮記》記録的内容,簡介也要加上"秦漢"一詞。此事體大,不
可不辨。

馮友蘭《中國哲學史》將《禮記》視爲"秦漢之際的儒家",置于《荀
子》之後。② 簡介的看法大約是受馮説的影響。而馮説也是落後于時
代的。

宋代金履祥《孟子集注考證》、元代吳澄《禮記纂言》、明代陳士元《孟
子雜記》和清焦循《孟子正義》,都曾經指出《禮記》早于《孟子》的事例,姑
勿論。20 世紀末、21 世紀初,由于《郭店楚墓竹簡》(簡稱"郭店簡")、《上
海博物館藏戰國楚竹書》(簡稱"上博簡")的先後問世,在學術界引起强
烈反響,也爲《禮記》的成書時代提供了可信的證據。杜維明《郭店楚簡
與先秦儒道思想的重新定位》:"郭店楚墓竹簡出土以後,整個中國哲學
史、中國學術史都需要重寫。"③李學勤《郭店楚簡與儒家典籍》:"郭店簡
又影響到對《禮記》的看法。《緇衣》收入《禮記》,竹簡中還有不少地方與
《禮記》若干篇章有關,説明《禮記》要比現代好多人所想的年代更早。"④

---

① 葉紹鈞選注:《禮記》,《萬有文庫》本,商務印書館,1930 年,10 頁。
② 馮友蘭:《中國哲學史》上册,華東師範大學出版社,2000 年,250 頁。
③ 杜維明:《郭店楚簡與先秦儒道思想的重新定位》,《中國哲學》第二十輯《郭店楚簡
研究》,遼寧教育出版社,1999 年,4 頁。
④ 杜維明:《郭店楚簡與先秦儒道思想的重新定位》,《中國哲學》第二十輯《郭店楚簡
研究》,21 頁。

目前，經學界的一致看法是，《禮記》成書于戰國時期，早于《荀子》。這個問題，説來話長。筆者寫有《"天地君親師"溯源考——兼論《禮記》的成書時代》一文，載《河南師範大學學報》2015年第3期，有興趣者，敬請瀏覽。

2. 王力《古代漢語》在簡介《禮記》一書時説："戴聖輯録的叫《小戴禮記》，共四十九篇，就是現在通行的《禮記》。"（207頁）

按："《小戴禮記》，共四十九篇"的表述，容易使學生産生誤會。葉紹鈞稱是這樣説的："四十九篇的《禮記》，實在衹有四十六篇。中間《曲禮》《檀弓》《雜記》三篇，因爲簡册繁多，各分爲上下兩篇，故有四十九篇之數。"①

3. 王力《古代漢語》在簡介《禮記》一書時説："《禮記注疏》，是最通行的注本。此外較通行的還有元代陳澔的《禮記集説》和清代朱彬的《禮記訓纂》、孫希旦的《禮記集解》。"（207頁）

按：竊以爲，把元代陳澔的《禮記集説》作爲比較通行的注本向學生介紹，不合適。葉紹鈞稱："注釋《禮記》的書，元代有陳澔《集説》，比較簡略。"②《古代漢語》之所以推薦陳澔《禮記集説》，可能是受了葉書的影響。不錯，陳澔《禮記集説》雖然有曾在元明兩代被作爲科舉用書的"光榮歷史"，但學術界對它評價甚低。朱彝尊《經義考》卷一四三評價陳澔《禮記集説》云："按：自漢以來，治小戴之記者，不爲不多矣。以公論揆之，自當用衛氏《集説》取士，而學者厭其文繁，全不寓目。若雲莊《集説》，直兔園册子耳，獨得頒于學官三百餘年，不改于其度數品節，擇焉不精，語焉不詳，'禮云禮云'，如斯而已乎！"③這代表了學界的看法。《四庫全書總目》著録陳澔《禮記集説》云："謹案：《禮記集説》十卷，元陳澔撰。澔，字可大，都昌人，宋亡不仕，教授鄉里，學者稱雲莊先生。其書衍繹舊聞，附以己見，欲以坦明之説取便初學，而于度數、品節，擇焉不精，語焉不詳，後人病之。蓋自漢以來，治戴《記》者，百數十家，惟衛湜《集説》，徵引極審，頗

---

① 葉紹鈞選注：《禮記》，1頁。
② 葉紹鈞選注：《禮記》，12頁。
③ 朱彝尊：《經義考》，影印文淵閣《四庫全書》，第679册，54頁。

爲學者所推許。澧是書雖襲其名,而用意不侔,博約亦異。"這可以説是代表官方的看法。此外,筆者發現,陳澧並没有真正看懂孔穎達《五經正義》,就顛倒黑白,胡亂批評。陳澧《禮記集説序》云:"鄭氏祖讖緯,孔疏惟鄭之從,雖有他説,不復收載,固爲可恨。"竊以爲這番話是上誣孔疏,下誤讀者。

綜觀《五經正義》,可知孔穎達本人對讖緯的態度是:第一,基本不信,對讖緯予以嚴厲批判。第二,不搞絶對化,不是百分之百的否定,具體分析,區別對待。請看孔穎達在《五經正義》中的多處自白。孔穎達在《周易正義》中説:"但緯文鄙僞,不可全信。"①孔穎達在《尚書正義》中説:"其緯文鄙近,不出聖人,前賢共疑,有所不取。"②孔穎達在《尚書·堯典》疏中説:"《書緯》爲文生説,言'春夏相與交,秋冬相與互,謂之母成子,子助母',斯假妄之談耳。"③又説:"緯候之書,附會其事,乃云'河洛之符,名字之録',何其妄且俗也。"④孔穎達在《禮記正義》中説:"但伏犧之前,及伏犧之後,年代參差,所説不一。緯候紛紜,各相乖背,且復煩而無用,今並略之。"⑤應該説,孔穎達對讖緯之説保持着清醒的、理性的認識,難能可貴。而在處理《五經正義》中的讖緯文字時,設計了一條令人鼓掌的"各從其家而爲之説"之例。也就是説,《五經正義》中的注家,你信緯,我就用緯來疏通;你不信緯,我就不用緯來疏通。而《五經正義》中的注家,哪個信緯,哪個不信緯,孔穎達是瞭若指掌的。《尚書·舜典》孔疏:"鄭玄篤信讖緯。"⑥《尚書·大禹謨》孔疏:"孔(安國)無讖緯之説。"⑦《毛詩·商頌·玄鳥》孔疏:"毛氏不信讖緯。"⑧《毛詩·豳譜》:"其讖緯、史傳言文王受命七年而崩,及言周公攝政四年建侯衛,此等皆(王)肅所不信。"⑨

---

① 盧光明等整理:《周易正義》,北京大學出版社,2000 年,13 頁。
② 黄懷信整理:《尚書正義》,上海古籍出版社,2007 年,3 頁。
③ 黄懷信整理:《尚書正義》,46 頁。
④ 黄懷信整理:《尚書正義》,60 頁。
⑤ 吕友仁整理:《禮記正義》,1—2 頁。
⑥ 黄懷信整理:《尚書正義》,79 頁。
⑦ 黄懷信整理:《尚書正義》,134 頁。
⑧ 朱傑人、李慧玲整理:《毛詩注疏》,上海古籍出版社,2013 年,2128 頁。
⑨ 朱傑人、李慧玲整理:《毛詩注疏》,702 頁。

《左傳》桓公五年孔疏云："鄭玄注書，多用讖緯。而先儒悉不然。"①簡言之，在孔穎達《五經正義》選定的注家中，信緯的祇有鄭玄一人。孔安國、毛亨、杜預等人都不信緯。根據這條義例，《五經正義》中的讖緯被處理的井然有序，各得其當。在《周易正義》《尚書正義》《左傳正義》中，其注家不信緯，之所以仍有緯文出現者，那是孔穎達拿來作爲反面教材使用的。在《毛詩正義》《禮記正義》中，注家是信緯的鄭玄，緯文當然不少。但孔穎達處理的非常智慧，他在疏通鄭玄信緯的觀點時，往往要把不信緯的王肅的觀點也拿來講一講，明眼人一看便知，這是在"消毒"。陳澧連這麼明顯的事實都看不出來，反而顛倒黑白地以"鄭氏祖讖緯，孔疏惟鄭之從"來批評孔穎達，這樣的一部書，真是如朱彝尊所説："直兔園册子耳！"不值得表彰。

第四節　《詩經》簡介之失誤

1. 簡介原文：《詩經》的"經"字是漢儒加上去的，先秦祇稱爲詩，不稱詩經。（472 頁）

按：説"《詩經》的'經'字是漢儒加上去的"，值得討論。繆天綬《詩經選注·解題》："《詩經》這個名稱是後起的，在孔子以前祇叫做《詩》，並沒有《詩經》的名目。自從經過了孔子的一番鼓吹，那《詩》就加起冕來了。《莊子·天運篇》説：'孔子嘗謂老聃曰：丘治《詩》《書》《易》《禮》《樂》《春秋》六經。'可見秦漢以前便有這個尊稱了。"②屈萬里《詩經詮釋·叙論》："'詩經'這個名稱不甚古。古時祇把它叫做《詩》。'經'這個名詞，是起于戰國晚年。《荀子·勸學篇》裏有'學惡乎始？惡乎終？曰：其數則始乎誦經，終乎讀禮'的話。從它的下文看來，它所謂經，乃是指《詩》《書》《禮》《樂》《春秋》。可見當荀子的時代（戰國晚年）已經把《詩》《書》稱爲經了。"③陳子展《詩經直解·關于詩經（代序）》："《詩經》

① 浦衛忠等整理：《春秋左傳正義》，195 頁。
② 繆天綬：《詩經選注》，商務印書館，1937 年，1 頁。
③ 屈萬里：《詩經詮釋》，聯經出版事業股份有限公司，1983 年，1—2 頁。

是我國最古的一部詩歌總集,也是反映上古社會生活的一部百科全書。……其稱爲《經》,最初見于《莊子·天運篇》《禮記·經解》。至今成爲我國上古最可靠的史料之一。"①易丹《李學勤談清代經學的幾個問題》:"李:今天用的'經學'這個詞的提出,是晚清時的事,而經學的存在,那便很早了。不少人討論'經'和'經學'問題,認爲'經'的形成較晚,在孔子之後;'經學'更晚,晚到漢代纔出現。我認爲這是不正確的。'經'首先指的是那些受特别重視的常用書籍。戰國時代就有直接稱某書爲'經'的。如《吕氏春秋》引用了《孝經》,説明《孝經》的名稱在戰國時就出現了。戰國時代,已有六經之稱。《莊子·天運篇》載:'孔子謂老聃曰:丘治《詩》《書》《禮》《樂》《易》《春秋》六經。'《莊子》一書多寓言,很多人不相信這段話。不久前湖北荆門郭店楚墓出土竹簡《六德》,篇中説'觀諸《詩》《書》,則亦在矣;觀諸《禮》《樂》,則亦在矣;觀諸《易》《春秋》,則亦在矣。'所講六經次第與《莊子》全同,證明戰國中葉確實有這種説法。《國語·楚語上》記楚莊王時申叔時談太子的教育,應該'教之《春秋》','教之《世》','教之《詩》','教之《樂》'等。可見當時已將《詩》《禮》《樂》《春秋》等書籍作爲經典傳授給學生了。申叔時説這番話時屬春秋中葉,當時的楚國被視作荆蠻之地,尚且存在這種經典的教育,那麼在中原地區的流傳和普及應該更早。"②以上四家對于《詩經》的"經"字什麼時候就有了,結論雖然不一致,但有個共同點,都認爲至少是在戰國晚年。

2. 簡介原文:自東漢鄭玄爲毛傳(原名詁訓傳,傳音 zhuàn)作箋後,學毛詩的漸多,以後其他三家逐漸衰廢,而且先後亡佚了。(472 頁)

按:簡介説"鄭玄爲毛傳(原名詁訓傳,傳音 zhuàn)作箋",竊以爲這個表述是錯誤的,因爲它不僅與與傳統目録學的表述不符,而且與鄭箋的實際情況也不符。正確的表述應是"鄭玄爲《毛詩》作箋"。據調查,與王力《古代漢語》同調者古今有八家,可謂源遠流長,今兹一併説之。

① 陳子展:《詩經直解》,復旦大學出版社,1983 年,1 頁。
② 易丹:《李學勤談清代經學的幾個問題》,《中華讀書報》2001 年 8 月 15 日。

（1）《四庫全書總目》的《毛詩正義》提要：“鄭氏發明毛義，自命曰箋。案《説文》曰：‘箋，表識書也。’鄭氏《六藝論》曰：‘注《詩》宗毛爲主，毛義若隱略，則更表明；如有不同，即下己意，使可識别。’（案：此《論》今佚，此據《正義》所引）然則康成特因《毛傳》而表識其傍，如今人之簽記，積而成帙，故謂之箋。”①

（2）清阮元《毛詩注疏·邶風·日月》校勘記：“考凡鄭箋，皆箋傳而非箋經。”②

（3）劉師培《經學教科書》：“鄭衆、賈逵、馬融、鄭玄咸治《毛詩》，馬融作傳，鄭玄復爲毛公《詩傳》作箋，或采三家之説，是爲《毛詩》之學。”③

（4）余嘉錫《書册制度補考·箋》：“宋程大昌《演繁露》卷五云：‘鄭康成之箋《詩》也，自名其語曰‘箋’。古無紙，專用簡牘，簡則以竹爲之，牘則以木爲也。康成每條自出己説，以片竹書之，而列毛傳之旁，故特名鄭氏箋。’按：程説是也。”④

（5）張舜徽《中國古代史籍校讀法》：“箋是表識的意思。鄭玄説《詩》，宗毛爲主。如果《毛傳》講的不很明顯，或太簡略，鄭氏便加以補充發揮；如果自己對《毛傳》還有不同的見解，便記下自己的意思，不和《毛傳》相雜；于是稱這一寫作爲箋。這是在《毛詩故訓傳》的基礎上寫成的作品，和别出心裁、自成一家的傳注，有所不同。”⑤

（6）趙振鐸《訓詁學綱要》：“鄭玄解釋《詩經》，以《毛傳》爲依據，或是補充，或是發揮，不和《毛傳》相雜，稱爲《詩箋》。”⑥

（7）夏傳才《詩經研究史概要》：“在遍注《五經》中，他（按：指鄭玄）選取了毛亨的《毛詩故訓傳》，爲之作箋注，稱《毛詩傳箋》，簡稱《鄭箋》。”⑦

---

① 永瑢：《四庫全書總目》，中華書局，1965 年，120 頁。
② 《毛詩注疏》，《十三經注疏》，中華書局影印阮刻本，1980 年，301 頁中欄。
③ 劉師培：《經學教科書》，岳麓書社，2013 年，23—24 頁。
④ 余嘉錫：《余嘉錫文史論叢》，岳麓書社，1997 年，508 頁。
⑤ 張舜徽：《中國古代史籍舉要 中國古代史籍校讀法》，華中師範大學出版社，2004 年，249 頁。
⑥ 趙振鐸：《訓詁學綱要》，陝西人民出版社，1987 年，21 頁。
⑦ 夏傳才：《詩經研究史概要》，中州書畫社，1982 年，85 頁。

（8）王寧主編《古代漢語》：“箋，是表識的意思。鄭玄有《毛詩箋》，爲《毛詩故訓傳》作注。按，鄭《六藝論》云：‘注《詩》宗毛爲主，毛義若隱略，則更表明；如有不同，即下己意，使可識別也。所以，箋這種注釋，一般是對原注隱而不顯、略而不詳之處加以申發，或者記下自己的不同看法。’”①

上述九家的共同點，就是把鄭箋單純地直接與《毛詩詁訓傳》掛鉤，視爲《毛傳》之附庸，遮蔽了鄭箋箋的是《毛詩》這一事實，以小概念置換大概念，嚴重誤導了讀者。下面我們就來論證分析，爲什麽説“鄭箋箋的是《毛傳》”這種説法是錯誤的。

第一，上述九家誤讀了鄭玄的《六藝論》，以偏概全。不錯，鄭玄在《六藝論》中説過：“注《詩》宗毛爲主，毛義若隱略，則更表明；如有不同，即下己意，使可識別也。”②意謂鄭玄注《詩》，基本上與《毛傳》是一致的。如果《毛傳》説得還不夠明白，就做進一步説明；如果不同意《毛傳》的注解，那就拿出自己的看法，使讀者可以識別。請注意，《六藝論》這段話，僅僅是針對《毛詩故訓傳》而言，並非針對整體《毛詩》而言。須知，《毛詩》與《毛詩詁訓傳》是兩個不同的概念。拿《漢書·藝文志》來説，它既著録了《毛詩》二十九卷，又著録了《毛詩詁訓傳》三十卷。③ 前者是毛亨所傳（音 chuán）的《詩》，後者是毛亨爲《毛詩》所作的《傳（音 zhuàn）》，簡稱《毛傳（音 zhuàn）》。經文下面有毛傳的地方，適用《六藝論》之説；而經文下面没有毛傳的地方，就不適用《六藝論》之説。《朱子語類》卷一三五：“漢儒注書，祇注難曉處，不全注盡本文，其辭甚簡。”④朱子此言是也。一部《毛詩》，毛傳也祇是“祇注難曉處”，很多經文下面是没有毛傳的。而凡經文下面没有毛傳的地方，豈不是恰恰爲鄭箋提供了廣闊的用武之地嘛！詳下。

第二，再看其他文獻對鄭箋的記載。《後漢書·鄭玄傳》：“凡玄所注

---

① 王寧主編：《古代漢語》，北京出版社，2002 年，284 頁。
② 陸德明《經典釋文》“鄭氏箋”引，見朱傑人、李慧玲整理：《毛詩注疏》，4 頁。
③ 班固：《漢書》，1708 頁。
④ 黎靖德編：《朱子語類》，中華書局，1986 年，3228 頁。

《周易》《尚書》《毛詩》《儀禮》《禮記》《論語》……凡百餘萬言。"①請注意,范曄的表述是"注《毛詩》"。《後漢書·儒林傳下》:"鄭玄作《毛詩箋》。"②南朝陳陸德明《經典釋文序録》:"鄭玄作《毛詩箋》。"③《隋書·經籍志》:"鄭玄作《毛詩箋》。"④三書皆以《毛詩箋》相稱,顧名思義,鄭玄箋的是《毛詩》,不是《毛詩詁訓傳》。在鄭玄的《毛詩箋》中,《毛詩故訓傳》祇是《毛詩箋》中的一部分。《經典釋文序録》:"《毛詩故訓傳》二十卷,鄭氏箋。"吳承仕《經典釋文序録疏證》云:"鄭氏作《箋》,則以箋文附于經、傳之下。"⑤按:吳説是也。試想,如果鄭玄僅僅是爲《毛詩詁訓傳》作箋,就祇能箋文附于《毛傳》之下,怎能附于《毛詩》經文之下?

　　第三,事實勝于雄辯。如果我們耐着性子,認真地從頭到尾把《毛詩注疏》的毛傳、鄭箋翻閲一遍(這不需要很長時間),上述九家的説法,不攻自破。爲什麼?因爲上述説法與鄭箋實際情况不符。據筆者翻閲統計,《毛詩》經文之下僅有鄭箋而無《毛傳》者,共計1 032句。而《毛詩》經文的總句數是多少呢?感謝古人已經給我們提供了每組詩篇的句數⑥,我們祇要加到一起就行了。《周南》百五十九句,《召南》百七十七句,《邶風》三百六十三句,《鄘風》百七十六句,《衛風》二百三句,《王風》百六十二句,《鄭風》二百八十三句,《齊風》百四十三句,《魏風》百二十八句,《唐風》二百三句,《秦風》百八十一句,《陳風》百十四句,《檜風》四十五句,《曹風》六十八句,《豳風》二百三句。《小雅·鹿鳴》之什三百一十五句,《南有嘉魚》之什二百七十二句,《鴻雁》之什二百三十三句,《節南山》之什五百五十二句,《谷風》之什三百五十六句,《甫田》之什二百九十六句,《魚藻》之什三百二句。《大雅·文王》之什四百一十四句,《生民》之什四百三十三句,《蕩》之什七百六十九句。《周頌·清廟》之什九十五句,《臣

①　范曄:《後漢書》,1212頁。
②　范曄:《後漢書》,2576頁。
③　陸德明:《經典釋文》,上海古籍出版社,1985年,38頁。
④　魏徵、令狐德棻:《隋書》,918頁。
⑤　吳承仕:《經典釋文敍録疏證》,中華書局,1984年,91頁。
⑥　這些數字都來自《毛詩注疏》中每組詩篇後面的現成統計。

工》之什一百六句,《閔予小子》之什百三十七句。《魯頌》二百四十三句,《商頌》百五十四句。按:以上《風》《雅》《頌》相加,共有 7 234 句。這 7 234 句中,還有少數是由於經文易解而既無毛傳亦無鄭箋的。僅僅這 1 032 句獨立的鄭箋佔了 7 234 句的 14%強。應該説,這是個不小的比例。

這 1 032 句獨立的鄭箋,又可分爲下列六種情況:

(1)鄭箋僅僅注解經文之一句,凡 14 例。例如,《邶風·終風》:"中心是悼。"箋云:"悼者,傷其如是,然而己不能得而止之。"(171 頁)①

(2)鄭箋注解經文連貫之兩句,凡 345 例。例如,《邶風·柏舟》:"日居月諸,胡迭而微。"箋云:"日,君象也。月,臣象也。微,謂虧傷也。君道當常明如日,而月有虧盈。今君失道而任小人,大臣專恣,則日如月然。"(157 頁)

(3)鄭箋注解經文連貫之三句,凡 30 例。例如,《王風·君子于役》:"君子于役,不知其期,曷至哉?"箋云:"曷,何也。君子于往行役,我不知其反期,何時當來至哉? 思之甚。"(349 頁)

(4)鄭箋注解經文連貫之四句,凡 41 例。例如,《小雅·十月之交》:"日月告凶,不用其行。四國無政,不用其良。"箋云:"告凶,告天下以凶亡之徵也。行,道度也。不用之者,謂相干犯也。四方之國無政治者,由天子不用善人也。"(1038 頁)

(5)鄭箋注解經文連貫之五句,凡 4 例。例如,《小雅·斯干》:"大人占之:維熊維羆,男子之祥;維虺維蛇,女子之祥。"箋云:"'大人占之',謂以聖人占夢之法占之也。熊羆在山,陽之祥也,故爲生男。虺蛇穴處,陰之祥也,故爲生女。"(988 頁)

(6)鄭箋注解經文連貫之六句,凡 9 例。例如,《小雅·何人斯》:"爾之安行,亦不遑舍。爾之亟行,遑脂爾車。壹者之來,云何其盱?"箋云:"遑,暇。亟,疾。盱,病也。女可安行乎? 則何不暇舍息乎? 女當疾行乎? 則又何暇脂女車乎? 極其情,求其意,終不得壹者之來見我,于女亦

何病乎?"(1094 頁)

就《毛詩》全書來説,《毛傳》無疑占主導地位。而如果就 305 篇中的某一篇來説,就不一定了。有時候,則是鄭箋占主導地位。姑以《衛風·河廣》爲例:

"誰謂河廣?一葦杭之。"毛傳:"杭,渡也。"箋云:"誰謂河水廣與?一葦加之,則可以渡之,喻狹也。今我之不渡,直自不往耳,非爲其廣。"

"誰謂宋遠?跂予望之。"箋云:"予,我也。誰謂宋國遠與?我跂足則可以望見之,亦喻近也。今我之不往,直以義不往耳,非爲其遠。"

"誰謂河廣?曾不容刀。"箋云:"不容刀,亦喻狹小。舩曰刀。"

"誰謂宋遠?曾不崇朝。"箋云:"崇,終也。行不崇朝,亦喻近。"①

請看,這首詩總共八句,《毛傳》僅僅注了其中的一個"杭"字,其餘的注釋,都由鄭箋包了。因此,就《河廣》一詩的注解來看,鄭箋占了絶對主導的地位。

以上説的還祇是對《毛詩》305 篇經文的注釋,我們不要忘了,《毛詩》還有一篇《大序》和散置 305 篇篇首的《小序》,這也是《毛詩》的一個組成部分。而對于《大序》和《小序》的注釋,唯有鄭箋一家,《毛傳》是不置一詞的。知者,孔穎達疏云:"《毛傳》不訓《序》者,以分置篇首,義理易明,性好簡略,故不爲傳。鄭以《序》下無《傳》,不須辨嫌,故注《序》不言箋。"②

行文至此,可知那種認爲"鄭玄爲毛傳(原名詁訓傳,傳音 zhuàn)作箋"的説法是片面的,不符合鄭箋實際的,因而是錯誤的,亟須糾正。鄭玄是爲整體《毛詩》作箋。不僅爲有《毛傳》的經文作箋,還要爲沒有《毛傳》的經文作箋,還要爲《大序》《小序》作箋。

根據以上三點,我們可以實事求是地説,鄭玄是爲《毛詩》作箋,而哪種認爲"鄭玄爲毛傳(原名詁訓傳,傳音 zhuàn)作箋"的表述是錯誤的,亟須糾正。

又,爲什麽"鄭玄爲毛傳作箋後,學毛詩的漸多,以後其他三家逐漸衰

---

① 朱傑人、李慧玲整理:《毛詩注疏》,326—327 頁。
② 朱傑人、李慧玲整理:《毛詩注疏》,2 頁。

廢"？質言之,其中的原因是什麼？應該有所交代。按:鄭玄《六藝論》
曰:"注《詩》宗毛爲主。"然則,有主必有輔也。

惠棟《九經古義》卷六:"《六藝論》云:'注《詩》宗毛爲主,毛義若隱
畧,則更表明;如有不同,即下己意。'案鄭箋宗毛,然亦間有從《韓》《魯》
説者。如《唐風》'素衣朱襮',以'繡黼'爲'綃黼';《十月之交》爲厲王
時,《皇矣》'侵阮徂共'爲三國名,皆从《魯詩》。《衡門》'可以樂飢',以
樂爲療;《十月之交》'抑此皇父',抑讀爲意;《思齊》'古之人無斁',斁作
擇,《泮水》'狄彼東南',狄作鬄,皆《韓詩》説也。"①

馬瑞辰《毛詩傳箋通釋》卷一《鄭箋多本韓詩考》:"鄭君箋《詩》,自
云'宗毛爲主'。其間有與毛不同者,多本《三家詩》。以今考之,其本
于《韓詩》者尤夥。如《君子偕老》詩'邦之媛也',箋云'邦人所依倚以
爲援助也',與《韓詩》'媛'作'援',訓爲'助'合。《鶉之奔奔》詩箋云:
'奔奔,彊彊,居有常匹、行則相隨之貌。'與《韓詩》云'奔奔,彊彊,乘匹
之貌'合。……蓋鄭君先從張恭祖受《韓詩》,故其箋《詩》多本《韓詩》之
説。……至《匡衡傳》云:'陳夫人好巫,而民淫祀。'説本《齊詩》。而鄭君
《詩譜》亦云:'大姬無子,好巫覡禱祈鬼神歌舞之樂,民俗化而爲之。'《谷
永傳》引《詩》'艷妻'作'閻妻',……顏師古注謂'刺厲王',説本《魯詩》。
而《十月之交》鄭箋云'當爲刺厲王作',正本《魯詩》之説。……是知鄭君
非不兼采《齊》《魯》二家之説,要不若《韓詩》是從其師説,爲最多耳。"②

陳奐《鄭氏箋考徵》:"鄭康成習《韓詩》,兼通《齊》《魯》,最後治《毛
詩》。箋《詩》乃在注《禮》之後。以《禮》注《詩》,非墨守一氏。箋中有用
三家申毛者,有用三家改毛者,例不外此二端。三家久廢,姑就所知,得若
干條。陳奐録。"③

綜上三家之説可知,由於鄭玄箋《詩》,奉行的是"宗毛爲主,兼取三
家之長"的方針,此即"三家逐漸衰廢"之原因也。

---

①　惠棟:《九經古義》,影印文淵閣《四庫全書》,第 191 册,424 頁。
②　馬瑞辰:《毛詩傳箋通釋》,中華書局,1989 年,20—23 頁。
③　陳奐:《鄭氏箋考徵》,《續修四庫全書》,第 70 册,521 頁。

第二章　論王力《古代漢語》文選經部文獻注釋之失誤

第一節　《左傳》文選注釋之失誤

凡 12 例。

1. 文選《鄭伯克段于鄢》：鄭伯克段于鄢(隱公元年)。

注釋：《左傳》本無篇目,篇目是後加的。(8 頁)

按："篇目是後加的",語意含混。試問:是《古代漢語》編者後加的,還是別人後加的? 據查,明賀復徵編《文章辨體彙選》卷四百八十九首先選了此篇,衹不過題目是《鄭莊公》。[1] 清初徐乾學奉旨編注《御選古文淵鑒》卷一收錄了此篇,題目是《鄭莊公叔段本末》(隱公元年);[2]以"鄭伯克段于鄢"爲選文標題,蓋始于清康熙三十四年由吳楚材、吳調侯編輯出版的《古文觀止》。[3]

2. 文選《鄭伯克段于鄢》：初,鄭武公娶于申。

注釋：鄭伯,指鄭莊公。春秋時有五等爵:公、侯、伯、子、男。鄭屬伯

---

[1]　賀復徵編:《文章辨體彙選》,影印文淵閣《四庫全書》,第 1408 册,103—104 頁。
[2]　徐乾學編注:《御選古文淵鑒》,影印文淵閣《四庫全書》,第 1417 册,9—10 頁。
[3]　見陰法魯主編:《古文觀止譯注》,北京大學出版社,2001 年,1—7 頁。

高首長的級別祇是中士,這還是天子的封人。鄭國是諸侯,其封人的級別祇能比天子的封人低,不可能比天子的封人高。《論語·八佾》:“儀封人請見。”朱熹《集注》:“儀,衛邑。封人,掌封疆之官。蓋賢而隱于下位者也。”①此“隱于下位者”之語,與杜注“賤官”之釋,不約而同。然則潁考叔此時斷不至于爲“鄭大夫”也。大夫以上則爲貴官。知者,《周禮·天官·宮正》:“辨其親疏貴賤之居。”賈公彥疏:“貴,謂大夫以上。”②又,《左傳》莊公十年:“肉食者謀之。”杜預注:“肉食,在位者。”孔穎達疏:“蓋位爲大夫乃得食肉也。”③此潁考叔困窘到“食舍肉”的地步,何“大夫”之有?

6. 文選《鄭伯克段于鄢》:君子曰。

注釋:君子,作者的假託,《左傳》中慣用的發表評論的方式。(13頁)

按:《左傳》之杜注和孔疏于“君子曰”無説。唐劉知幾《史通·論贊》:“《春秋左氏傳》每有發論,假‘君子’以稱之。”④《古代漢語》注釋沒有交代注釋的根據,學生自然會認爲這是《古代漢語》的獨家看法。

7. 文選《鄭伯克段于鄢》:潁考叔,純孝也。

注釋:純,篤厚。(13頁)

按:杜預注:“純,猶篤也。”孔疏:“《爾雅·釋詁》訓‘純’爲‘大’,則‘純孝’‘純臣’(按:“純臣”,見《左傳》隱公四年)者,謂大孝、大忠也。此‘純猶篤’者,言孝之篤厚也。”不知道《古代漢語》此注是由于迷信杜注,還是沒有真正看懂孔疏,在注釋上取杜而捨孔,失之。因爲孔疏之訓“純”爲“大”,有《爾雅》爲證;而杜注則自我作古,無證不信。按照孔穎達《五經正義》之慣例,首先應該疏通所選注家。而此節孔疏,一反慣例,首先拿出自己的意見,而後纔談及注家。這種形式上的不恭,實際上是孔疏委婉破注的形式。就是説,注文雖然錯了,但不點破,給注家保留面子。這樣

---

① 朱熹《四書章句集注》,中華書局,1983年,68頁。
② 趙伯雄整理《周禮注疏》,北京大學出版社,2000年,92頁。
③ 浦衛忠等整理《春秋左傳正義》,274頁。
④ 浦起龍《史通通釋》,上海古籍出版社,1978年,81頁。

的例子,在孔穎達《五經正義》中並非孤例。例如:

《禮記·玉藻》:"讀書、食則齊,豆去席尺。"鄭玄注:"讀書,聲當聞尊者。"孔疏:"'豆去席尺'者,解席所以近前之意。以設豆去席一尺,不得不前坐就豆。或云:'讀書,聲當聞尊者',故人頭臨前一尺。"①

按:此節孔疏先述己見,而將鄭注作爲"或云"看待,置之于後。這種主客位置的顛倒,是暗示以己説破注説也。

又,日人竹添光鴻《左氏會箋》亦支持孔疏,説:"此'純孝'及四年之'純忠',俱訓'大',尤當。"②

8. 文選《鄭伯克段于鄢》:五月辛丑,大叔出奔共。

注釋:此句後面略有刪節。(11 頁)

按:《古代漢語》刪節的是下面一段:

書曰:"鄭伯克段于鄢。段不弟,故不言'弟';如二君,故曰'克'。稱'鄭伯',譏失教也,謂之鄭志。不言出奔,難之也。"③

這段話凡 39 字。吳楚材等《古文觀止》注釋此段文字云:"莊公養成弟惡,故曰'失教';'鄭志'者,鄭伯之志在于殺弟也。段實出奔,而以'克'爲文,明鄭伯志在殺段,難言其'奔'也。"④這段話被《古代漢語》刪去。竊以爲,放在以階級鬥爭爲綱的年代,刪去此節,還可以理解。到了改革開放的年代,到了 1999 年要出第 3 版時,仍然原封不動,已未免有失與時俱進之義。《孟子·滕文公下》:"孔子曰:'知我者,其惟《春秋》乎? 罪我者,其惟《春秋》乎?'"趙岐注:"知我者,謂我正綱紀也。罪我者,謂時人見彈貶者。言孔子以《春秋》撥亂也。"⑤杜預《春秋左傳序》:"《春秋》以一字爲褒貶。"⑥晉范寧《穀梁傳序》:"孔子因魯史而修《春秋》,一字之褒,寵逾華衮之贈;片言之貶,辱過市朝之撻。"⑦孔穎達《春秋

① 吕友仁整理:《禮記正義》,1194 頁。
② 竹添光鴻:《左氏會箋》,巴蜀書社,2008 年,15 頁。
③ 浦衛忠等整理:《春秋左傳正義》,62 頁。
④ 《古文觀止》,乾隆四十六年(1781)映雪堂重訂本,2 頁。
⑤ 焦循:《孟子正義》,中華書局,1987 年,454 頁。
⑥ 浦衛忠等整理:《春秋左傳正義》,24 頁。
⑦ 《十三經注疏》,中華書局影印阮刻本,1980 年,2359 頁。

左傳正義序》"據周經以正褒貶,一字所嘉,有同華衮之贈;一言所黜,無異蕭斧之誅。"①劉勰《文心雕龍‧徵聖》:"故《春秋》以一字爲褒貶。"諸家所論,即所謂"一字褒貶之《春秋》筆法"也。令人不可思議的是,《古代漢語》在《鄭伯克段于鄢》篇題下注釋説:"本文表現了鄭國統治階級內部的互相傾軋以及鄭莊公的陰險毒辣和虛僞。"這段"書曰"不正是"表現了鄭國統治階級內部的互相傾軋以及鄭莊公的陰險毒辣和虛僞"嗎? 是爲本篇主題服務的,爲什麽要删掉呢?

9. 文選《鄭伯克段于鄢》:公入而賦:"大隧之中,其樂也融融。"姜出而賦:"大隧之外,其樂也洩洩。"

注釋:賦,賦詩。這裏是莊公所賦的詩的一部分。(12頁)

按:這條注釋的含金量太小了。《左傳》隱公元年孔穎達疏此句云:"賦詩,謂自作詩也。"②孔疏的這句話,實際上是在給讀者介紹一條讀懂《左傳》賦詩的義例,不成想,被《古代漢語》編者輕輕放過了。這條義例,在《左傳》隱公三年表述的更加明白:"莊姜美而無子,衛人所爲賦《碩人》也。"杜預注:"《碩人》詩義,取莊姜美于色,賢于德,而不見答,終以無子,國人憂之。"孔穎達疏:"此賦謂自作詩也。鄭玄云:'賦者,或造篇,或誦古。'然則,賦有二義。此與閔二年鄭人賦《清人》、許穆夫人賦《載馳》,皆初造篇也;其餘言賦者,則皆誦古詩也。"③楊伯峻《春秋左傳注》進一步解釋道:"賦有二義,鄭玄曰'賦者,或造篇,或誦古'是也。此'賦'字及隱元年傳之'公入而賦''姜出而賦',閔二年傳之'許穆夫人賦《載馳》''鄭人爲之賦《清人》',文六年傳之'國人哀之,爲之賦《黃鳥》',皆創作之義;其餘'賦'字,則多是誦古詩之義。"④孔疏、楊注把"賦有二義"説得很明白了。鄭玄所謂之"誦古",實即《左傳》襄公二十八年的"賦詩斷章,余取所求焉"。⑤ 例如,《左傳》僖公二十三年,晋公子重耳流亡至秦,秦穆公以禮

① 浦衛忠等整理:《春秋左傳正義》,3頁。
② 浦衛忠等整理:《春秋左傳正義》,64頁。
③ 浦衛忠等整理:《春秋左傳正義》,91頁。
④ 楊伯峻:《春秋左傳注》(修訂本),31頁。
⑤ 浦衛忠等整理:《春秋左傳正義》,1239頁。

相待:"他日,公享之。子犯曰:吾不如衰之文也,請使衰從。公子賦《河水》(杜預注:"《河水》,逸《詩》,義取河水朝宗于海。海喻秦。"),公賦《六月》(杜預注:"《六月》,《詩·小雅》,道尹吉甫佐宣王征伐,喻公子還晋,必能匡王國。古者禮會,因古詩以見意,故言賦《詩》斷章也。其全稱《詩》篇者,多取首章之義。他皆放此。")。"①《左傳》中賦《詩》見意的情況很多,可以說這是讀懂《左傳》賦《詩》的一條重要義例,《古代漢語》編者將孔疏對此條義例的提示等閑放過,不知何故。

10. 文選《蹇叔哭師》:冬,晋文公卒。庚辰,將殯于曲沃。

注釋:殯(bìn),停柩待葬。古代風俗,人死先停柩,然後擇日安葬。曲沃,晋地名,是晋宗廟所在地,在今山西聞喜縣東。周代君王的棺柩要"朝于祖考之廟",因此要在那裏暫時停放。(23頁)

按:竊以爲這條注釋有兩點失誤。第一,注釋説"古代風俗,人死先停柩,然後擇日安葬",沒有文獻根據。實際上,這不是"古代風俗"的問題,而是"古代禮制"的問題。知者,《禮記·王制》:"天子七日而殯,七月而葬。諸侯五日而殯,五月而葬。大夫、士、庶人,三日而殯,三月而葬。"鄭玄注:"尊者舒,卑者速。《春秋傳》曰:'天子七月而葬,同軌畢至;諸侯五月,同盟至;大夫三月,同位至;士逾月,外姻至。②'"按:鄭注所引《春秋傳》,見《左傳》隱公元年。看來,葬期的遲速,是根據死者的身份而定。《左傳》僖公八年:"凡夫人,不殯于廟。"楊伯峻《春秋左傳注》:"殯,停棺待葬也。周代禮制。人死,斂尸于棺,于西階掘一坎地停柩。春秋有殯廟之禮,僖三十二年傳云:'冬,晋文公卒。庚辰,將殯于曲沃。'曲沃爲晋宗廟所在,殯于廟,故往曲沃也。"③可證。

第二,注釋所謂"周代君王的棺柩要'朝于祖考之廟',因此要在那裏暫時停放",傳達給讀者的信息是,衹有"周代君王"纔有資格享受"朝于祖考之廟"之禮,其他人皆與此無緣。而這是一個錯誤的理解。實際情況

---

① 浦衛忠等整理:《春秋左傳正義》,474頁。
② 《十三經注疏》,1334頁。
③ 楊伯峻:《春秋左傳注》(修訂版),322頁。

是,上至君王,下至庶人,莫不如此。爲什麼? 因爲這是人之常情。一個人,活的時候,你要出遠門,就要禀告父母。死了,將要埋葬,就要像生時的出遠門,也要給死去的祖考告別。知者,《禮記·檀弓下》:"喪之朝也,順死者之孝心也。其哀離其室也,故至于祖考之廟而後行。"鄭玄注:"朝,謂遷柩于廟。"孔疏:"'喪之朝也'者,謂將葬前,以柩朝廟者。夫爲人子之禮,出必告,反必面,以盡孝子之情。今此所以車載柩而朝,是順死者之孝心也。'其哀離其室也'者,謂死者神靈悲哀棄離其室,故至于祖考之廟,辭而後行。"①這是針對所有的人來說的。又,《儀禮·既夕禮》:"遷于祖。"鄭玄注:"遷,徙也。徙于祖,朝祖廟也。蓋象平生時,將出,必辭尊者。"②《既夕禮》是《士喪禮》的下篇,説明士死將葬,也要行"朝于祖考之廟"之禮。

11. 文選《晋靈公不君》:臣侍君宴,過三爵,非禮也。

注釋:爵,古代飲酒器。三爵,《詩·小雅·賓之初筵》鄭玄箋:"三爵者,獻也,醻也,酢也。"(28 頁)

按:筆者注意到,"三爵"一詞,《古代漢語》的修訂本衹注了"爵"字:"爵,古代飲酒器。"張永言先生在《讀王力先生〈古代漢語〉劄記》(見《中國語文》1981 年第 3 期)一文中,對此注提出批評説:"這裏涉及禮制,注文簡略不明,宜據《詩·小雅·賓之初筵》鄭玄箋:'三爵者,獻也,酬也,酢也',講明'三爵'的意義。"1999 年出版的校訂重排本部分地接受了張先生的這條意見,將注文修改成今天這個樣子。筆者也注意到,富金璧、牟維珍合著的《王力〈古代漢語〉注釋匯考》(黑龍江人民出版社 2003 年)也談到了"三爵"問題,提出了與張先生不同的意見。筆者認爲,張先生的意見是錯誤的,《匯考》的意見是對的。遺憾的是,《匯考》的論證有捨近求遠、捨本逐末之嫌,且證據薄弱。故不揣固陋,予以重新論證。

第一,《左傳》孔疏將此句的"三爵"已經剖析得相當明白,而《古代漢語》編者、張永言先生、《匯考》的作者却視而不見,令人嘆惋。孔疏是這

---

① 吕友仁整理:《禮記正義》,376—377 頁。
② 彭林整理:《儀禮注疏》,北京大學出版社,2000 年,839 頁。

樣説的:

> 此言飲趙盾酒,是小飲酒耳,非正《燕禮》。《燕禮》獻酬之後,方脱
> 屨升堂,行無算爵,非止三爵而已。其侍君小飲,則三爵而退。《玉藻》
> 云:"君子之飲酒也,受一爵而色洒如也,二爵而言言斯,禮已三爵,而
> 油油以退。"鄭玄云:"禮,飲過三爵則敬殺,可以去矣。"是三爵禮訖,
> 自當退也。提彌明言此之時,未必已過三爵,假此辭以悟趙盾耳。①

《燕禮》,是《儀禮》十七篇中的一篇,其主旨,據鄭玄《儀禮目録》:"諸
侯無事,若卿大夫有勤勞之功,與群臣燕飲以樂之。"②孔疏説得很明白,
"飲趙盾酒"不屬于正規的燕禮。正規的燕禮,要喝到"無算爵",即不計
杯數,一醉方休。此處的"飲趙盾酒",是"侍君小飲",雙方是君臣關係,
不是賓主關係,且趙盾一人,並非群臣,在這種情況下,衹能喝完三杯就告
退。楊伯峻《春秋左傳注》對"三爵"的注釋,就是在這段孔疏的基礎上寫
出的。

第二,孔穎達爲"三爵"作解的主要理論根據是《禮記·玉藻》,讓我
們再來看看《禮記·玉藻》此句的孔疏:"禮已三爵而油油者,言侍君小宴
之禮,唯已止三爵,顔色和悦而油油悦敬,故《春秋左氏傳》云:'臣侍君
宴,過三爵,非禮也。'"③不難看出,孔穎達是用《玉藻》的話來注解《左
傳》,反過來又用《左傳》的話來注解《玉藻》,二者互爲注解。這表明,在
孔穎達看來,《左傳》記載的"三爵"與《禮記》記載的"三爵",是相同的一
種飲酒禮數,所以可以互訓。清代學者孫希旦的《禮記集解》,也完全承襲
了孔疏的説解:"已,止也。禮已三爵者,侍燕之禮止于三爵也。《左傳》
曰:'臣侍君宴,過三爵,非禮也。'蓋私燕之禮如此。若正燕,則有無算爵,
不止于三爵也。"④

第三,"三爵"作爲一種禮制,不應是孤立的,而應是普遍的。所以不

① 浦衛忠等整理:《春秋左傳正義》,686 頁。
② 彭林整理:《儀禮注疏》,286 頁。
③ 吕友仁整理:《禮記正義》,1197 頁。
④ 孫希旦:《禮記集解》,中華書局,1989 年,792—793 頁。

僅《左傳》中有記載,其他古書中也應有記載。試看:

1.《晏子春秋・内篇諫上・景公飲酒酣》:"公曰:'若是,孤之罪也。夫子就席,寡人聞命矣。'觴三行,遂罷酒。'"張純一校注引孫星衍云:"《春秋左傳》:'臣侍君宴,過三爵,非禮也。'"①

2.《史記・晋世家》也記載了《左傳》宣公二年之事,但太史公改寫作:"君賜臣,觴三行,可以罷。"《史記會注考證》云:"正義:行酒三遍。《左傳》云:'臣侍君宴,過三爵,非禮也。'"②

3.《論衡・語增》:"賜尊者之前,三觴而退。過于三觴,醉酗生亂。"③

上述例證表明,古代確實有這麼一種飲酒禮數,用《左傳》的話來說就是"臣侍君宴,過三爵,非禮也。"

最後,讓我們來審視一下《詩經・小雅・賓之初筵》中的"三爵"究竟是什麼意思,它與《左傳》中的"三爵"是不是一碼事。按《詩經・小雅・賓之初筵》的最後兩句是:"不識三爵,矧敢多又。"鄭箋:"三爵者,獻也,酬也,酢也。"鄭箋是什麼意思,請看孔穎達的疏:"禮,主人獻賓,賓飲而酢主人,主人飲而又酌以酬賓,賓則奠之而不舉,三爵矣。而指獻、酢、酬爲三爵者,言于飲三爵禮之時,非謂人飲三爵也。"④可知《詩經》的"三爵",是賓主共飲三爵。其中,主人飲二爵,賓飲一爵。這與臣侍君宴,臣獨飲三爵不同。按《詩・小雅・彤弓》:"鐘鼓既設,一朝酬之。"鄭箋云:"酬,報也。飲酒之禮,主人獻賓,賓酢主人,主人又飲而酌賓,謂之酬。"⑤這裏也提到了獻、酢、酬,並且把它歸納爲"飲酒之禮"。這個歸納很重要,可以作爲我們解讀古代飲酒之禮的一把鑰匙。難怪清代學者凌廷堪在《禮經釋例》卷三"飲食之例上"更以詞典式語言解釋説:"凡主人進賓之酒,謂之獻。凡賓報主人之酒,謂之酢。凡主人先飲以勸賓之酒,謂之酬。"⑥

---

① 張純一:《晏子春秋校注》,《諸子集成》,第4冊,中華書局,2002年,4頁。
② 瀧川資言:《史記會注考證》,2446頁。
③ 黄暉:《論衡校釋》,中華書局,1990年,348頁。
④ 朱傑人、李慧玲整理:《毛詩注疏》,1276頁。
⑤ 朱傑人、李慧玲整理:《毛詩注疏》,892頁。
⑥ 凌廷堪:《禮經釋例》,"中央研究院"中國文哲研究所,2002年,167—171頁。

12. 文選《晉靈公不君》：大史書曰："趙盾弒其君。"

注釋：弒(shì)，古代下殺上叫弒。太史這樣記載是爲了維護宗法社會的正統思想和等級觀念。無論國君如何無道，也祇可諫，不可殺，殺君就是大逆不道。史官以此爲記事的準則，當然不會寫出真正的歷史。(29頁)

按：竊以爲，《古代漢語》的這條注釋，蓋率意爲之，反映了編者對《左傳》的《書弒例》缺乏瞭解。按：《春秋》宣公二年："秋九月乙丑，晉趙盾弒其君夷皋。"杜預注："靈公不君，而稱臣以弒者，以示良史之法，深責執政之臣。例在四年。"[①]《左傳》宣公四年："夏，弒(鄭)靈公。書曰：'鄭公子歸生弒其君夷。'君子曰：'凡弒君，稱君，君無道也。稱臣，臣之罪也。'"杜預注："稱君，謂唯書君名，而稱國以弒，言衆所共絶也。稱臣者，謂書弒者之名以示來世，終爲不義。書弒之義，《釋例》論之備矣。"[②]此處的"君子"，據王力《古代漢語》文選《鄭伯克段于鄢》的注釋："君子，作者的假託，《左傳》中慣用的發表評論的方式。"然則，從"凡弒君，稱君，君無道也。稱臣，臣之罪也"這幾句話中，可以看出，並非是如《古代漢語》注釋所説："無論國君如何無道，也祇可諫，不可殺，殺君就是大逆不道。"而是有條件的，即"稱君，謂唯書君名，而稱國以弒，言衆所共絶也"，對于無道之君是可以弒的，那是咎由自取。

杜注所謂《釋例》，即杜預《春秋釋例》。按：杜預《春秋釋例·書弒例第十五》："釋例曰：天生民而樹之君，使司牧之，群物所以繫命也。故戴之如天地，親之如父母，仰之如日月，事之如神明。其或受雪霜之嚴，雷電之威，則奉身歸命，有死無貳。故傳曰：'君，天也，天可逃乎？'此人臣所執之常也。然本無父子自然之恩，未有家人習翫之愛，高下之隔縣殊，壅塞之否萬端。是以居上者降心以察下，表誠以感之，然後能相親也。若亢高自肆，群下絶望，情義圮隔，是謂路人，非君臣也。人心苟離，則位號雖存，無以自固。故傳例曰：'凡弒君，稱君，君無道；稱臣，臣之罪。'稱君者，惟書君名；而稱國、稱人以弒，言衆之所共絶也。稱臣者，謂書弒者主名以

---

① 浦衛忠等整理：《春秋左傳正義》，679頁。
② 浦衛忠等整理：《春秋左傳正義》，698頁。

垂來世,終爲不義而不可赦也。經書'趙盾弑君',而傳云'靈公不君',又以明于例此弑宜'稱君'也。弑非趙盾而經不變文者,以示良史之意,深責執政之臣,傳故特見'仲尼曰:越竟乃免',明盾亦應受罪也。"①

下面是幾個《春秋》書"弑君,稱君,君無道也"的例子:

《春秋》文公十八年:"冬,莒弑其君庶其。"②《春秋》成公十八年:"春王正月庚申,晋弑其君州蒲。"③此兩例中,"莒""晋"是國名。這兩例書法,就是"君惡及國朝,則稱國以弑",換言之,朝臣皆曰可殺。再如,《春秋》文公十六年:"冬,十有一月,宋人弑其君杵臼。"④《春秋》文公十八年:"夏,五月戊戌,齊人弑其君商人。"⑤此兩例中,國名之後都有個"人"字。這兩例書法,就是"君惡及國人,則稱人以弑",換言之,國人皆曰可殺。

錢大昕《潛研堂集》卷七《答問》:"《左氏傳》曰:'凡弑君,稱君,君無道也;稱臣,臣之罪也。'後儒多以斯語爲詬病,愚謂君誠有道,何至于弑?遇弑者,皆無道之君也。聖人修《春秋》,述王道以戒後世,俾其君爲有道之君,正心修身,齊家治國,各得其所,又何亂臣賊子之有?若夫篡弑已成,據事而書之,良史之職耳,非所謂'其義則竊取之'者也。"⑥這是帝制時代一個學者對《春秋》弑君問題的看法,應該對我們有所啓發。

第二節　《禮記》文選注釋之失誤

凡 7 例。

1. 文選《苛政猛于虎》:孔子過泰山側,有婦人哭于墓者而哀,夫子式而聽之。

注釋:式,通"軾",車前橫木,這裏用如動詞,扶軾。古時乘車,遇到

---

① 杜預:《春秋釋例》,影印文淵閣《四庫全書》,第 146 册,46 頁。
② 浦衛忠等整理:《春秋左傳正義》,659 頁。
③ 浦衛忠等整理:《春秋左傳正義》,918 頁。
④ 浦衛忠等整理:《春秋左傳正義》,648 頁。
⑤ 浦衛忠等整理:《春秋左傳正義》,658 頁。
⑥ 錢大昕:《潛研堂集》,上海古籍出版社,1989 年,85 頁。

應表敬意的事,乘者即俯身扶軾。在這裏,孔子扶軾是表示對婦人哭墓的注意和關懷。(210 頁)

按:竊以爲,注釋所説“遇到應表敬意的事”以下四句欠妥。換言之,把孔子爲什麽“式”的原因搞錯了。按《禮記·檀弓下》:“子路曰:‘吾聞之也,過墓則式,過祀則下。’”孔疏:“‘過墓則式,過祀則下’者,墓,謂他家墳壟;祀,謂神位有屋樹者。居無事,主于恭敬,故或式或下也。他墳尚式,則己先祖墳墓當下也。”①可知原因簡單而又明確,就是“過墓則式”。式是一種表敬之禮,表敬的對象,或者是人,或者是物,從來不對“事”。式作爲表敬之禮,主要載于《禮記》。兹摘録數例,供讀者閲覽裁决。

《禮記·曲禮上》:“君知所以爲尸(按:尸是代替死者接受祭祀的活人)者,則自下之,尸必式。”鄭注:“禮之。”孔疏:“尸必式者,廟門之外,尸尊未伸,不敢亢禮,不可下車,故式爲敬,以答君也。式,謂俯下頭也。”②這是尸式國君以表敬。同篇:“故君子式黄髮”鄭玄注:“敬老也。”③這是人們式老者以表敬。又,《禮記·曲禮上》:“入里必式。”鄭玄注:“不誣十室。”孔疏:“‘入里必式’者,二十五家爲里,里巷首有門。十室不誣,故入里則必式而禮之爲敬也。《論語》云:‘十室之邑,必有忠信如丘者焉。’是‘不誣十室’也。”④這是對某個固定的地方式以表敬。又,《禮記·曲禮上》:“大夫士下公門,式路馬。”鄭玄注:“皆廣敬也。路馬,君之馬。”孔疏:“‘大夫士下公門,式路馬’者,公門,謂君之門。路馬,君之馬也。敬君,至門下車。重君物,故見君馬而式之也。馬比門輕,故有下、式之異。”⑤這是對國君的馬式以表敬。

總而言之,式以表敬的對象,可以是人,可以是物,可以是固定的場所,但不可以是“事”。這是由于“事”的不確定性决定的。什麽事可以式以表敬,誰能説得清楚呢!

---

① 吕友仁整理:《禮記正義》,409 頁。
② 吕友仁整理:《禮記正義》,96—97 頁。
③ 吕友仁整理:《禮記正義》,125 頁。
④ 吕友仁整理:《禮記正義》,125—129 頁。
⑤ 吕友仁整理:《禮記正義》,125 頁。

2. 文選《大同》：昔者仲尼與于蜡賓。

注釋：蜡(zhà)，古代國君年終祭祀叫蜡。（210—211頁）

按：竊以爲這條注釋的問題有五。第一，祭祀的主體僅限于"國君"嗎？答曰：非也。知者，《禮記・郊特牲》："天子大蜡八。"孔穎達疏："蜡云'大'者，是天子之蜡，對諸侯爲大。云諸侯亦有蜡者，《禮運》云'仲尼與于蜡賓'，是諸侯有蜡也。"①《周禮・春官・籥章》："國祭蜡。"孫詒讓《周禮正義》："'國祭蜡'者，此祭亦通于王國及都邑也。"②所謂"都邑"，謂公卿大夫之采地。然則采地亦有蜡也。

第二，這個"年終"，是夏曆的年終？還是周曆的年終？在不作交代的情況下，學生十之八九會理解爲夏曆的年終，即夏曆的十二月。而注釋之所以以"年終"一詞解之，應該是看到鄭玄的注中有個"歲十二月"③，未加深思，就以"年終"解之。而孔穎達的疏卻是把這個問題説明白了："十二月者，據周言之。若以夏正言之，則十月，謂建亥之月也。"建亥之月，即夏曆十月，是秋收完畢的月份。蠟祭與否，與秋收的好壞很有關係，所以定在夏曆十月舉行。詳下。

第三，蜡祭每年都一定舉行嗎？答案是否定的。蜡祭舉行的原則是，豐收了，就舉行，否則不舉行。爲什麼這樣説呢？《禮記・郊特牲》："八蜡以記四方。四方年不順成，八蜡不通，以謹民財也。順成之方，其蜡乃通。"④意謂東西南北四方中的哪一方如果穀物收成不好，祭八個神靈的蜡祭就不舉行。爲什麼呢？因爲舉行蜡祭要花不少錢，收成不好，這筆錢不能亂花呀！孔穎達疏云："所以然者，以蜡祭豐饒，皆醉飽酒食。⑤"説的就是這個意思。清代學者孫希旦《禮記集解》説得也很明白："記四方，謂記明四方之豐歉也。通猶行也。順成，謂風雨和順，而五穀成熟也。有不順成之方，則蜡祭不行，其當方黨、鄙之祭亦然。蓋

---

① 吕友仁整理：《禮記正義》，1071頁。
② 孫詒讓：《周禮正義》，中華書局，1987年，1915頁。
③ 吕友仁整理：《禮記正義》，874頁。
④ 吕友仁整理：《禮記正義》，1080頁。
⑤ 吕友仁整理：《禮記正義》，1081頁。

八蜡所以報功,今神既無功于民,故不行蜡祭,所以使民謹于用財,亦凶荒殺禮之意也。"①要之,蜡祭的舉行,是有條件的。哪年哪個地方豐收,就舉行;否則,就不舉行。

第四,"祭祀"是一個籠統的概念,注釋没有把蜡祭的性質作個交代。祭祀總是有對象的,注釋也没有交代。今按,蜡祭是豐收之後的報功之祭。要報答的神靈太多,多得不可勝數,所以《禮記·郊特牲》説"蜡者,索也,合聚萬物而索饗之也。②"所謂"萬物",也就是"萬神"。《漢書·武帝紀》元封五年:"夏四月,詔曰:'朕巡荆揚,輯江淮物。'"顏師古注引如淳曰:"物,猶神也。③"是"物"有"神"義。清人秦蕙田《五禮通考》説:"蜡者,索也,合聚萬物而索享之。《楚詞》'吾將上下而求索',是'索'字義也。④"實際上,把"萬物"都"索"來是辦不到的,于是就有"天子大蜡八"之説,也就是天子蜡祭祭祀八種有代表性的神靈。這八種神靈,按照《郊特牲》經文,一是先嗇,即神農。二是司嗇,即后稷。三是百種,即百穀之種。四是農,即田官。五是郵表畷,即田官督率百姓的辦公處。六是猫虎,因爲猫吃田鼠,虎吃田猪。七是坊,即堤防。八是水庸,即水溝。這八種神靈,都與收成好壞息息相關。

第五,"古代"這個時間概念太泛泛,按照《漢語大詞典》"古代"的釋義:"在我國歷史分期上泛指十九世紀中葉以前的時代。"而據有關專家的研究成果,蜡祭存在的實際時間僅僅是先秦的周代,從漢代開始就名存實亡了。《禮記·郊特牲》説:"伊耆氏始爲蜡。"鄭玄注:"伊耆氏,古天子號也。⑤"究竟是哪位古天子,他没有交待。孔穎達疏云:"《明堂位》云:'土鼓蕢桴,伊耆氏之樂。'《禮運》云:'夫禮之初,始諸飲食,蕢桴而土鼓。'俱稱'土鼓',則伊耆氏,神農也。⑥"而陸德明《經典釋文》則云:"伊耆氏,或

① 孫希旦:《禮記集解》,698 頁。
② 吕友仁整理:《禮記正義》,1071 頁。
③ 班固:《漢書》,196 頁。
④ 秦蕙田:《五禮通考》,影印文淵閣《四庫全書》,第 136 册,254 頁。
⑤ 吕友仁整理:《禮記正義》,1071 頁。
⑥ 吕友仁整理:《禮記正義》,1080 頁。

云即帝堯。"①迄無定論。由此看來,説"伊耆氏始爲蜡",不足考信。耳聽
爲虛,眼見爲實。從先秦文獻記載來看,實實在在的蜡祭,看來衹有周代
纔有。拿《禮記》來説,除了《禮運》《郊特牲》兩篇以外,《雜記下》篇也有
有關"蜡"的記載:"子貢觀于蜡,孔子曰:'賜也,樂乎?'對曰:'一國之人
皆若狂,賜未知其樂也。'子曰:'百日之蜡,一日之澤,非爾所知也。②'"寫
的就是蜡祭之時,人人酒醉飯飽,舉國若狂的歡樂場面。實際上這就是世
界上最早的狂歡節。③《周禮》中有記載,已見上。《詩經》中也有記載。
《毛詩‧小雅‧甫田》:"我田既臧,農夫之慶。"箋云:"臧,善也。我田事
已善,則慶賜農夫。謂大蜡之時,勞農以休息之也。年不順成,則八蜡不
通。"④從有幾分證據説幾分話的意義上來説,目前我們還衹能説,蜡祭衹
存在于周代。

蜡祭什麽時候名存實亡了呢?根據學者研究的結果,到了漢代,蜡祭
就名存實亡了。什麽原因呢?因爲人們陰差陽錯地把蜡祭與臘祭攪混在
一起了。周曆的十二月(即夏曆的十月),除了蜡祭之外,還要舉行臘祭。
這是兩種不同的祭祀。《左傳》僖公五年:"宫之奇曰:'虞不臘矣!'"⑤這
是古書中第一次提到臘祭。臘祭的時間,楊伯峻《春秋左傳注》説:"虞亡
于十月朔,《左傳》之臘亦是夏正十月。"⑥《禮記‧月令》:"孟冬之月(亦
即夏正十月),臘先祖、五祀。"⑦可知臘祭的對象,一是先祖,即祖先。二
是五祀,即五種和人們日常生活息息相關的神:門神、户神、中霤神(即土
神)、灶神、行神(即路神)。爲什麽叫作"臘"呢?孔穎達疏云:"臘,獵也,
謂獵取禽獸以祭先祖、五祀也。"⑧由此可知,蜡祭與臘祭,是兩種不同的

---

① 陸德明:《經典釋文》,725 頁。
② 吕友仁整理:《禮記正義》,1675 頁。
③ 參李慧玲《試説中國古代的狂歡節——蜡祭》,載《河南師範大學學報》2011 年第
2 期。
④ 朱傑人、李慧玲整理:《毛詩注疏》,1204 頁。
⑤ 楊伯峻:《春秋左傳注》,中華書局,1981 年,310 頁。
⑥ 同上。
⑦ 吕友仁整理:《禮記正義》,726 頁。
⑧ 吕友仁整理:《禮記正義》,727 頁。

祭祀,二者不僅命名不同,而且所祭對象亦異。遺憾的是,禮學權威鄭玄在注釋《月令》"臘先祖、五祀"這句話時,説了一句錯話:"此《周禮》所謂蜡祭也。"[1]他把臘祭與蜡祭混同爲一了。究其原因,鄭玄可能是受到兩漢祭祀實際情況的影響,因爲兩漢時期已經没有蜡祭而衹有臘祭了。我們試查了《漢書》《後漢書》,竟然没有一個"蜡"字,而"臘"字倒是累見不鮮。唐代孔穎達也早就察覺了這種情況,他在疏通《左傳》"虞不臘矣"這句話時説:"此言'虞不臘矣',明當時有臘祭。周時,臘與大蜡,各爲一祭。自漢改曰臘,不蜡而爲臘矣。"[2]

這條注釋的問題如此之多,原因何在? 愚以爲主要原因是,注者在參考《禮運》鄭玄注時,没有抓住要害。試看《禮記·禮運》篇鄭玄對"蜡"字的注釋:"蜡者,索也(這是聲訓,求語源),歲十二月,合聚萬物而索饗之。亦祭宗廟。"[3]鄭玄注的重心在"蜡者,索也,歲十二月,合聚萬物而索饗之"上,而《古代漢語》的注釋卻把重心放到了"亦祭宗廟"四字上,可謂"丟了西瓜,撿了芝麻"。王引之《經傳釋詞》:"亦,承上之詞也。"[4]承此四字之上的鄭注是"蜡者,索也,歲十二月,合聚萬物而索享之"十六字,這纔是鄭注的主體部分,換言之,是給"蜡"字下的定義。這個定義很權威,因爲它並不是鄭玄自己的發明,而是鄭玄借用的《禮記·郊特牲》的現成經文。衹有"亦祭宗廟"四字的著作權纔是屬于鄭玄的。

在此,筆者不揣譾陋,試爲"蜡"字釋義如下:"周代年終(夏曆十月),豐收之後舉行的一種誠邀諸多有功田事的神靈會聚而報謝之的祭祀。天子、諸侯、卿大夫也乘機祭祀宗廟。收成如果不好,此祭便不舉行。"

3. 文選《大同》:事畢,出游于觀之上。

注釋:觀(guàn),宗廟門外兩旁的高建築物。又名闕。(210 頁)

按:注釋殆誤。"宗廟門外",當作"(天子、諸侯)宫城門外"。古制,

---

① 吕友仁整理:《禮記正義》,726 頁。
② 《春秋左傳正義》,《十三經注疏》,1795 頁下欄。
③ 吕友仁整理:《禮記正義》,874 頁。
④ 王引之:《經傳釋詞》,岳麓書社,1984 年,72 頁。

宗廟在宮城之內的左部,是宮內建築的一部分。宗廟門外沒有觀。觀在宮門外。關于這一點,《禮記・禮運》孔穎達的疏已經說得很明白了:"案定二年'雉門灾及兩觀',魯之宗廟在雉門外左,孔子出廟門而來至雉門,游于觀。"①所謂"雉門",即指宮門而言。知者,《春秋》定公二年:"夏五月壬辰,雉門及兩觀灾。"杜預注:"雉門,公宮之南門。兩觀,闕也。天火曰灾。"孔疏:"《明堂位》云:'庫門,天子皋門;雉門,天子應門。'是魯之雉門,公宮南門之中門也。《釋宮》云:'觀謂之闕。'《周禮・大宰》:'正月之吉,縣治象之法于象魏,使萬民觀治象。'鄭眾云:'象魏,闕也。'劉熙《釋名》云:'闕在門兩旁,中央闕然爲道也。'然則其上縣法象,其狀魏魏然高大,謂之象魏;使人觀之,謂之觀也。是觀與象魏、闕,一物而三名也。"②請注意,杜注已經明白無誤地告訴我們:"雉門,公宮之南門。"孔疏爲什麼說"魯之宗廟在雉門外左"? 這是由于古代天子、諸侯的宗廟,都是按照"左祖右社"的原則設計的。《周禮・考工記・匠人》:"左祖右社。"鄭玄注:"王宮所居也。祖,宗廟。"③這四個字就是這種設計的理論根據。社,謂社稷壇。今日北京的故宮,當初就是按照"左祖右社"的原則設計建造的。據北京故宮宣傳部撰寫的《北京故宮官方詳解》:"'左祖',指的是在皇宮左前方建立皇帝祭祀祖先的太廟,就是今天的勞動人民文化宮。'右社',是指在皇宮右前方建立皇帝祭祀土地神、穀物神的社稷壇,就是現在的中山公園。"

又按:諸侯宮城凡三門,由外而內,庫門、雉門、路門。雉門是中門。知者,秦蕙田《五禮通考》卷一三一:"蕙田案:天子五門,曰皋、庫、雉、應、路。諸侯三門,曰庫、雉、路。皆三朝,一曰外朝,一曰治朝,一曰燕朝。外朝,天子在庫門外,諸侯在庫門內。"④諸侯宮城的庫門內、雉門外是外朝,外朝是平民有機會進入的地方。知者,《周禮・大司徒之職》:"正月之

---

① 呂友仁整理:《禮記正義》,877 頁。
② 《左傳注疏》,《十三經注疏》,2132 頁。
③ 彭林整理:《周禮注疏》,1664 頁。
④ 秦蕙田:《五禮通考》,影印文淵閣《四庫全書》,第 138 冊,80 頁。

吉,始和布教于邦國都鄙,乃縣教象之法于象魏,使萬民觀教象。"賈公彥疏:"云'使萬民觀教象'者,謂使萬民來就雉門象魏之處,觀教象文書,使知一年教法。"①請注意賈疏的這三句話:"使萬民來就雉門象魏之處,觀教象文書,使知一年教法。"這不是與上文孔穎達所説"是觀與象魏、闕,一物而三名也"合若符契嗎!《通典》卷四十七載晉太常博士孫毓議云:"諸侯三門,立廟宜在中門外之左。"②以上諸説,均可證觀在宮門外。

4. 文選《大同》:言偃在側曰:"君子何嘆?"

注釋:君子,指孔子。(211頁)

按:這樣的注釋,表明編者沒有看懂這句話。孔子的弟子稱呼孔子,一無例外的是稱之曰"夫子"。一部《論語》中,這樣的例子不勝枚舉。但稱呼孔子爲"君子"的,一例也沒有。而此處稱呼孔子爲"君子",極其反常,其中必有緣故。孔穎達看出了其中緣故,就説:"于時言偃在側而問之,曰:'君子何嘆?'不云'孔子'(按:疑當作"夫子")而云'君子'者,以《論語》云'君子坦蕩蕩',不應有嘆也。"③按《論語・述而》:"子曰:'君子坦蕩蕩,小人長戚戚。'"④不知編者何以對孔疏視而不見。

5. 文選《大同》:孔子曰:"大道之行也,與三代之英,丘未之逮也,而有志焉。"

注釋:有志焉,指有志于此。孔子這句話是説:大道實行的時代和三代英明之主當政的時代,我都沒有趕上,可是我心裏嚮往。(210頁)

按:這條注釋,乍一看來,似乎合情合理,非常妥帖。深究起來,大謬不然。筆者認爲,傳統的解釋——鄭注與孔疏纔是正確的。鄭玄注:"志,謂識古文。"孔疏:"雖然不見大道三代之事,有志記之書焉。披覽此書,尚可知于前代也。"⑤鄭注、孔疏是不是有道理呢?請先看段玉裁《説文解字注》:

① 彭林整理:《周禮注疏》,366頁。
② 杜佑:《通典》,1306頁。
③ 吕友仁整理:《禮記正義》,877頁。
④ 朱漢民整理:《論語注疏》,110頁。
⑤ 吕友仁整理:《禮記正義》,874—878頁。

《說文·心部》:"志,意也。"段玉裁注:"按此篆小徐本無,大徐以 '意'下曰'志也',補此爲十九文之一。'志'所以不錄者,《周禮·保章 氏》注云:'志,古文識。'蓋古文有'志'無'識',小篆乃有'識'字。《保 章》注曰:'志,古文識。識,記也。'《哀公問》注曰:'志,讀爲識。識,知 也。'今之'識'字,古文作'志',則志者,記也,知也。惠定宇曰:'《論語》 "賢者識其大者",蔡邕《石經》作"志";"多見而識之",《白虎通》作 "志"。'今人分志向一字,識記一字,知識一字,古祇有一字一音。《哀公 問》注云'志,讀爲識'者,漢時志、識已殊字也。許《心部》無'志'者,蓋以 其即古文'識'而'識'下失載也。"①

段注的意思,簡言之,這個"志"字,就是後起的"識"(zhì)字,是"記 載"之義,忠實地傳達了鄭注之義。

再看古代學者支持鄭注者。例如:

(1)宋戴侗《六書故》卷十一:"識,職吏切,聞言而志之不忘也。孔子 曰:'小子識之。'《記》曰:'博聞强識。'通作'志'。"②

(2)元吳澄《禮記纂言》:"謂大道之行與三代英異之主。雖不及身 見。而有志記之書存焉。披覽尚可知也。志是記識之名。"③

(3)清朱彬《禮記訓纂》:"劉氏台拱曰:'志,識記之書,如《夏時》《坤 乾》之類。'"④

而當代學者的《禮記》注釋著作,幾乎一邊倒地將此"志"字釋作"記 載",限于篇幅,姑略之。

以上是從文字訓詁來探討"志"是何義。下面我們來探討一下孔子 "心裏嚮往"的究竟是什麼?

《論語·八佾》:"子曰:'周監于二代,鬱鬱乎文哉!吾從周。"《集解》 引孔安國曰:"監,視也。言周文章備于二代,當從之。"邢昺疏:"此章言

---

① 段玉裁:《說文解字注》,上海古籍出版社,1981年,502頁。
② 戴侗:《六書故》,影印文淵閣《四庫全書》,第226冊,198頁。
③ 吳澄:《禮記纂言》,影印文淵閣《四庫全書》,第121冊,90頁。
④ 朱彬:《禮記訓纂》,中華書局,1996年,331頁。

周之禮文尤備也。'周監于二代,鬱鬱乎文哉'者,監,視也。二代,謂夏、商。鬱鬱,文章貌。言以今周代之禮法文章回視夏商二代,則周代鬱鬱乎有文章哉!'吾從周'者,言周之文章備于二代,故從而行之也。"①朱熹《論語集注》引尹氏曰:"三代之禮,至周大備,夫子美其文而從之。"②

《論語·陽貨》:"子曰:'夫召我者而豈徒哉?如有用我者,吾其爲東周乎!'何晏注:"興周道于東方,故曰東周。"南朝梁皇侃疏:"'如有'云云者,若必不空然而用我時,則我當爲興周道也。魯在東,周在西,云東周者,欲于魯而興周道,故云'吾其爲東周'也。"③朱熹《論語集注》:"爲東周,言興周道于東方。"④

《論語·述而》:"子曰:'甚矣,吾衰也!久矣吾不復夢見周公也。'"何晏《集解》引孔安國注曰:"孔子衰老,不復夢見周公也,明盛時夢見周公,欲行其道也。"⑤

按:從以上三節《論語》的夫子自道來看,孔子嚮往的並不是五帝時代和夏商二代,孔子嚮往的是周代,尤其是周公。周公輔佐成王,制禮作樂,這是孔子夢寐以求之事。質言之,孔子嚮往的是"禮治社會",所以他說:"一日克己復禮,天下歸仁焉。"⑥

至此,我們完成了"志"字是"記載"之義的證明。

應該說,把此句的"志"字理解爲"心裏嚮往"者,古今大有人在,並非自王力《古代漢語》開始。例如:

(1)《南齊書·本紀第一高帝上》:"皇帝敬問相國齊王,大道之行,與三代之英,朕雖闇昧而有志。"⑦

(2)南宋衛湜《禮記集説》引蔣氏君實:"夫既以帝者之事爲大同,而指三代爲小康矣,而均曰'未之逮也,而有志焉'何哉?此有以見聖人思欲

---

① 朱漢民整理:《論語注疏》,39—40 頁。
② 朱熹:《四書章句集注》,65 頁。
③ 皇侃:《論語集解義疏》,499 頁。
④ 朱熹:《四書章句集注》,177 頁。
⑤ 皇侃:《論語集解義疏》,396 頁。
⑥ 朱漢民整理:《論語注疏·顏淵》,177 頁。
⑦ 蕭子顯:《南齊書》,中華書局,1972 年,21 頁。

還上古之風而不可得,而猶思其次也,故其下歷歷言之。"①

（3）元陳澔《禮記集説》:"夫子言:我思古昔大道之行于天下,與夫三代英賢之臣所以得時行道之盛,我今雖未得及見此世之盛,而有志于三代英賢之所爲也,此亦夢見周公之意。"②

（4）清孫希旦《禮記集解》:"孔子言帝王之盛,己不及見,而有志乎此。蓋登高遠眺,有感于魯之衰,而思得位行道,以反唐虞、三代之治也。"③

説到這裏,筆者不禁提出質疑:《古代漢語・凡例》的第五條説:"注釋一般采用傳統的説法。其中有跟一般解釋不一樣的,則注明'依某人説'。"據此,《古代漢語》"而有志焉"的注釋,並没有采用傳統的説法,即鄭注孔疏的説法,按照《凡例》,應該注明"依某人説"纔是。現在没有注明,難免有掠美之嫌。

6. 文選《大同》:大道之行也,天下爲公。

注釋:天下成爲公共的。（211 頁）

按:這條注釋没有抓住要害,釋若未釋。要害是"公"字的含義没有釋出來。鄭玄注:"公,猶共也,禪位授聖,不家之。"孔疏:"'天下爲公'者,謂天子位也。爲公,謂揖讓而授聖德,不私傳子孫,即廢（丹）朱、（商）均而用舜、禹是也。"④質言之,那個"公"字是"禪讓"之義。

7. 文選《大同》:大人世及以爲禮。

注釋:大人,指天子、諸侯。父子相傳叫"世",兄弟相傳叫"及"。（211 頁）

按:《禮記・禮運》:"大人世及以爲禮。"鄭玄注:"大人,諸侯也。"孔疏:"父子曰世,兄弟曰及,諸侯亦傳位自與家也。"郭嵩燾《禮記質疑》云:"嵩燾按:'大人世及',謂三王家天下,以世相及,猶《孟子》所云'夏后、殷、周繼'也。自三代傳子之法定,而唐虞禪讓之風不復能行。聖人辨上

---

① 衛湜:《禮記集説》,影印文淵閣《四庫全書》,第 118 册,117 頁。
② 陳澔:《禮記集説》,中國書店,1994 年,184 頁。
③ 孫希旦:《禮記集解》,581—582 頁。
④ 吕友仁整理:《禮記正義》,878 頁。按:丹朱是堯的兒子,商均是舜的兒子。

下而定民志,尤以是爲人倫之紀,考禮正刑,整齊天下,以奉一王之大法。天子既定,而諸侯及卿大夫以下亦以世相及。下文:'諸侯有國以處其子孫,大夫有采以處其子孫,是謂制度。''制度'者,所以範圍天下之人心而不過其則者也。故曰:'大人世及以爲禮。'注、疏並誤。"① 按:郭氏説是也。其曰"'大人世及',謂三王家天下,以世相及",釋義何等明快!《古代漢語》追隨注疏而誤。

第三節 《孟子》文選注釋失誤

凡2例。

1. 文選《許行》:有爲神農之言者許行。

注釋:爲,這裏指研究。神農,傳説中的遠古酋長,是"三皇"之一,因爲相傳是他開始教人民耕種的,所以叫神農。言,等于説"學説"。先秦諸子中有一派是"農家",認爲如果世上所有的人都從事耕作,天下就會不治而治,因此假託神農之言主張"君臣並耕"。許行即屬這一派。(303頁)

按:農家是先秦諸子中的一家。前人對先秦諸子的評論都是一分爲二的。例如司馬遷《史記·太史公自序》記載司馬談論六家要旨云:"天下一致而百慮,同歸而殊塗。夫陰陽、儒、墨、名、法、道德,此務爲治者也,直所從言之異路,有省不省耳(按:省,善也)。"②《漢書·藝文志》:"農家者流,蓋出于農稷之官。播百穀,勸耕桑,以足衣食。故'八政,一曰食,二曰貨',孔子曰:'所重民食。'此其所長也。及鄙者爲之,以爲無所事聖王,欲使君臣並耕,詩上下之序。"③比較而言,《古代漢語》注釋的評價不夠全面。

2. 文選《許行》:舜以不得禹、皋陶爲己憂。

注釋:皋陶(yáo),舜的法官。相傳禹和皋陶曾幫助舜治理天下。(308頁)

① 郭嵩燾:《禮記質疑》,岳麓書社,1992年,248頁。
② 司馬遷:《史記》(修訂本),中華書局,2013年,3965頁。
③ 班固:《漢書》,1743頁。

　　按：《古代漢語》的注釋不得要領。清焦循《孟子正義》注釋此句曰：
"《大戴禮·主言》：'昔者舜左禹而右皋陶，不下席而天下治。'孟子本曾
子之言（按：本篇是孔子與曾子的對話），故于舜所得賢聖之臣，舉禹、皋
陶也。"①

第四節　《詩經》文選注釋之失誤

　　凡 1 例。

　　文選《詩經·小雅·節南山》：憂心如酲，誰秉國成？

　　注釋："酲（chéng），酒病。國成，國政的成規。"（504 頁）

　　按：注釋的兩條釋義皆誤。先說"酲"字釋義。"酒病"，當作"病
酒"。知者，《王力古漢語字典》：【酲】病酒，醉酒後頭腦昏沉、身體困乏
的狀態。《說文》："酲，病酒也。"《詩·小雅·節南山》："憂心如酲，誰秉
國成？"毛傳："病酒曰酲。"②次說"國成"的釋義。毛傳："成，平也。"鄭
箋："誰能持國之平乎？"馬瑞辰《毛詩傳箋通釋》："瑞辰按：古'成''平'
二字互訓。《爾雅·釋詁》：'平，成也。'《春秋》隱六年'鄭人來輸平'，
《公羊傳》：'輸平，猶墮成也。'《穀梁傳》：'來輸平者，不果成也。'此訓
'平'爲'成'也。《周官·調人》：'凡有鬥怒者成之。''成之'即'平之'
也。《左氏》桓二年：'會于稷，成宋亂也。'杜注：'成，平也。'《大雅·緜》
'虞芮質厥成'及此詩（按：謂《節南山》），傳均訓'成'爲'平'。此以
'成'爲'平'。"③"成""平"互訓之例可謂多矣。此詩之"成"訓"平"，可
謂定論。再說，一個"國"字，怎麼會有"國政"之義？豈不成了王引之所
說的"增字解經"嗎？

---

①　焦循：《孟子正義》，中華書局，1987 年，391 頁。
②　王力主編：《王力古漢語字典》，中華書局，2000 年，1494 頁。
③　馬瑞辰：《毛詩傳箋通釋》，中華書局，1989 年，597 頁。

第三章　論王力《古代漢語》文選經部文獻注釋括注"依某人説"之失誤

《古代漢語·凡例》第五條説:"注釋一般采用傳統的説法。其中有跟一般(按:"一般",疑當作"傳統",與上文保持概念一致)解釋不一樣的,則注明'依某人説'。"《古代漢語》第一册文選收入《左傳》《論語》《禮記》《孟子》四種經部文獻,據統計,其中共有注釋括注 47 例。而 47 例中,有失誤者凡 16 例,占了三分之一。失誤的表現不一,"依某人説"的表述,或者告訴讀者的既不是第一手資料,也不是第二手資料,而是第三手資料;或者張冠李戴,子冠父戴;或者不忠實原文,隨意加減;或者依據之説尚有美中不足,有值得改進之處,等等。下面分類説之。

第一節　"依某人説"告訴讀者的是第三手資料

"依某人説"告訴讀者的既不是第一手資料,也不是第二手資料,而是第三手資料,凡 5 例。

1. 原文：制，巖邑也。

注釋：邑，人所聚居的地方，大小不定（依孫詒讓説，見《周禮正義》"里宰"疏）。（9頁）

按：筆者核查了孫詒讓《周禮正義·地官·里宰》疏，發現並不是孫詒讓説，而是孫詒讓徵引金鶚説："金鶚云：'邑者，民居之所聚也。邑爲民居所聚，民居有多少，故邑有大小。極其大而言之，則爲王都之邑；極其小而言之，則《論語》有'十室之邑'。其間大小不等，未可枚舉也。'"①因此，括注的表述，至少應是（依孫詒讓徵引金鶚説，見《周禮正義·地官·里宰》疏）這樣的表述，還不算失實，但提供給學生的究竟還是第二手資料。如果考慮到逐步培養大學生的科研思維能力，那就需要給學生提供第一手資料。金鶚是清代乾嘉學者，其著作尚存。經查，孫詒讓徵引之文，見金鶚《求古録禮説》卷九《邑考》②可覆按也。金鶚《求古録禮説》，除了有《續修四庫全書》本以外，還有上海書店影印的《清經解續編》本，見《續編》第三册，302—303頁，此不贅。所以，括注表述的最佳選擇是（依金鶚説，見《求古録禮説》卷九《邑考》）。這個最佳選擇的要求，是培養學生學會使用第一手資料的科研素質的基本要求。

現在讀者可以明白了，什麽是第一手資料，什麽是第二手資料，什麽是第三手資料。以本條爲例，括注"（依金鶚説，見《求古録禮説》卷九《邑考》）"，這是使用第一手資料，也叫原始資料。括注"（依孫詒讓徵引金鶚説，見《周禮正義·地官·里宰》疏）"，這是使用第二手資料，也叫間接資料。括注"（依孫詒讓説，見《周禮正義》"里宰"疏）"，這是使用第三手資料。第三手資料是倒了兩次手以後的資料。需要説明的是，當徵引的古人之書尚存時，應使用第一手資料。而當徵引的古人之書散佚時，也祇能使用第二手資料。

2. 原文：無以縮酒。

注釋：没有用來縮酒的東西。縮酒，滲酒，祭祀時的儀式之一：把酒

---

① 孫詒讓：《周禮正義》，1159頁。
② 金鶚：《求古録禮説》，《續修四庫全書》，第110册，326頁。

倒在束茅上滲下去,就像神飲了一樣(依鄭玄說,見《周禮·甸師》注)。(14 頁)

　　按:此所引非鄭玄說,乃鄭玄注徵引鄭大夫之說。《周禮·天官·甸師》:"祭祀,共蕭茅。"鄭玄注:"鄭大夫云:'蕭,字或爲"茜"。茜,讀爲縮。束茅立之祭前,沃酒其上,酒滲下去,若神飲之,故謂之縮。故齊桓公責楚"不貢苞茅,王祭不共,無以縮酒"。'"①

　　鄭大夫,即鄭興。《後漢書·鄭興傳》:"鄭興,字少贛,河南開封人也。建武六年,徵爲太中大夫。好古學,尤明《左氏》《周官》。"孫詒讓《周禮正義》云:"案:(鄭)興作《周禮解詁》,見鄭玄《自叙》。注凡引鄭大夫義,皆其遺說也。"②據以上所說,括注應作(依鄭玄徵引鄭興說,見《周禮·甸師》注)

　　3. 原文:將及華泉。

　　注釋:華泉,泉名,在華不注山下,流入濟水(見《水經注》)。(33 頁)

　　按:括注當作"見酈道元《水經注》卷八《濟水》徵引京相璠《春秋土地名》。"知者,陳橋驛《水經注校證》卷八《濟水》:"華不注山單椒秀澤,不連丘陵以自高,虎牙桀立,孤峰特拔以刺天。青崖翠發,望同點黛。山下有華泉,故京相璠《春秋土地名》曰:'華泉,華不注山下泉水也。'"③《隋書·經籍志》經部《春秋》類:"京相璠《春秋土地名》三卷,晋裴秀客京相璠等撰。"④此書後佚。

　　4. 原文:謂孔子曰:來!予與爾言。曰:

　　注釋:這裏的"曰"和下文的兩個"曰不可"都是陽貨自問自答(依毛奇齡說,見《論語稽求篇》)。(201 頁)

　　按:此非毛奇齡說,而是毛奇齡徵引明儒郝敬(以地望稱則曰"郝京山")之說。知者,毛奇齡《論語稽求篇》卷七:"'懷寶迷邦',兩問兩答,皆

---

① 彭林整理:《周禮注疏》,134 頁。
② 孫詒讓:《周禮正義》,174 頁。
③ 陳橋驛:《水經注校證》,中華書局,2007 年,210 頁。
④ 魏徵、令狐德棻:《隋書·經籍志》,932 頁。

陽貨與夫子爲主客。則'日月逝矣,歲不我與'下何以重著'孔子曰'三字,豈前二答皆非夫子語,夫子之答,祇此句耶? 明儒郝京山有云:'前兩"曰"字,皆是貨口中語,自爲問答,以斷爲必然之理。此如《史記‧留侯世家》張良阻立六國後八不可語,有云"今陛下能制項籍之死命乎"? 曰"未能也";"能得項籍頭乎"? 曰"未能也";"能封聖人墓、表賢者閭、式智者門乎"? 曰"未能也"。皆張良自爲問答,並非良問而漢高答者。至"漢王輟食吐哺"以下,纔是高語。此章至"孔子曰"以下,纔是孔子語。孔子答語,祇此耳,故記者特加"孔子曰"三字以別之。'"① 按:郝敬,事迹見《明史‧文苑傳》附《李維楨傳》,云:"敬,字仲輿,京山人,萬曆己丑進士。坐事謫知江陰縣,貪污不檢,物論皆不予,遂投劾歸,杜門著書,崇禎十二年卒。"② 又按:黃虞稷《千頃堂書目》卷三著錄"郝敬《論語詳解》二十卷"③。郝敬此書現存,見《續修四庫全書》153 册。據查,毛奇齡徵引郝京山的文字,是在郝京山的啓發下,毛氏有所加工改造。郝敬《論語詳解》卷十七原文如下:"'懷其寶'二段,與子言'惟求則非邦'二段,語勢相似,彼皆夫子語,此皆陽貨語也。加'曰'字,與'管仲不死,曰未仁乎',皆自斷語法。兩'不可',甚模棱,非聖人應對之辭,豈其漫無可否,而以不仁不知以自任乎? 末句乃稱'孔子曰',甚分曉。"④ 據以上考證,括注以作"(依郝敬説,見《論語詳解》卷十九)"爲宜。

5. 原文:願受一廛而爲氓。

注釋:廛(chán),一般百姓的住宅(依孫詒讓説,見《周禮正義‧地官‧載師》)。(304 頁)

按:括注"《周禮正義‧地官‧載師》"後脫"疏"字,當補。按此非孫詒讓説,乃孫詒讓徵引方苞、沈彤、金鶚之説。知者,《周禮正義‧地官‧載師》:"以廛里任國中之地。"鄭司農云:"廛,市中空地未有肆,城中空地

---

① 毛奇齡:《論語稽求篇》,影印文淵閣《四庫全書》,第 210 册,198—199 頁。
② 張廷玉等:《明史》,中華書局,1974 年,7386—7387 頁。
③ 黃虞稷:《千頃堂書目》,影印文淵閣《四庫全書》,第 676 册,73 頁。
④ 郝敬:《論語詳解》,《續修四庫全書》,第 153 册,383 頁。

未有宅者。"玄謂:"'廛里'者,若今云邑里居矣。廛,民居之區域也。里,居也。"孫詒讓云:"鄭意'里'謂民居,'廛'是其區域,有里則有廛,通而言之,是爲廛里也。方苞、沈彤並謂此里爲國宅,對廛爲民宅、市宅。金鶚亦云:'鄭以里廛皆指民居,非也。廛里二字,當分爲二:廛是民所居,里是百官所居也。《孟子》云:"願受一廛而爲氓。"又云:"廛無夫里之布,則天下之民皆悅而願爲之氓。"是廛爲民居之證。又云:"臣去三年不反,然後收其田里。"是里爲百官所居之證。'按:方、沈、金說是也。此'廛里',二鄭說並未析。蓋通言之,廛里皆居宅之稱;析言之,則庶人農工商等所居謂之廛,士大夫等所居謂之里。"①按:方苞說,見《周官集注》;沈彤說,見《果堂集》卷二《釋周官地征》;金鶚說,查了金鶚的唯一傳世著作《求古錄禮說》,不獲。建議括注文字改作"(依孫詒讓徵引方苞、沈彤、金鶚說,見《周禮正義·地官·載師》疏)"。

第二節　"依某人說"中的"某人",
實際上是他人,張冠李戴

凡 2 例。

1. 原文:唯是風馬牛不相及也。

注釋:馬牛牝牡相誘也不相及(依孔穎達說)。唯,句首語氣詞。風,放,指牝牡相誘。這是譬喻兩國相距甚遠,一向互不相干。(14 頁)

按:實則既非孔穎達說,亦非服虔說,而是賈逵說。《左傳》僖公四年孔疏云:"服虔云:'風,放也。牝牡相誘謂之風。'《尚書》稱'馬牛其風',此言'風馬牛',謂馬牛風逸,牝牡相誘,蓋是末界之微事。言此事不相及,故以取喻不相干也。"②可知"風,放,指牝牡相誘"並非孔穎達說,而是孔穎達徵引的服虔說。按:服虔,東漢末年學者,《左傳》早期注家之一,事迹見《後漢書·儒林傳》。《隋書·經籍志》著錄其《春秋左氏傳解誼》三

---

① 孫詒讓:《周禮正義》,938、945、946 頁。
② 浦衛忠等整理:《春秋左傳正義》,377 頁。

十一卷,唐代以後散佚。我們再循着《尚書》稱“馬牛其風”這條綫索往下追,會有新的發現。《尚書·費誓》:“馬牛其風,臣妾逋逃,勿敢越逐。”孔傳:“馬牛其有風佚,臣妾逋亡,勿敢棄越壘伍而求逐之。”孔疏:“僖四年《左傳》云:‘惟是風馬牛不相及也。’賈逵云:‘風,放也。牝牡相誘謂之風。’然則馬牛風佚,因牝牡相逐而遂至放佚遠去也。”①原來“風,放也。牝牡相誘謂之風”這條注釋的著作權是屬于賈逵的。賈逵,東漢初年學者,也曾經注釋《左傳》,其事迹見《後漢書》本傳。《隋書·經籍志》著録其《春秋左氏解詁》三十卷,唐代以後散佚。現在我們明白了,服虔使用了賈逵的注釋,孔穎達又使用了服虔的注釋。古書中這種前後遞相承受的情況屢見不鮮,切忌淺嘗輒止。陳垣先生有云:“考尋史源,有二句金言:‘毋信人之言,人實誑汝。’”(《陳垣史源學雜文·前言》)友仁不才,奉之爲座右銘。本條括注文字應改作“(依賈逵説,見《尚書·費誓》孔穎達疏)”。

2. 原文:是率天下而路也。

注釋:路,疲勞,羸弱(依王念孫説,見《讀書雜志》)。(306頁)

按:此非王念孫説,乃其子王引之説也。知者,《讀書雜志·晏子春秋第二》“路世之政單事之教”條:“此三者,路世之政,單事之教也。孫(星衍)云:‘言市名于道路。一本道作單,非。’引之曰:作‘單’者是也。單,讀爲‘癉’。《爾雅》:‘癉,病也。’字或作‘瘅’。《大雅·板》:‘下民卒瘅。’毛傳:‘瘅,病也。’‘路’與‘單’,義相近。《方言》:‘露,敗也。’《逸周書·皇門篇》:‘自露厥家。’《管子·四時》:‘不知五穀之故,國家乃路。’路、露古字通。言此三者,以之爲政,則世必敗;以之爲教,則事必病也。孫以‘路’爲道路,失之。”②學者普遍認爲《讀書雜志》是王念孫一個人的著作,實際上,據筆者調查,《讀書雜志》的條目總數不足五千,其中有501條是引用王引之説。因此,我們在徵引《讀書雜志》時,要注意,避免父子不分。

---

① 黄懷信整理:《尚書正義》,811頁。
② 王念孫:《讀書雜誌》,《續修四庫全書》,第1153册,230頁。

第三節 "依某人説"未能忠實原文，
因隨意增减而有失原意

凡6例。

1. 原文：使婦人載以過朝。

注釋：載，用車裝。過朝，經過朝廷。靈公是以殺人爲兒戲，並想借此讓衆人怕自己（依孔穎達説）。（25頁）

按：經文原文："宰夫胹熊蹯不熟，殺之，寘諸畚，使婦人載以過朝。"孔穎達疏僅有九字："過朝以示人，令衆懼也。"[1]所謂"靈公是以殺人爲兒戲"，是《古代漢語》注者自己的意思，孔疏無此意也。這是隨意增加。

2. 原文：端章甫。

注釋：端，古人用整幅布做的禮服，又叫玄端（依劉寶楠説）。（190頁）

按：劉寶楠《論語正義》："《説文》云：'褍，衣正幅。'段玉裁注：'凡衣及裳，不衺殺之幅曰褍。《左傳》'端委'，杜注：'禮衣端正無殺，故曰端。'今按：'褍'是正幅之名，今經傳皆作'端'，自是同音假借。"[2]可知"端，古人用整幅布做的禮服"中的"端"是假借字，其本字是"褍"。此條注釋應加上"端是'褍'的借字"的表述。這是隨意减少之例。

3. 原文：有子問于曾子曰："問喪于夫子乎？"

注釋：在夫子那裏聽説過丟官罷職的事情嗎？問，當作"聞"（依《經典釋文》）。（207頁）

按："問，當作'聞'（依《經典釋文》）"的表述是不忠實原文的表述，因爲《經典釋文》的表述並非是衹作"聞"，而是："問，或作'聞'。"就是説，《釋文》看到的《禮記》版本也是以作"問"者居多，衹不過有的版本作"聞"而已。在這種情況下，竊以爲這樣處理較好：《經典釋文》："問，或

---

[1] 浦衛忠等整理：《春秋左傳正義》，685頁。
[2] 劉寶楠：《論語正義》，中華書局，1990年，470頁。

作'聞'。"今按：或本是,據改。

4. 原文：以賢勇知。

注釋：當時盗賊並起,所以需要智勇的人(依孔穎達説)。(213 頁)

按：這條注釋亦未能忠實原文。孔疏的原文是："'以賢勇知'者,賢猶崇重也。既盗賊並作,故須勇也;更相欺妄,故須知也。"①可知社會上需要勇者與需要智者的原因是不同的,而這條注釋無端删去了"更相欺妄"字樣。此亦隨意減少之例。

5. 原文：無以,則王乎?

注釋：無以,即無已,不停止(依朱熹説)。(290 頁)

按：這條注釋亦未能忠實原文。朱熹注的原文是："以、已通用。無已,必欲言之而不止也。"②正是由于"以、已通用",纔導致"無以,即無已"。所以"以、已通用"不能隨意删去。

6. 原文：孟子曰："許子必織布而後衣乎?"曰："否。許子衣褐。"

注釋：褐是用毛編織的,所以不算是織布(依趙岐説)。(305 頁)

按：這條注釋亦未能忠實原文。趙岐注的原文是："相曰:不自織布,許子衣褐,以毳織之,若今馬衣也。或曰:褐,枲衣也。一曰粗布衣也。"③是對于"褐"字,趙岐注凡有三解也。《古代漢語》祇取趙岐注之第一解,祇能説"依趙岐注之第一解",而不能説"依趙岐説"。此亦隨意加減例。

第四節　"依某人説"之其他
有待改進之處

凡 2 例。

1. 原文：臣聞郊關之内。

注釋：郊關,國都之外百里爲郊,郊外有關(依朱熹説)。(298 頁)

---

①　吕友仁整理：《禮記正義》,880 頁。

②　朱熹：《四書章句集注》,207 頁。

③　廖名春、劉佑平整理：《孟子注疏》,北京大學出版社,2000 年,171 頁。

按：朱熹注的原文是："國外百里爲郊,郊外有關。"朱熹注尚有美中不足之處。第一,朱注"國外百里爲郊",實際上是出自《司馬法》"王國百里爲郊"。《司馬法》已佚,"王國百里爲郊"句見于《周禮·地官·載師》鄭注引鄭司農云。[①] 第二,朱注"郊外有關",義尚未愜,前人頗有爲之彌縫者。例如,宋趙順孫《孟子纂疏》卷二:"愚謂百里爲遠郊,關者,蓋郊之門。"[②]清閻若璩《四書釋地續》:"《集注》'郊外有關','外'字當作'上'。"[③]趙氏、閻氏的說法雖然不同,但落腳點一樣。編者如果能把朱熹注的美中不足予以彌補,豈不功德完滿!

2. 原文:海內之地,方千里者九。

注釋:方千里者九,是說海內共有九倍方千里的地。舊說指九州,但不可拘泥,因爲不可能是平均每州方千里(朱熹注《禮記·王制》,已對每州方千里的說法加以辨正)。(295 頁)

按:據查,朱熹未曾注釋過《禮記·王制》。朱熹的《儀禮經傳通解·王朝禮五》曾長篇累牘地徵引《禮記·王制》文,而其中的注文也是照搬鄭玄注,找不到任何"已對每州方千里的說法加以辨正"的文字。今按:《朱子語類》卷八十七:"《王制》:'四海之內九州,州方千里。'及論建國之數,恐祇是諸儒做箇如此算法,其實不然。建國必因其山川形勢,無截然可方之理。又冀州最闊,今河東、河北數路,都屬冀州。雍州亦闊,陝西、秦鳳皆是。至青、徐、兗、豫四州,皆相近做一處,其疆界又自窄小。其間山川險夷,又自不同,難概以三分去一言之。"[④]編者依據的很可能是這一段話。果然如此的話,括注的文字就應改作"依朱熹說,見《朱子語類》卷五十八"。但是且慢,宋林之奇《尚書全解》卷八:"《王制》曰:'凡海內之地九州,州方千里。'孟子曰:'海內之地,方千里者九。'此亦據大數言之,未必九州之間,每一州之地方千里,無贏縮多寡于其間也。"[⑤]林之奇

① 彭林整理:《周禮注疏》,466 頁。
② 趙順孫:《孟子纂疏》,影印文淵閣《四庫全書》,第 201 冊,520 頁。
③ 閻若璩:《四書釋地續》,影印文淵閣《四庫全書》,第 210 冊,353 頁。
④ 黎靖德編:《朱子語類》,2235 頁。
⑤ 林之奇:《尚書全解》,影印文淵閣《四庫全書》,第 59 冊,149 頁。

(1112—1176),字少穎,福建侯官人,紹興二十一年(1151)進士第,著有《尚書全解》,今存。事迹具《宋史·儒林傳》。朱熹《晦庵集》中多次提到的"林氏""林少穎",就是指的林之奇。朱熹是看過林之奇《尚書全解》的,並多有贊美之詞。例如,《晦庵集》卷五十八《答謝成之》的信中,談到《尚書》注解的編選時,朱熹就説:"三山林少穎説亦多可取,乃不見編入,何耶?"①有鑒于此,建議括注文字改作"依林之奇説,見《尚書全解》卷八"。

最後,筆者想對括注中所見書的表述參差不齊提出批評。上文所引的括注中,諸如"(依鄭玄説,見《周禮·甸師》注)""(見《周禮正義·地官·載師》疏)",中規中矩,合乎學術規範。而諸如"(見《水經注》)""(依王念孫説,見《讀書雜志》)",就很不規範,給讀者帶來極大不便。試想,《水經注》四十卷,你也不告訴讀者是哪一卷;《讀書雜志》八十二卷,你也不告訴讀者是哪一卷。讀者如果想去核對,將是多麼地費力!我們應該爲學生、爲讀者多想想啊!

---

① 朱熹:《晦庵集》,影印文淵閣《四庫全書》,第1145册,4頁。

第四章　論王力《古代漢語》文選非經部文獻的經學失誤

一、"重黎"是兩人而非一人

文選《察傳》：乃令重黎舉夔于草莽之中而進之。

注釋：重(zhòng)黎，人名，相傳爲顓頊(zhuān xū)的後代，堯的掌管時令的官，後爲舜臣。(407頁)

按：重、黎乃兩人之名，非一人之名也。知者，《尚書·吕刑》："乃命重、黎，絕地天通，罔有降格。"孔傳："重即羲，黎即和。堯命羲、和世掌天地四時之官，使人神不擾，各得其序。"孔穎達疏："羲是重之子孫，和是黎之子孫，能不忘祖之舊業，故以重、黎言之。"①又，《國語·楚語下》："顓頊受之，乃命南正重司天以屬神，命火正黎司地以屬民。堯復育重、黎之後，不忘舊者，使復典之，以至于夏商。"②

二、不知暗引《禮記》

文選《霍光傳》：去病不早自知爲大人遺體也。

注釋：遺體，留下來的身體，這是説子女的身體是父母留下來的。(763頁)

---

① 黄懷信整理：《尚書正義》，775頁。
② 仇利萍：《國語通釋》，四川大學出版社，2015年，598頁。

按:《禮記·祭義》:"曾子曰:'身也者,父母之遺體也。行父母之遺體,敢不敬乎?'"①此暗引《禮記》之文也。

三、"賓"是"敬"義而非"服"義

《霍光傳》:四夷賓服。

注釋:賓,服。賓服,就是服的意思。(770頁)

按:如注釋所説,則是此"賓服"二字是同義詞。實則不然。《大戴禮記·五帝德》:"莫不賓服。"清王聘珍《解詁》:"《廣雅》云'賓,敬也。'"②《廣雅·釋詁》:"賓,敬也。"王念孫《疏證》:"賓者,《説文》:'賓,所敬也。'《周官·鄉大夫》:'以禮禮賓之。'鄭眾注云:'賓,敬也。'《禮運》:'山川所以儐鬼神。'《釋文》:'儐,皇音賓,敬也。'儐與'賓'通。"③《爾雅·釋詁》:"悦、擇、愉、釋、賓、協,服也。"郭璞注:"皆謂喜而服從。"邢昺疏:"賓者,懷德而服也。"④"懷德而服"即敬服也。然則,此"賓"字乃"敬也"之義。賓服者,敬服也。

四、没有看懂《儀禮》

《霍光傳》:禮曰:"爲人後者,爲之子也。"昌邑王宜嗣後。

注釋:禮,指《儀禮》,但今本《儀禮》無此句。今本《禮記》亦無此句。祗見于《公羊傳》成公十五年。(778頁)

按:此處的"禮",正是指的《儀禮》,祗不過引文祗有"爲人後者"四字而已,見《儀禮·喪服》;⑤而"爲之子也"一句則是楊敞等大臣據《儀禮》此句經文"爲人後者"得出的推論。二者不是一碼事兒。《古代漢語》的引文標點錯了,引號多引了四個字。《公羊傳》雖有"爲人後者,爲之子也"二句,但與《漢書》此處的實際情況不合,對不上號。按:《漢書·武五子傳》:"孝武皇帝六男:衛皇后生戾太子,趙婕妤生孝昭帝,王夫人生齊懷王閎,李姬生燕剌王旦、廣陵厲王胥,李夫人生昌邑哀王髆。昌邑哀王

---

① 吕友仁整理:《禮記正義》,1844頁。
② 王聘珍:《大戴禮記解詁》,中華書局,1983年,125頁。
③ 王念孫:《廣雅疏證》,江蘇古籍出版社,1984年,13頁。
④ 李傳書整理:《爾雅注疏》,北京大學出版社,2000年,16頁。
⑤ 王輝整理:《儀禮注疏》,886頁。

髆,天漢四年立,十一年薨。子賀嗣,立十三年,昭帝崩,無嗣,大將軍霍光徵王賀典喪。"①可知昌邑王賀是以姪子的身份過繼給漢昭帝,從而即皇帝位。姪子繼伯父,昭穆(輩分)不亂,與《儀禮》經文"爲人後者"合若符契。而《公羊傳》的"爲人後者,爲之子也",是以弟繼兄,亂了輩分。按:《公羊傳》成公十五年:"仲嬰齊者何?公孫嬰齊也。公孫嬰齊則曷爲謂之仲嬰齊?爲兄後也。爲兄後則曷爲謂之仲嬰齊?爲人後者,爲之子也。"②這是以弟繼兄,與《儀禮》經文背道而馳。所以何休注云:"弟無後兄之義,爲亂昭穆之序,失父子之親。"③《公羊傳》實際上是直言不諱地責備這種離經叛道行爲的。

五、"封比干之後"的"後"當作"墓"

鄒衍《獄中上梁王書》:封比干之後。

注釋:據說武王伐紂後,曾封比干之子。(900頁)

按:《尚書·武成》:"一戎衣天下大定,乃反商政,政由舊。釋箕子囚,封比干墓,式商容閭。"孔傳:"皆武王反紂政。封,益其土。"《禮記·樂記》:"武王克殷反商,未及下車而封黃帝之後于薊,封帝堯之後于祝,封帝舜之後于陳;下車而封夏后氏之後于杞,投殷之後于宋,封王子比干之墓,釋箕子之囚,使之行商容而復其位。"鄭玄注:"積土爲封。封比干墓,宗賢也。"《史記·殷本紀》:"周武王遂斬紂頭,縣之白旗,殺妲己,釋箕子之囚,封比干之墓,表商容之閭。"《漢書·張良傳》:"武王入殷,表商容閭,式箕子門,封比干墓。"《逸周書·克殷解第三十六》:"乃命閎夭,封比干之墓。"據以上經史五書《尚書》《禮記》《史記》《漢書》《逸周書》之說,乃"封比干之墓",即給比干墓添添土,使其高大。《古代漢語》注釋謂"武王伐紂後,曾封比干之子",誤也。而所謂"據說"者,又不知其據何書爲說也。

六、"上壽"是指一百二十歲

枚乘《上書諫吳王》:今欲極天命之上壽。

---

① 班固:《漢書》,2741、2764頁。
② 浦衛忠整理:《春秋公羊傳注疏》,北京大學出版社,2000年,4頁。
③ 浦衛忠整理:《春秋公羊傳注疏》,460頁。

注釋：上壽，指百歲以上。（906 頁）

按：《左傳》僖公三十二年："蹇叔哭之曰：'孟子，吾見師之出而不見其入也。'公使謂之曰：'爾何知，中壽！'"孔穎達疏："上壽百二十歲，中壽百，下壽八十。"[1]又按：《尚書·洪範》："五福：一曰壽。"孔傳："百二十年。"[2]此皆謂上壽是一百二十歲。《古代漢語》注釋不確。

七、"刑不上大夫"舊解發覆

司馬遷《報任安書》："刑不上大夫"，此言士節不可不勉勵也。

注釋：語見《禮記·曲禮上》。（919 頁）

按：這條注釋很另類，它祇告訴學生被注釋語的出處，但不予一字的解釋。筆者妄自推測，也可能是《古代漢語》編者發現"刑不上大夫"的注釋是個眾説紛紜的老大難的問題，不知孰是孰非。有此苦衷，所以纔這樣做。但這樣做對學生是不夠負責任的，有悖于"師者，所以傳道受業解惑"的古訓。爲什麼？因爲學生按照教材的指引去查原書，看到的是鄭玄注："不與賢者犯法，其犯法則在八議，輕重不在刑書。"[3]而鄭玄注不僅是錯誤的，違背歷史實際的，而且影響深遠，對學生沒有任何好處。宋代的司馬光也有同樣的苦衷，也爲不明"刑不上大夫"的真詮而急得撓耳抓腮，但他沒有隱晦自己的困惑，而是把自己的困惑公之于衆。他在《進士策問》中直截了當地公開發問，希望"進士"們能爲他解惑：

> 《曲禮》曰："禮不下庶人，刑不上大夫。"按《王制》："修六禮以節民性；冠、婚、喪、祭、鄉、相見。"此庶人之禮也。《舜典》："五服三就，大夫于朝，士于市。"此大夫之刑也。夫禮與刑，先王所以治群臣萬民，不可斯須偏廢也。今《曲禮》乃云如是，必有異旨，其可見乎？[4]

我們從司馬光的策問中可以看出，他感到經書在互相打架。《禮記·曲禮》上說"禮不下庶人，刑不上大夫"，而從《禮記·王制》上看，庶人是

---

① 浦衛忠等整理：《春秋左傳正義》，541 頁。
② 黃懷信整理：《尚書正義》，478 頁。
③ 呂友仁整理：《禮記正義》，101 頁。
④ 司馬光：《傳家集》卷七十五《進士策問十五首》，影印文淵閣《四庫全書》，第 1094 册，685 頁。

有禮的;從《尚書·舜典》上看,大夫是有刑的。在這種情況下,《曲禮》還要那樣說,"必有異旨",意思是説,一定有非同一般的解釋。"其可見乎",你們能夠讓我明白那個"異旨"是什麼嗎?

説實話,筆者也曾經長時間有此同樣的困惑。後來讀的書多了點,纔意識到"刑不上大夫"之所以没有得到正解,是由于我們的切入點錯了。把切入點放在"上"字上,那就意味着誤入歧途,陷入一個僞命題而不悟,那就永遠不得正解;而把切入點放在"刑"字上,則全盤皆活。説得再明白點,我們要考慮的問題是,什麼樣的"刑"不上大夫?

"刑不上大夫"的"刑"字怎樣講? 過去一直是當作"五刑"之刑來理解的。拿先秦來説,當時的五刑是墨刑、劓刑、剕刑、宫刑、大辟。于是問題就來了。質疑者認爲,翻看先秦的的典籍,大夫受刑的事例史不絶書,司空見慣,怎麼能説"刑不上大夫"呢? 而贊成者則多方論證以自圓其説。我們認爲,千古聚訟不決的原因,就在于選錯了切入點。而切入點的選錯,則與對"刑"字的誤解密切相關。我們認爲,這個"刑"字當作"刑辱"解,即種種刑訊手段給當事人帶來的羞辱。例如,當衆辱罵、繩捆索綁、脚鐐手銬、鞭抽棍打、剃光頭、著囚服等,詳下。對于習慣于養尊處優的大夫來説,這種羞辱給他們帶來的難堪之劇烈可想而知。"刑不上大夫"這句話的意思是,大夫犯了罪,該殺就殺,該剮就剮,而由種種刑訊手段給當事人帶來的羞辱不能施之于大夫。用現代的話來説,就是刑事追究是不能豁免的,但在作法上應該給當事人留點面子。筆者之所以能有這樣的理解,實在是受惠于古人、前賢之所賜。古人、前賢之中對這句話作出正確闡釋的近乎代不乏人,他們的闡釋也並不冷僻,但大概是由于人們有了先入之見的緣故,以至于使得我們對這些正確的闡釋視而不見,置若罔聞。請看:

(1)西漢初年的賈誼在上政事疏中説:"臣聞之,履雖鮮不加于枕,冠雖敝不以苴履。夫嘗已在貴寵之位,天子改容而體貌之矣,吏民嘗俯伏以敬畏之矣,今而有過,帝令廢之可也,退之可也,賜之死可也,滅之可也。若夫束縛之,係絏之,輸之司寇,編之徒官,司寇小吏詈罵而榜笞之,殆非所以令衆庶見也。夫卑賤者習知尊貴者之一旦吾亦乃可以加此也,非所以習天下也,非尊尊貴貴之化也。夫天子之所嘗敬,衆庶之所嘗寵,死而死耳,賤人安宜得如此而頓辱之哉! 故古者禮不及庶人,刑不至大夫,所以厲寵臣之節也。古者大臣有坐不廉而廢者,不謂'不廉',曰'簠簋不飾';坐污穢淫亂男女亡別者,不曰'污穢',曰'帷薄不修';坐罷軟不勝任者,不謂'罷軟',曰'下官不職'。故貴大臣定有其罪矣,猶未斥然正以呼之也,尚遷就而爲之諱也。故其在大譴大何之域者,聞譴何則白冠氂纓,盤水加劍,造請室而請罪耳,上不執縛係引而行也。其有中罪者,聞命而自弛,上不使人頸盭而加也。其有大罪者,聞命則北面再拜,跪而自裁,上不使捽抑而刑之也。"①

細讀此節,可知賈誼所說的"刑不至大夫"的"刑",不是五種刑名之刑,而是指使用各種刑訊手段令罪人受辱,即所謂"束縛之,係緤之,輸之司寇,編之徒官,司寇小吏詈罵而榜笞之"之類是也。

(2) 司馬遷《報任安書》說:"太上不辱先,其次不辱身,其次不辱理色,其次不辱辭令,其次詘體受辱,其次易服受辱,其次關木索被箠楚受辱,其次剃毛髮嬰金鐵受辱,其次毀肌膚斷支體受辱,最下腐刑極矣。傳曰'刑不上大夫',此言士節不可不厲也。今交手足,受木索,暴肌膚,受榜箠,幽于圜墻之中。當此之時,見獄吏則頭槍地,視徒隸則心惕息。何者? 積威約之勢也。及已至此,言不辱者,所謂強顏耳,曷足貴乎! 且西伯,伯也,拘羑里;李斯,相也,具五刑;淮陰,王也,受械于陳;彭越、張敖,南鄉稱孤,繫獄具罪;絳侯誅諸呂,權傾五伯,囚于請室;魏其,大將也,衣赭,關三木;季布爲朱家鉗奴;灌夫受辱居室。此人皆身至王侯將相,聲聞鄰國,及罪至罔加,不能引決自裁,在塵埃之中,古今一體,安在其不辱也!"②

筆者認爲,司馬遷的這段闡釋與賈誼所論完全一致,都是強調種種刑訊手段給當事人帶來的莫大羞辱。司馬遷不愧爲史學家,在他的筆

---

① 班固:《漢書》,2256—2257 頁。
② 班固:《漢書》,2732—2733 頁。

下,刑辱被描繪得淋漓盡致。這段話的權威性還在于,司馬遷不僅"常廁下大夫之列"①,而且身受宮刑,對于牢獄之灾有切身體會。那個"刑"字該當何解,他最有發言權。

（3）《資治通鑑》卷二八三後晉天福八年十二月:"閩主曦嫁其女,取班簿閱視之,朝士有不賀者十二人,皆杖之于朝堂。以御史中丞劉贊不舉劾,亦將杖之。贊義不受辱,欲自殺。諫議大夫鄭元弼諫曰:'古者刑不上大夫。中丞儀刑百僚,豈宜加之箠楚?'曦正色曰:'卿欲效魏徵邪?'元弼曰:'臣以陛下爲唐太宗,故敢效魏徵。'曦怒稍解,乃釋贊。"②

（4）宋張方平《恩貸之罰》説:"《禮》曰:'刑不上大夫。'蓋謂不虧傷其體,皆非謂不入罰科也。故内則有放、奪、殺、刺之典,外則有絀爵、削地、眚伐之制。漢氏之法,則有免罷、謫徙、完舂、輸作之令。"③

（5）宋蘇軾説:"天下之議者曰:'古者之制,刑不上大夫,大臣不可以法加也。'嗟夫!刑不上大夫者,豈曰大夫以上有罪而不刑歟?古之人君,責其公卿大臣至重,而待其士庶人至輕也。責之至重,故其所以約束之者愈寬;待之至輕,故其所以堤防之者甚密。夫所貴乎大臣者,惟不待約束而後免于罪戾也,是故約束愈寬而大臣益以畏法。何者?其心以爲人君之不我疑,而不忍欺也。苟幸不疑而輕犯法,則固已不容于誅矣。故士大夫以上有罪,不從于訊鞫論報如士庶人之法,斯以爲刑不上大夫而已矣。"④

（6）《宋史·刑法志三》:"熙寧二年,比部郎中、知房州張仲宣嘗檄巡檢體究金州金坑無甚利,土人憚興作,以金八兩求仲宣不差官。及事覺,法官坐仲宣枉法贓,應絞。援前比,貸死杖脊,黥配海島。知審刑院蘇頌言:'仲宣所犯,可比恐喝條。且古者刑不上大夫,仲宣官五品,有罪得乘車,今刑爲徒隸,其人雖無足矜,恐污辱衣冠爾。'遂免杖黥,流賀州。自是命官無杖黥法。"⑤

---

① 班固:《漢書》,2727—2728 頁。
② 司馬光:《資治通鑑》卷二八三,中華書局,1956 年,9260 頁。
③ 張方平:《樂全集》,影印文淵閣《四庫全書》,第 1104 册,60 頁。
④ 蘇軾:《蘇東坡全集·應詔集》卷二《策別第六》,中國書店,1986 年,734 頁。
⑤ 脱脱等:《宋史》,5018 頁。

（7）《元史·不忽木傳》："樞密臣受人玉帶，徵贓不叙。御史言罰太輕。不忽木曰：'禮，大臣貪墨，惟曰簠簋不飾。若加答辱，非刑不上大夫之意。'人稱其平恕。"①

（8）《元史·趙孟頫傳》："桑哥鐘初鳴時即坐省中，六曹官後至者則答。孟頫偶後至，斷事官遽引孟頫受答。孟頫入訴于都堂右丞葉李曰：'古者刑不上大夫，所以養其廉耻，教之節義。且辱士大夫，是辱朝廷也。'桑哥亟慰孟頫使出。自是，所答唯曹史以下。"②

（9）《明史·刑法志三》："太祖常與侍臣論待大臣禮。太史令劉基曰：'古者公卿有罪，盤水加劍，詣請室自裁，未嘗輕折辱之，所以存大臣之體。'侍讀學士詹同因取《小戴禮》及賈誼疏以進，且曰：'古者刑不上大夫，以勵廉耻也。必如是，君臣恩禮始兩盡。'帝深然之。"③

（10）明查繼佐《罪惟録》卷十一上《王鏊傳》："當是時，瑾權傾中外，然見鏊開誠與言，或亦聽用。尚寶卿璿等三人忤瑾，瑾拳之。鏊正色言：'古者刑不上大夫，幸勿過折辱。'得免。"④

（11）今人韓國磐先生説："'刑不上大夫'之説從何而來呢？試讀《漢書·賈誼傳》，在賈誼的上疏中，有專門談到不應戮辱大臣的一段。……由于當時戮辱大臣，賈誼纔上疏，借古事以諷喻當世。"⑤

請看，《賈誼傳》所説"死而死耳，賤人安宜得如此而頓辱之哉"；司馬遷所説"太上不辱先，其次不辱身，其次不辱理色，其次不辱辭令，其次詘體受辱，其次易服受辱，其次關木索被箠楚受辱，其次剃毛髮嬰金鐵受辱，其次毀肌膚斷支體受辱，最下腐刑極矣"，一連串的"辱"，《資治通鑑》所説"劉贊義不受辱，欲自殺"，《元史》所説"若加答辱，非刑不上大夫之意"，《罪惟録》所説"古者刑不上大夫，幸勿過折辱"，都是把"刑不上大夫"與"辱"字掛鈎，"刑不上大夫"本義已經浮出水面，而"刑"字的確詁也

①　宋濂：《元史》，中華書局，1976年，3172頁。
②　宋濂：《元史》卷一七二《趙孟頫傳》，4020頁。
③　張廷玉等：《明史》卷九五《刑法志三》，2329頁。
④　查繼佐：《罪惟録》，《續修四庫全書》，第322册，488頁。
⑤　韓國磐：《中國古代法制史研究》，人民出版社，1993年，214—216頁。

清晰可見。

"刑不上大夫"的本義既如上所述,下面我們須要進一步探索的是"刑不上大夫"産生的精神基礎是什麽。説來巧了,其精神基礎也在《禮記》。《禮記·儒行》云:"儒有可親而不可劫也,可近而不可迫也,可殺而不可辱也。"①由于這三句話是孔子説的,所以其爲士大夫所服膺也就非常自然。三句話中對後世影響最大的是"可殺而不可辱"一句。在古代,士農工商,所謂四民,儒居四民之首。由于儒者的社會地位與士相近,所以"儒"字就變成了"士"字,于是乎就有了"士可殺而不可辱"這句話。請注意,"士可殺而不可辱"這句話中的"士",不是與大夫相對立的最低級爵位之稱,而是"士大夫"的通稱,也可以説是"大臣""高官"的通稱。司馬遷在《報任安書》中説:"傳曰'刑不上大夫',此言士節不可不屬也。"上句言"大夫",下句變文爲"士";下文的舉例中,有三品大員亦稱"士"者,均可證。"士可殺而不可辱"這句話,對歷代士大夫的品格塑造所産生的影響非常大,以至于成爲士大夫的一個揮之不去的心結,從而構成了"刑不上大夫"的精神基礎。爲了證明這一點,請看:

(1)《三國志·魏書·何夔傳》:"太祖性嚴,掾屬公事,往往加杖。夔常畜毒藥,誓死無辱,是以終不見及。"②從中不難看出"士可殺而不可辱"這一信念對何夔的影響。

(2)《資治通鑑》卷二一二唐開元十年十一月乙未:"前廣州都督裴仙先下獄,上與宰相議其罪。張嘉貞請杖之。張説曰:'臣聞"刑不上大夫",爲其近于君,且所以養廉恥也。故士可殺不可辱。臣向巡北邊,聞杖姜皎于朝堂。皎官登三品,亦有微功,有罪應死則死,應流則流,奈何輕加笞辱,以皂隸待之!姜皎事往,不可復追。仙先據狀當流,豈可復蹈前失。'上深然之。"③

(3)元陶宗儀《説郛》卷四一下引宋代高文虎《蓼花洲閑録》云:"神

① 吕友仁整理:《禮記正義》,2222 頁。
② 陳壽:《三國志·魏書·何夔傳》,中華書局,1959 年,378 頁。
③ 司馬光:《資治通鑑》,6754 頁。

宗時,以陝西用兵失利,内批出令,斬一漕官。明日,宰相蔡確奏事。上曰:'昨日批出斬某人,今已行否?'確曰:'方欲奏知。'上曰:'此人何疑?'確曰:'祖宗以來,未嘗殺士人。臣等不欲自陛下始。'上沉吟久之,曰:'可與刺面配遠惡處。'門下侍郎章惇曰:'如此,即不若殺之。'上曰:'何故?'曰:'士可殺,不可辱。'上聲色俱厲曰:'快意事更做不得一件!'惇曰:'如此快意,不做得也好。'"①

(4)明夏原吉《夏忠靖公集・附録・夏忠靖公遺事》:"刑部金尚書以疾在告,蹇忠定公有會,乃赴之。上聞之不樂,曰:'以疾不朝,而宴于私,可乎?'命繫之。公言:'進退大臣當以禮,可殺而不可辱。金某老矣而繫辱之,非刑不上大夫之意。'上即宥之。"②

(5)明袁袠《世緯》卷上《貴士》:"《記》曰:'刑不上大夫。'此言士可殺而不可辱也。秦、漢以來,士也日賤。李斯,相也,具五刑;蕭何,侯也,縛縲絏;勃如絛、絳,材如遷、向,幽囚械繫,宮腐髡鉗,辱已甚矣。"③

(6)明劉宗周《劉蕺山集》卷四《敬陳聖學疏》:"至于廷杖一節,原非祖宗故事,辱士尤甚。士可殺,不可辱。仍願陛下推敬禮大臣之心以及群臣,與廠衛一體並罷,還天下禮義廉恥之坊。"④

(7)《世宗憲皇帝上諭内閣》卷八七記載:"李紱、蔡珽着交刑部訊取確供,倘再支吾掩飾,即加刑訊。古人云'士可殺而不可辱',若李紱等奸猾之徒,有不得不辱之勢,亦其所自取也。"⑤

(8)清陳立《白虎通疏證》卷九在徵引賈誼《新書・階級》"廉恥禮節,以治君子。故有賜死而無僇辱。是以係縛榜笞、髡刖黥劓之罪,不及士大夫,以其離主上不遠也"之後,加按語説:"故《儒行》云:'士可殺而不可辱。'"⑥

---

① 陶宗儀:《説郛》卷四十一下引宋代高文虎《蓼花洲閑録》,影印文淵閣《四庫全書》,第878冊,273頁。
② 夏原吉:《夏忠靖公集・附録遺事》,影印文淵閣《四庫全書》,第1240冊,558頁。
③ 袁袠:《世緯》卷上,影印文淵閣《四庫全書》,第1294冊,377頁。
④ 劉宗周:《劉蕺山集》,影印文淵閣《四庫全書》,第415冊,348頁。
⑤ 允禄:《世宗憲皇帝上諭内閣》,影印文淵閣《四庫全書》,第415冊,348頁。
⑥ 陳立:《白虎通疏證》,《清經解續編》第5冊,上海書店,1988年,562頁上。

以上 8 例,尤以第 5 例、第 8 例説得最爲明白。實際上,司馬遷所説的:"傳曰'刑不上大夫',此言士節不可不屬也。"所謂"士節不可不屬也",可以視爲"士可殺而不可辱也"的另外一種表述。

在封建社會裹,一件事情能否行得通,決定的因素是它能不能給最高統治者帶來好處。"刑不上大夫"作爲一項對犯罪官員有所照顧的措施之所以能夠行得通,也必須遵循這一原則。賈誼把這層道理説得很透:"其有大罪者,聞命則北面再拜,跪而自裁,上不使捽抑而刑之也,曰:'子大夫自有過耳!吾遇子有禮矣。'遇之有禮,故群臣自憙;嬰以廉恥,故人矜節行。上設廉恥禮義以遇其臣,而臣不以節行報其上者,則非人類也。故化成俗定,則爲人臣者主耳亡身,國耳亡家,公耳亡私,利不苟就,害不苟去,唯義所在,上之化也。故父兄之臣誠死宗廟,法度之臣誠死社稷,輔翼之臣誠死君上,守圉扞敵之臣誠死城郭封疆。故曰聖人有金城者,比物此志也。彼且爲我死,故吾得與之俱生;彼且爲我亡,故吾得與之俱存。夫將爲我危,故吾得與之皆安。顧行而忘利,守節而仗義,故可以托不御之權,可以寄六尺之孤,此屬廉恥行禮義之所致也,主上何喪焉!"[1]原來給犯罪官員以適當照顧,留點面子,這還是演給群臣看的一出戲,它可以感化群臣,讓他們心存感激,更忠實地爲最高統治者賣命出力。這是一個俗話説的"得了便宜還要賣乖"的買賣,對于聰明的統治者來説,何樂而不爲! 這可以看作是"刑不上大夫"得以實行的一個外部條件。

《郭店楚墓竹簡·尊德義》篇的第 31、32 簡云:"莝不隷于君子,禮不隷于小人。"[2]整理者裘錫圭先生按:"隷,讀爲'逮'。"按《説文》:"逮,及也"。我們認爲,《尊德義》這兩句話的用詞雖然與"刑不上大夫,禮不下庶人"有所不同,但意思並無二致,可以視爲不同的表述形式。它的出現爲我們認識"刑不上大夫,禮不下庶人"提供了新的資料,很有價值,值得注意。例如,宋代學者黃敏求《九經餘義》爲了破解"刑不上大夫,禮不下庶人"這兩句話,就在分章上打主意。他認爲"禮不下庶人"和"刑不上大

---

① 班固:《漢書》卷四八《賈誼傳》,2257—2258 頁。
② 荊門市博物館編:《郭店楚墓竹簡·尊德義》,文物出版社,1998 年,57、174 頁。

夫"並不是同一章的内容,不能相提並論。"禮不下庶人"與上文"國君撫式,大夫下之。大夫撫式,士下之"爲一章,"謂乘車之禮不爲庶人而下,故曰禮不下庶人者也"①。今人也頗有雷同黃説者,就我們所見的有王占通《奴隸社會法律制度中不存在"禮不下庶人,刑不上大夫"的原則》、②郭建等著《中國法制史》和曾代偉主編《中國法制史》。例如,郭建等著《中國法制史》就説"'禮不下庶人',講的是乘車的禮儀"。③ 曾代偉主編《中國法制史》説:"可見'禮不下庶人'的原意是指的'相見禮'這一局部,將其擴大到禮的全部,在邏輯上是不能成立的。"④今得竹簡本《尊德義》此二句作證,則上述各家所持"分章不同"説不攻自破。

　　"坙"字不見于《説文》。按《説文・井部》:"荆,罰罪也。從刀井。《易》曰:'井者,法也。'井亦聲。"段玉裁注:"按此荆罰正字也。今字改用'刑'。刑者,到也,見《刀部》,其義其音皆殊異。"⑤又《説文・刀部》:"刑,到也。從刀,开聲。"段玉裁注:"按:荆者,五荆也。凡荆罰、典荆、儀荆皆用之。刑,到也,横絶之也。此字本義少用,俗字乃用刑爲荆罰、典荆、儀荆字,不知造字之旨既殊,井聲、开聲各部。"⑥據此可知,《尊德義》之"坙",與《説文・井部》之"荆"是異體字關係,二者同義,本義皆爲"罰罪"。而"刑不上大夫"的"刑"字,據段玉裁説是俗字;據王筠《説文句讀》,則是"荆"的通假字⑦。"坙不隸于君子"的"坙",在此使用的同樣不是"坙"的本義,而是其遠引申義"刑辱"。關于這一點,上文已經論證,此處不煩贅言。

　　筆者認爲,"坙不隸于君子"的"君子",就是"刑不上大夫"的"大夫",二者是同義詞,都是指有一定社會身份地位的人。例如:

　　(1)《禮記・禮器》:"是故君子大牢而祭謂之禮。"鄭玄注:"君子,

---

① 衛湜:《禮記集説》,影印文淵閣《四庫全書》,第 117 册,155 頁。
② 王説見《吉林大學學報》1987 年第 5 期,4 頁。
③ 郭建、姚榮濤、王志强:《中國法制史》,上海人民出版社,2000 年,16 頁。
④ 曾代偉主編:《中國法制史》,法律出版社,2006 年,32 頁。
⑤ 段玉裁:《説文解字注》,上海古籍出版社,1981 年,216 頁。
⑥ 段玉裁:《説文解字注》,182 頁。
⑦ 王筠:《説文句讀》卷八"刑"字下,中華書局,1988 年,153 頁上。

謂大夫以上。"①

（2）《禮記·玉藻》："君子狐青裘。"鄭玄注："君子，大夫士也。"②

（3）《禮記·鄉飲酒義》："鄉人、士、君子尊于房户之間。"鄭玄注："君子，謂卿大夫士也。"③

因此，我們在理解《曲禮上》和《尊德義》的這兩句話時，既不應拘泥于一隅，也不必強生區別。

《禮記·曲禮上》的"刑不上大夫，禮不下庶人"與《郭店楚墓竹簡·尊德義》篇的"堂不隸于君子，禮不隸于小人"，用詞雖有不同，意思完全一樣。同樣的意思出現在兩篇不同形式的文獻（傳世文獻與出土文獻）中，這表明這兩句話在先秦時期是一個流傳面相當廣的常用語。

如果我們對"刑不上大夫"的本義以及相關問題的論證無誤，反過來，那就表明傳統的舊解是錯誤的。傳統的舊解始于東漢章帝建初四年（79）的白虎觀會議，這可謂始作俑者。此後，由于經學家何休、鄭玄的推波助瀾，"刑不上大夫"的傳統舊解遂牢不可破。

據《後漢書》的《章宗本紀》《班固傳》，建初四年的白虎觀會議，是模仿漢宣帝甘露三年（前51）石渠會議而舉行的"講議《五經》同異"的一次會議。參加會議的人不少，班固是其中的一個。儘管與會者都可以發表意見，但哪種意見對，哪種意見錯，要由漢章帝來作裁決，這叫作"帝親稱制臨決"。今傳世之《白虎通義》就是這次會議的一個總結、一個決議。《白虎通義》的作者雖然署名是班固，但班固不過是奉命行事而已，書中的内容都是得到皇帝認可的。按照清代的命名習慣，就要叫作《欽定白虎通義》纔對。現在我們就來看看《白虎通》是怎麼説的。《白虎通》卷下《五刑》："聖人治天下，必有刑罰何？所以佐德助治，順天之度也。刑所以五何？法五行也。科條三千者，應天地人情也。五刑之屬三千，大辟之屬二百，宫辟之屬三百，腓辟之屬五百，劓、墨辟之屬各千。刑不上大夫何？尊

① 吕友仁整理：《禮記正義》，979 頁。
② 吕友仁整理：《禮記正義》，1212 頁。
③ 吕友仁整理：《禮記正義》，2287 頁。

大夫。禮不下庶人，欲勉民使至于士。故禮爲有知制，刑爲無知設也。刑不上大夫者，據禮無大夫刑。"①"刑不上大夫何"中的"刑"字，既然是放在《五刑》條目下，自然是"五刑"之刑，不是"刑辱"之刑。至于爲什麼"刑不上大夫"？回答也很乾脆："尊大夫。"

爲什麼説何休、鄭玄是推波助瀾者呢?《春秋》宣公元年："晋放其大夫胥甲父于衛。"《公羊傳》："放之者何?"何休注："古者刑不上大夫，蓋以爲摘巢毀卵，則鳳凰不翔;刳胎焚夭，則麒麟不至。刑之則恐誤刑賢者，死者不可復生，刑者不可復屬。故有罪放之而已，所以尊賢者之類也。"②這是把"刑不上大夫"解釋作既不受肉刑，又不受死刑，有罪祇是流放而已。而流放不屬于五刑。而鄭玄注《曲禮上》"刑不上大夫"云："不與賢者犯法。其犯法則在八議，輕重不在刑書。"③在這裏，鄭玄首先肯定大夫都是賢者，賢者能够自律，一般不會犯法。萬一犯法，他們享有八議的特權，往往可以大罪化小，小罪化了。鄭玄注與何休注雖然有所不同，但均認爲大夫在五刑的追究上享有特權，在這一點上，他們肯定了"刑不上大夫"。在經學領域，鄭玄的影響比何休要大得多。魏晋以後，士人中彌漫着"寧道孔聖誤，諱聞鄭、服非"④的空氣，于是"刑不上大夫"的傳統舊解就變得牢不可破。

八、不知暗引《論語》

楊惲《報孫會宗書》：君子游道，樂以忘憂。（925 頁）

《古代漢語》没有注釋。

按：《論語·衛靈公》："君子憂道不憂貧。"⑤又，《論語·述而》："子曰：'女奚不曰：其爲人也，發憤忘食，樂以忘憂，不知老之將至云爾!'"⑥此處蓋楊惲以孔子自喻也。

① 班固：《白虎通義》卷下，影印文淵閣《四庫全書》，第 850 册，59 頁。
② 《春秋公羊傳》，《十三經注疏》，2277 頁中。
③ 吕友仁整理：《禮記正義》，101 頁。
④ 劉昫：《舊唐書》卷一〇二《元行沖傳》，3176 頁。
⑤ 朱漢民整理：《論語注疏》，246 頁。
⑥ 朱漢民整理：《論語注疏》，102 頁。

九、不知暗引《禮記》

楊惲《報孫會宗書》：夫人情所不能止者，聖人弗禁。故君父至尊親，送其終也，有時而既。

注釋：古制，臣子爲君父服三年喪，除喪後起居行動就不再受喪服的限制。（927 頁）

按：注釋者不知道楊惲這樣說是用典。按：《禮記·三年問》："三年之喪，二十五月而畢，哀痛未盡，思慕未忘，然而服以是斷之者，豈不送死有已，復生有節也哉？"①

十、不知暗引《毛詩》

李密《陳情表》：舅奪母志。

注釋："奪母志，指强行改變了母親守節之志，即强迫母親改嫁了。"（929 頁）

按：編者忽略了這是用典。《詩經·鄘風·柏舟》序："《柏舟》，共姜自誓也。衛世子共伯蚤死，其妻守義，父母欲奪而嫁之，誓而弗許，故作是詩以絕之。"

十一、"期功、强近"之注釋錯誤

李密《陳情表》：外無期、功强近之親。

注釋：期(jī)功，都是古代喪服名稱。期，服喪一年。功，指大功、小功。大功服喪九個月，小功服喪五個月。古代服喪的不同，是按親屬關係的遠近來規定的。强(qiǎng)近，勉强接近。（929 頁）

按：《文選》卷三十七李密《陳情表》吕向注曰："期功，謂大功、小功之親。"②《古文觀止》卷七李密《陳情表》注："期，周年服也。功，大功、小功。强近，强爲親近也。"③王力《古代漢語》的注釋，即來源于上述兩家之注。按："期功"一詞，吕向"期功，謂大功、小功之親"之注，實際上，祇注了"功"字，没有注"期"字。吳楚材、吳調侯《古文觀止》補其罅漏，注作

① 吕友仁整理：《禮記正義》，2185 頁。
② 《六臣注文選》，中華書局，1987 年，696 頁。
③ 吳楚材、吳調侯編：《古文觀止》，中華書局，1959 年，283 頁。

"期,周年服也。功,大功、小功"。筆者認爲,呂向與吳楚材、吳調侯兩家之注都是錯誤的。錯在什麽地方呢? 首先,錯在把"小功"也拉了進來。因爲五服之中,小功是疏屬,不是親屬。其次,《古文觀止》"强(qiǎng)近,勉强接近"的注釋錯了。正確的注釋應是"强,指有勢力;近,指血緣關係近"。下面逐一説之。

首先,爲什麽説錯在把"小功"也拉了進來?

按:《儀禮·喪服》根據人們血緣關係的遠近,將喪服由重至輕分爲五等,即斬衰、齊衰、大功、小功、緦麻。其中的"大功"以上,是近親,能與《陳情表》中的"强近"的"近"字掛上鈎;而"小功"以下,則是遠親,是疏屬,就與"强近"的"近"字脱鈎了。知者,請看下列兩種文獻記載:

(一)"三禮"文獻的記載

(1)《儀禮·喪服》:"傳曰:夫死,妻稚,子幼,子無大功之親,與之適人。"鄭玄注:"子幼,謂年十五已下。子無大功之親,謂同財者也。"①

按:"同財",是説没有分家,還在一個灶上吃飯。

(2)《儀禮·喪服》:"兄弟皆在他邦,加一等。"傳曰:"何如則可謂之兄弟?"傳曰:"小功以下爲兄弟。"清盛世佐《儀禮集編》卷十七:"世佐案:云'何如則可謂之兄弟'者,問此兄弟是何等親也。答云'小功以下爲兄弟',明其本疏屬,故有加爾,非親者之比也。"②

按:説得很明白,"小功以下本疏屬,非親者之比也"。

(3)《儀禮·喪服》:"傳曰:昆弟之義無分,然而有分者,則辟子之私也。"《欽定儀禮義疏》卷二十三《喪服》第十一之二:"案:古者大功同門同財,縱有異門者,亦同財。蓋以祖統孫,凡同祖者,則皆不私其財也。小功以下,人滋蕃而情漸疏,勢難久合,故異財。蓋理一分殊之道然也。"③

(4)《儀禮·士喪禮》:"親者在室。"鄭玄注:"謂大功以上父兄、姑姊妹、子姓在此者。"賈公彦疏:"知'親者謂大功以上'者,以大功以上有同

---

① 王輝整理:《儀禮注疏》,931 頁。
② 盛世佐《儀禮集編》,影印文淵閣《四庫全書》,第 111 册,234 頁。
③ 《欽定儀禮義疏》,影印文淵閣《四庫全書》,第 106 册,774 頁。

財之義,相親昵之理。下有'衆婦人户外',據小功以下疏者,故知此爲大功以上也。"①

按:據鄭注、賈疏,"親者"指的是"大功以上"親屬,"小功以下"則是"疏者"。

(5)《周禮·春官·大宗伯之職》:"以飲食之禮親宗族、兄弟。"《欽定周官義疏》云:"案:曰'宗族'則無不包矣,而又曰'兄弟'何也?古者大功以上同財,朝夕相見,無所用合食,故特標'兄弟',以示惟小功以下及宗族,乃有合食之禮也。蓋勢散而情疏,非合食則情意不通,憂喜不聞。小功以下謂之兄弟。"②

按:此節文字把大功以上親屬之所以親,小功以下親屬之所以疏的道理説的相當明白。

(6)《禮記·雜記上》:"其始麻,散帶経。未服麻而奔喪,及主人之未成経也,疏者與主人皆成之,親者終其麻帶経之日數。"鄭玄注:"疏者,謂小功以下也。親者,大功以上也。"③

按:鄭玄注:"疏者,謂小功以下也。親者,大功以上也。"説得何等明白!

(二)古代法律文獻的記載

(1)唐長孫無忌等《唐律疏義》卷六《名例》"同居相爲隱":"諸同居,若大功以上親及外祖父母、外孫若孫之婦、夫之兄弟及兄弟妻,有罪相爲隱,皆勿論。其小功以下,減凡人三等。"《疏義》曰:"同居,謂同財共居。"④

(2)《宋刑統》卷六《名例》"有罪相容隱":"諸同居,若大功以上親及外祖父母、外孫若孫之婦、夫之兄弟及兄弟妻,有罪相爲隱,皆勿論。其小功以下相隱,減凡人三等。"⑤

(3)《明會典》卷一二七"親屬相爲容隱":"凡同居,若大功以上親及

① 彭林整理:《儀禮注疏》,766頁。
② 《欽定周官義疏》,影印文淵閣《四庫全書》,第98册,485頁。
③ 吕友仁整理:《禮記正義》,1558頁。
④ 長孫無忌等:《唐律疏義》,中華書局,1983年,130頁。
⑤ 竇儀等:《宋刑統》,中華書局,1984年,95頁。

外祖父母、外孫、妻之父母、女婿若孫之婦、夫之兄弟及兄弟妻有罪,相爲容隱,皆勿論。其小功以下相容隱者,減凡人三等。"①

(4)《大清律例》卷五"親屬相爲容隱":"凡同居,若大功以上親及外祖父母、外孫、妻之父母、女婿若孫之婦、夫之兄弟及兄弟妻有罪,相爲容隱,皆勿論。其小功以下相容隱者,減凡人三等。"②

按:上述四部法典,都有"同居相爲隱"的條款,其文字表述可能小有不同,但基本精神完全一致,即如果親屬犯罪,你與犯罪者是大功以上親屬,就可以隱瞞,不舉報,法律也不追究責任。但是,如果你與犯罪者是小功以下親屬,就不可以隱瞞,應該舉報,否則,就以"減凡人三等"論處。

小結:根據上述兩種文獻的記載,可以得出結論:在五種喪服中,大功以上是親屬,小功以下是疏屬,二者有質的區別,不能相提並論。具體到李密《陳情表》的"期功"一詞,指的是服齊衰一年和大功九月的親屬。職此之故,筆者認爲,錯就錯在把"小功"也拉了進來。

其次,筆者認爲,《古代漢語》"强(qiǎng)近,勉强接近"的注釋也是錯誤的。實際上,强,指的是有勢力;近,指的是血緣關係近。爲什麽? 試看下列 6 例:

(1)《梁書・王僧孺傳》:"外無奔走之友,内乏强近之親。"③

(2)《舊唐書》卷一四一《張孝忠傳》:"臣聞近日人家有不甚知禮教者,或女居父母服,家既貧乏,且無强近至親。"④

(3)唐劉禹錫《劉賓客文集》卷十八《上中書李相公啓》:"小人有足悲者,内無手足之助,外乏强近之親。"⑤

(4)唐李商隱撰、清徐樹穀箋、徐炯注《李義山文集箋注》卷七《祭徐氏姊文》:"某兄弟初遭家難,内無强近,外乏因依。"⑥

---

① 《明會典》,影印文淵閣《四庫全書》,第 618 册,295 頁。
② 《大清律例》卷五,影印文淵閣《四庫全書》,第 672 册,473 頁。
③ 姚思廉:《梁書》,中華書局,1973 年,473 頁。
④ 劉昫:《舊唐書》,3860 頁。
⑤ 劉禹錫:《劉賓客文集》,影印文淵閣《四庫全書》,第 1077 册,431 頁。
⑥ 李商隱撰、徐樹穀箋、徐炯注:《李義山文集箋注》,影印文淵閣《四庫全書》,第 1082 册,390 頁。

（5）宋楊億《武夷新集》卷七《送倚序》："家無擔石之蓄,門無強近之親。"①

（6）元虞集《道園學古録》卷九《高氏貞節堂記》："高母鄧夫人年二十有九,其子四歲耳。遭時亂離,守節自誓,皎如冰霜,躬自織緝,以具衣食。又搏節盈餘以資其子從師取友。既而所居毀于火,無強近之親可依託,屏居陋巷,家徒壁立,幾無以爲生。"②

觀以上6例,則"強近"之解何者爲是,識者自能辨之。

兹不揣譾陋,試將《古代漢語》此條注釋改寫如下:

注釋:期功,都是古代喪服名稱。期,此指齊衰,服喪一年。功,此指大功,服喪九個月。古代喪服五種,以親屬關係的遠近爲等差,即斬衰、齊衰、大功、小功、緦麻。古人認爲,大功以上是親屬,小功以下則是疏屬。強近,既有勢力而又關係親近。

十二、不知暗引《禮記》

韓愈《答李翊書》:處若忘,行若遺,儼乎其若思。

注釋:儼乎,莊重的樣子。（1018頁）

按:《禮記·曲禮上》:"儼若思。"鄭玄注:"儼,矜莊貌。人之坐思,貌必儼然。"③此蓋"儼乎其若思"之出典也。

十三、"咎陶、禹,其善鳴者也"句當作何解

韓愈《送孟東野序》:其在唐虞,咎陶、禹,其善鳴者也。

注釋:咎陶(gāo yáo),一作皋陶,又作咎繇,相傳爲虞舜的臣,爲舜掌司法,造律立獄。今《尚書》有《皋陶謨》,僞古文《尚書》有《大禹謨》。（1022頁）

按:《古代漢語》注釋説"皋陶爲舜掌司法,造律立獄",觀上文,與"鳴"無關;探下文,又與"文辭"無關,故其説不了。又,《皋陶謨》並非盡是皋陶之言,《大禹謨》亦並非盡是大禹之言,故此解亦不了。

---

① 楊億:《武夷新集》,影印文淵閣《四庫全書》,第1086册,439頁。
② 虞集:《道園學古録》,影印文淵閣《四庫全書》,第1207册,145—146頁。
③ 吕友仁整理:《禮記正義》,6頁。

按:《尚書・大禹謨序》:"皋陶矢厥謨,禹成厥功,帝舜申之,作《大禹》《皋陶謨》。"孔傳:"矢,陳也,陳其成功。申,重也,重美二子之言。《大禹謨》,九功;《皋陶謨》,九德。"①竊以爲《大禹謨》中禹所陳之九功,《皋陶謨》中皋陶所陳之九德,就是"善鳴"的具體内容。

先看《尚書・大禹謨》:"禹曰:'於,帝念哉! 德惟善政,政在養民。水、火、金、木、土、穀,惟修。正德、利用、厚生,惟和。九功惟叙,九叙惟歌。'"孔傳:"言六府、三事之功有次叙,皆可歌樂,乃德政之致。"②按:六府,謂水、火、金、木、土、穀;三事,謂正德、利用、厚生。二者相加,就是九功。

再看《尚書・皋陶謨》:"皋陶曰:'都,亦行有九德。'禹曰:'何?'皋陶曰:'寬而栗,柔而立,愿而恭,亂而敬,擾而毅,直而溫,簡而廉,剛而塞,彊而義,彰厥有常,吉哉!'"孔穎達疏:"皋陶既言其九德,禹乃問其品例曰:'何謂也?'皋陶曰:'人性有寬弘而能莊栗也,和柔而能立事也,愨愿而能恭恪也,治理而能謹敬也,和順而能果毅也,正直而能溫和也,簡大而有廉隅也,剛斷而能實塞也,強勁而合道義也。人性不同,有此九德,人君明其九德所有之常,以此擇人而官之,則爲政之善哉。'"③

按:《説文解字》:"謨,議謀也。"總而言之,所謂大禹之"善鳴",是説大禹爲虞舜提出了以九功治國的建議;所謂皋陶之"善鳴",是説皋陶爲大禹提出了以九德用人的建議。

十四、夔何以"自假于《韶》以鳴"

韓愈《送孟東野序》:夔弗能以文辭鳴,又自假于韶以鳴。

注釋:夔(kuí),相傳爲虞舜時的樂官。韶,相傳爲舜時的樂曲名。(1022頁)

按:注釋没有交代"夔何以自假于《韶》以鳴"。按:《尚書・舜典》:"帝曰:'夔,命汝典樂。'"④表明夔是虞舜時的樂官。至于夔與《韶》的關

---

①　黄懷信整理:《尚書正義》,121頁。
②　黄懷信整理:《尚書正義》,126頁。
③　黄懷信整理:《尚書正義》,146—147頁。
④　黄懷信整理:《尚書正義》,106頁。

係,《大禹謨》有"勸之以九歌"之文,清人齊召南《尚書注疏》卷三考證云:
"朱子曰:'九歌,今忘其詞,恐是君臣相戒,如賡歌之類。此便是作《韶》
樂之本。'(按:朱子語,見《朱子語類》卷二五)臣召南按:舜時《韶》樂,后
夔典之。至其所以作樂之由,則在《大禹謨》此文,九歌,即《周官‧大司
樂》所謂九德之歌、九磬之舞者也。"①

十五、不知暗引《論語》

韓愈《柳子厚墓志銘》:材不爲世用,道不行于時也。(1032 頁)

《古代漢語》無注。

按:此以柳宗元擬孔子也。知者,《論語‧子罕》:"子云:'吾不試,故
藝。'"何晏《集解》引鄭玄注:"試,用也。言孔子自云我不見用,故多伎
藝。"②又,《論語‧公冶長》:"子曰:'道不行,乘桴浮于海,從我者其
由與?'"③

十六、不知暗引《禮記》

柳宗元《答章中立論師道書》:抑又聞之,古者重冠禮,將以責成人之
道,是聖人所尤用心者也。

注釋:責:要求。尤:最。(1039 頁)

按:注釋者可能壓根就沒有想到,柳宗元"抑又聞之"下邊的話,都是
來自《禮記‧冠義》,祇不過文字略有變動罷了。兩相對照,柳文的"古者
重冠禮"就是《冠義》的"是故古者重冠"④;柳文的"將以責成人之道",就
是《冠義》的"已冠而字之,成人之道也";柳文的"是聖人所尤用心者也",
就是《冠義》的"是故古者聖王重冠"。此處是引用其意,這是古人的意引
之例。俞樾《古書疑義舉例‧古人引書每有增減例》所謂"此皆略其文而
用其意"是也。⑤ 由于注釋者不知道柳文的出處,所以注釋也沒有注到點
子上。鄙意注釋的重點有二:第一,爲什麼"古者重冠禮"? 第二,何謂

---

① 《尚書注疏》,影印文淵閣《四庫全書》,第 54 册,95—96 頁。
② 朱漢民整理:《論語注疏》,128 頁。
③ 朱漢民整理:《論語注疏》,62 頁。
④ 吕友仁整理:《禮記正義》,2271 頁。以下徵引《冠義》之文,亦見此頁。
⑤ 俞樾:《古書疑義舉例》,中華書局,1956 年,46 頁。

"成人之道"? 尤其是後者。對這兩個問題,《冠義》都有答案。爲節省篇幅,這裏祇談何謂"成人之道"?《冠義》云:"成人之者,將責成人禮焉也。責成人禮焉者,將責爲人子、爲人弟、爲人臣、爲人少者之禮行焉。"①換言之,所謂成人之道,就是要求加冠者從此懂得什麼是家庭中的爲子之道、爲弟之道,社會上的爲臣之道、爲幼之道,並履行相應的義務。

十七、這個"禮"字是指《禮記》,不是指"三禮"

柳宗元《答章中立論師道書》:本之《書》以求其質;本之《詩》以求其恒;本之《禮》以求其宜;本之《春秋》以求其斷;本之《易》以求其動。此吾所以取道之原也。

注釋:禮,《周禮》,《儀禮》,《禮記》。宜,合理。柳宗元認爲《禮》的優點是合理。(1042頁)

按:這幾句話中提到的經書,《書》指《尚書》,《詩》指《毛詩》,《春秋》指《春秋》,《易》指《周易》,都是指的單一的一種書。到了《禮》,竟然變作指三部經書,這樣的注釋,不能不讓人生疑。筆者認爲,此處的《禮》,是指《禮記》一書。筆者試從兩個方面來論證。

第一,《周禮》《儀禮》《禮記》合稱"三禮",分而論之,各有側重。《周禮》,原名《周官》,《隋書·經籍志》著錄作《周官禮》。爲了避免與《尚書》中的《周官》篇混淆,後人就以《周禮》稱之。所以説,《周禮》是講設官分職制度的。所以,《周禮》的框架就是六官。即天官冢宰(掌管全面)、地官大司徒(掌管教育)、春官大宗伯(掌管禮樂),夏官(大司馬)(掌管武事),秋官大司寇(掌管刑獄),冬官大司空(掌管建設。冬官遺失,懸賞購求而不得,乃以《考工記》代替)。《周禮》的內容與"宜"不搭界。再説《儀禮》。《儀禮》十七篇,是講人的一生在不同階段、不同場合的禮儀,如冠禮、婚禮、喪禮、祭禮等等,具體的很,也死板得很,抬手動足,都要合轍。韓愈《讀儀禮》有云:"余嘗苦《儀禮》難讀,又其行于今者蓋寡,沿襲不同,復之無由,考于今,誠無所用之。"②所以説,《儀禮》的內容與"宜"也不搭

---

① 吕友仁整理:《禮記正義》,2270頁。
② 馬茂元:《韓昌黎集校注》,上海古籍出版社,1986年,39頁。

界。至于《禮記》,就不一樣了。《禮記》中談到"宜"的地方很多。例如,《曲禮上》"禮從宜,使從俗"①,《禮器》"禮,時爲大,順次之,體次之,宜次之,稱次之"②,《中庸》"義者宜也"③,《王制》"修其教,不易其俗;齊其政,不易其宜"④,等等。清代學者焦循《禮記補疏序》說:"以余論之,《周官》《儀禮》,一代之書也。《禮記》,萬世之書也。《記》之言曰:禮以時爲大。此一言也,以蔽千萬世制禮之法可矣。"⑤

第二,從唐代的教育制度來看,《禮記》的地位高于《周禮》和《儀禮》。首先,孔穎達奉敕修撰的《五經正義》,其中的《禮》,是《禮記》,不是《周禮》《儀禮》。第二,唐代學者對學習《周禮》《儀禮》缺乏熱情。《通典》卷十五:"開元八年七月,國子司業李元瓘上言:'三禮、三傳及《毛詩》《尚書》《周易》等,並聖賢微旨,生人教業,必資事經遠,則斯文不墜。今明經所習,務在出身,咸以《禮記》文少,人皆競讀。《周禮》,經邦之軌則;《儀禮》,莊敬之楷模;《公羊》《穀梁》,歷代崇習。今兩監及州縣,以獨學無友,四經殆絕。"⑥

十八、説"《穀梁》不是經",是常識錯誤

柳宗元《答韋中立論師道書》:參之穀梁氏以厲其氣;參之孟荀以暢其支;參之莊老以肆其端;參之《國語》以博其趣;參之《離騷》以致其幽;參之太史以著其潔。此吾所以旁推交通,而以爲之文也。

注釋:《穀梁》以下,不是經,而是子史,所以祇說"參之",祇說"旁推交通"。柳宗元的意思是:道理從五經來,而文章作法則可以向子史學習。(1042頁)

按:《左傳》襄公二十九年:"自鄶以下,無譏焉。"杜預注:"鄶第十三,曹第十四,言季子聞此二國歌,不復譏論之,以其微也。"⑦這説明,"自

---

① 吕友仁整理:《禮記正義》,11頁。
② 吕友仁整理:《禮記正義》,960頁。
③ 吕友仁整理:《禮記正義》,2012頁。
④ 吕友仁整理:《禮記正義》,537頁。
⑤ 焦循:《禮記補疏》,《續修四庫全書》,第105冊,1頁。
⑥ 杜佑:《通典》,355頁。
⑦ 浦衛忠等整理:《春秋左傳正義》,1265頁。

郯以下”，是包括“郯”在内的。《尚書·伊訓》：“嗚呼！古有夏先后，方懋
厥德，罔有天灾。”孔安國傳：“先君，謂禹以下、少康以上賢王，言能以德禳
灾。”①這説明，“禹以下”，是包括“禹”在内的。《禮記·曲禮上》：“廟中
不諱。”鄭玄注：“爲有事于高祖，則不諱曾祖以下，尊無二也。”②這説明，
“曾祖以下”，是包括“曾祖”在内的。要之，古人凡言“某某以下”，是包括
“某某”在内的。然則，注釋説“《穀梁》以下，不是經”，是包括《穀梁》在
内的。《穀梁》，即《穀梁傳》。説《穀梁傳》“不是經”，與歷史事實不符。
《舊唐書》卷一百八十五下《楊瑒傳》：“臣望請自今已後，考試者盡帖平
文，以存大典。又《儀禮》及《公羊》《穀梁》殆將廢絶，若無甄異，恐後代便
棄。望請能通《周禮》《儀禮》《公羊》《穀梁》者，亦量加優獎。于是下制，
明經習《左氏》及通《周禮》等四經者，出身免任散官，遂著于式。由是生
徒爲瑒立頌于學門之外。”③《新唐書·選舉志》：“凡《禮記》《春秋左氏
傳》爲大經，《詩》《周禮》《儀禮》爲中經，《易》《尚書》《春秋公羊傳》《穀
梁傳》爲小經。”④這説的還僅僅是唐代。實際上，《穀梁傳》是“老資格”
的經書，西漢時就是經了。《漢書·藝文志·六藝略》：“《穀梁傳》十一
卷。末世口説流行，故有《公羊》《穀梁》《鄒》《夾》之傳。四家之中，《公
羊》《穀梁》立于學官。”⑤《漢書·儒林傳》贊曰：“初，《書》唯有歐陽，《禮》
后，《易》楊，《春秋》公羊而已。至孝宣世，復立大小夏侯《尚書》、大小戴
《禮》、施、孟、梁丘《易》、穀梁《春秋》。”⑥安得謂“《穀梁》不是經”哉！

十九、不知暗引《孟子》

蘇軾《賈誼論》：其後以自傷哭泣，至于夭絶，是亦不善處窮者也。
（1061 頁）

《古代漢語》于第三句無注。

①　黄懷信整理：《尚書正義》，302 頁。
②　吕友仁整理：《禮記正義》，115 頁。
③　劉昫：《舊唐書》，4820 頁。
④　歐陽修、宋祁：《新唐書》，1160 頁。
⑤　班固：《漢書》，1713、1715 頁。
⑥　班固：《漢書》，3620—3621 頁。

按：此用典也。《孟子·盡心章句上》："古之人，得志澤加于民，不得志修身見于世；窮則獨善其身，達則兼善天下。"[1]比照《孟子》之"窮則獨善其身"，蘇軾説賈誼"是亦不善處窮者也"。

二十、不知暗引《左傳》

蘇軾《喜雨亭記》：無麥無禾，歲且薦饑。（1064 頁）

注釋：薦，重。薦饑，重複地遭到饑荒。

按：《左傳》僖公十三年："冬，晋荐饑。"杜預注："麥禾皆不熟。"孔穎達疏："《釋天》云：'穀不熟爲饑，仍饑爲荐。'李巡曰：'穀不成熟曰饑，連歲不熟曰荐。'"[2]"重複地遭到饑荒"的注釋，不如改作"連歲遭到饑荒"。

---

① 廖名春、劉佑平整理：《孟子注疏》，北京大學出版社，2000 年，418 頁。
② 浦衛忠等整理：《春秋左傳正義》，422 頁。

第五章　論王力《古代漢語》通論中的經學失誤

一、《經籍籑詁》"是一部專門收集唐代以前各種古書注解的字典"嗎？

《古代漢語·古代漢語通論(一)》在介紹《經籍籑詁》一書時説："這是一部專門收集唐代以前各種古書注解的字典。"(80 頁)

按：張永言先生在《中國語文》1981 年第 3 期發表了《讀王力主編〈古代漢語〉札記》一文，對此論述提出異議説："這個論述是不夠準確的。《籑詁》所收集的古書注解不衹是唐代以前的，也有不少唐代的，以及個別唐代以後的(如孫奭《孟子音義》)。"筆者認爲，張永言先生的批評是對的，儘管其批評語焉不詳，甚至其表述也有值得商榷之處(詳後)。而讓人感到不解的是，在張文發表 18 年之後，1999 年中華書局又出版了《古代漢語》的校訂重排本，號稱"校訂"，却對《經籍籑詁》的介紹依然故我，一字未改。不知《古代漢語》的校訂者是由于一時疏忽，忘了修正呢(我注意到，張文的某些批評意見已爲校訂者所接受。例如，校訂重排本 28 頁對于"爵"字的注解，就是一個例子)，還是堅持己見，認爲原來的論述正確而無須修正呢？這就須要説個明白了。下面，我就在張説的基礎上加以申説。

首先，張文認爲"《籑詁》所收集的古書注解，不衹是唐代以前的，也

91

有不少唐代的",這個論斷是完全正確的。可能是由于篇幅所限,張文没有對此論斷展開論證。今不揣冒昧,試爲論證如下。第一,《經籍籑詁》書前有一個《經籍籑詁姓氏》①,書後有一個《經籍籑詁補遺姓氏》②。《經籍籑詁姓氏》,實際上是《經籍籑詁》正編的編纂人員名單及其收集古書注解的分工説明書;《經籍籑詁補遺姓氏》,實際上是《經籍籑詁》補遺的編纂人員名單及其收集古書注解的分工説明書。從這兩份説明書中可以看出,《經籍籑詁》收集的屬于唐代的訓詁資料書有:李鼎祚《周易集解》,殷敬順《列子釋文》,《文選》六臣注,釋玄應《一切經音義》,釋惠苑《華嚴經音義》,《史記》司馬貞《索隱》和張守節《正義》,《漢書》顔師古注,《後漢書》李賢注,何超《晋書音義》,《管子》房玄齡注,《荀子》楊倞注,封演《封氏聞見記》,《孝經》唐明皇注,顔師古《匡謬正俗》,《素問》王冰注(以上見于《經籍籑詁》正編);《周易》孔穎達疏,《尚書》孔穎達疏,《詩經》孔穎達疏,《周禮》賈公彦疏,《儀禮》賈公彦疏,《禮記》孔穎達疏,《左傳》孔穎達疏,《公羊傳》徐彦疏,《穀梁傳》楊士勛疏(以上見于《經籍籑詁》補遺,與正篇重複者不計),共計25種。張文説"也有不少唐代的",確乎如此。實際上,總數應當不止于此,因爲有些屬于唐代的訓詁資料書在這兩份説明書裏並無反映,而僅僅出現在《籑詁》的正文裏。你不翻檢正文,就無從得知。例如上平聲二冬"雝"字下:"《詩·何彼襛矣》'曷不肅雝',《初學記》作'曷不肅雍'。"又上平聲七虞"憮"字下:"《詩·巧言》'亂如此憮',《唐石經》作'亂如此幠'。"此《初學記》與《唐石經》也是唐代的書,而指出異文,可以看作是古書注解的一種特殊方式。第二,作爲該書主編,阮元在其"手訂"的《經籍籑詁·凡例》中,也已部分地透露了此中消息:"補遺采書,悉依舊例,前所失采,俱爲增入。又許氏《説文》及孔氏《易》《書》《詩》《左傳》《禮記》疏,賈氏《周禮》《儀禮》疏,舊皆未采,今悉補纂。"③可

---

① 《經籍籑詁姓氏》,阮元:《經籍籑詁》,《續修四庫全書》,第198册,300—301頁。

② 《經籍籑詁補遺姓氏》,阮元:《經籍籑詁》,《續修四庫全書》,第200册,539—540頁。

③ 阮元:《經籍籑詁》,《續修四庫全書》,第200册,539頁。

知《經籍籑詁》在作補遺工作時,所收集的古書注解,很大程度上是唐代學者(孔穎達、賈公彥等)所作的經疏。

其次,《籑詁》所收集的古書注解有沒有唐代以後的呢? 答案是肯定的。第一,有五代的。例如: 上平聲四支"私"字下:"《詩·碩人》'譚公維私',《説文繫傳》作'譚公維厶'。"又"蚳"字下:"《孟子》'蚳鼃',《蜀石經》作'鍊鼃'。"此徐鍇《説文繫傳》與《蜀石經》二書,就是五代的。祇不過此二書的名字,在兩份説明書中都没有出現,祇出現在《籑詁》的正文中。第二,還有一定數量宋代的。何以見得? 首先,據阮元手訂《凡例》,知有《廣韻》《集韻》二書。阮元在《凡例》中説:"《佩文韻府》未載之字,據《廣韻》補録;《廣韻》所無,據《集韻》補録。凡一字數體,通作、或作之類,皆據《集韻》附歸。"①非獨此也,《籑詁》共計 106 卷,每卷後面都不止一次的有這樣的話:"以下據《廣韻》録"和"以下據《集韻》録。"此類情況極多,隨手可見,無庸舉例。總之,給人一種印象,《籑詁》的編纂,是相當借重《廣韻》《集韻》二書的。而《廣韻》《集韻》二書乃是宋代官方組織學者編纂的兩部大型工具書。其次,從書前的《經籍籑詁姓氏》中可以看出,屬于宋代的,還有孫奭的《孟子音義》(由周中孚負責收集其中的古書注解),有宋釋法云的《翻譯名義集》(由倪綬負責收集),有洪适的《隸釋》《隸續》(由吳東發負責收集)。再其次,從《籑詁》的正文中可以看出,還有大徐本的《説文新附》,有《太平御覽》,有洪興祖的《楚辭補注》。例如,"駿"字下云:"《説文新附》: 駿,馬鬛也,從馬,夋聲。""犝"字下云:"《説文新附》: 犝,無角牛也,從牛,童聲。古通用僮。""蓉"字下云:"《説文新附》: 蓉,芙蓉也。從艸,容聲。""填"字下云:"《古今人表》大填,《太平御覽》四百四引《韓詩外傳》作大顛。""雝"字下云:"《詩·匏有苦葉》雝雝鳴雁,《太平御覽》三、洪氏《楚辭補注》並作噰噰鳴雁。"根據我的粗略統計,僅五代與兩宋的書,《籑詁》就使用了十一種,這是一個不很小的數目,而張文僅用"以及個別唐代以後的(如孫奭《孟子音義》)"一語輕輕帶過,

① 阮元:《經籍籑詁》,《續修四庫全書》,第 198 册,298 頁。

所以我在本文的開頭説"其表述也有值得商榷之處"。

另外,從《經籍籑詁姓氏》和《經籍籑詁補遺姓氏》中還可以看出,阮元在組織人員編纂此書時,還采用了一些明清學者輯佚的書、考證的書。如明代孫毂的《古微書》,清代周廣業的《孟子四考》、任大椿輯的《字林》等。因爲這些書中涉及的古書注解是唐宋以前的,所以這裏存而不論。

如果上述論證不誤,那麼,我認爲"唐代以前"的結論是錯誤的。我建議將"唐代以前"四字,改爲"宋代以前(包括宋代)"八字,庶幾符合事實。

下面談談其他著述對《經籍籑詁》的介紹。

首先,談談其他學者編寫的《古代漢語》。管見所見者:

(1)朱星主編的《古代漢語》:"《經籍籑詁》這本書收集唐以前主要古書中本文和傳注的訓詁。"(天津人民出版社1980年版,248頁)

(2)錢玄、吳金華《古漢語概要》:"《經籍籑詁》,就是把經籍裏的訓詁彙集起來。這裏所説的經籍,指唐以前的經、史、諸子、《楚辭》《文選》以及字書、韻書等。"(江蘇人民出版社1983年版,91頁)

(3)張之强主編的《古代漢語》:"這部書收集了唐代以前各種古籍的訓詁成説。"(北京師範大學出版社1984年版,673頁)

(4)趙仲邑《古代漢語》:"《經籍籑詁》是一部主要收集唐代以前儒家經典和子史集的古注中對字的解釋的字典。"(廣西人民出版社1984年版,34頁)

(5)程希嵐、吳福熙主編的《古代漢語》:"本書是彙集唐以前對古典文獻解釋的大型古漢語字典。"(吉林人民出版社1984年版,539頁)

(6)董希謙、王松茂主編的《古漢語簡明讀本》:"它收集唐以前各種古書的文字訓詁。"(書目文獻出版社1984年版,411頁)

(7)周緒全《古代漢語》:"《經籍籑詁》:本書是專門收集唐代以前各種古書注解的字典。"(西南師範大學出版社1987年版,168頁)

(8)洪成玉主編《古代漢語》:"《經籍籑詁》,將先秦至唐代經史子集各部中的主要著作的注釋,以及漢晉以來各種字書的解釋,以單字爲條目編排在一起。"(中華書局1990年版,601頁)

（9）張世禄主編的《古代漢語》："《經籍籑詁》收集唐代以前古書中的訓詁和注解。"（復旦大學出版社1991年版,196頁）

（10）許嘉璐主編的《古代漢語》："《經籍籑詁》是一部專門彙集唐代以前各種古籍文字訓詁資料的著作。"（高等教育出版社,1992年版,下册121頁）

以上十種《古代漢語》的出版時間都在王力《古代漢語》初版之後,是不是受到了王力《古代漢語》的影響,存疑。

其次,"唐代以前"的表述,還存在于三種常用的、權威的工具書中。例如,存在于1961年以後的各種版本《辭海》中（包括1989年修訂版,見該書該版中册3052頁）,存在于1981年以後的各種修訂版《辭源》中（見該書第三册2437—2438頁）,存在于1989年出版的《中國大百科全書·語言文字卷》中（見該書232頁）。

再其次,"唐代以前"的提法,是從王力《古代漢語》開始的嗎？根據我的調查,"唐代以前"的提法,不是始于王力《古代漢語》,而是始于《辭海·語言文字分册》（中華書局《辭海》編輯所1961年版。限于手頭資料,如果我的這個結論有誤,希望得到批評指正）。該書"經籍籑詁"條下云："訓詁學書。清阮元等輯。一百零六卷。按平水韻分部,一韻爲一卷。將唐以前古籍正文和注解中的訓詁搜羅在一起,便于檢查。"此後,各種版本的《辭海》,包括1989年的修訂版《辭海》,都沿襲了"唐以前"的錯誤提法。而1961年以前的舊版《辭海》則無此錯誤提法。如果我的調查結果不誤,那麼《辭海·語言文字分册》就是始作俑者。

最後,1981年張永言先生在《中國語文》上發表的文章已經對"唐代以前"這個錯誤的表述提出正確批評,而此後,王力《古代漢語》的校訂者竟然對之視若無睹,許多《古代漢語》的編寫者竟然對之視若無睹,修訂版《辭海》、修訂版《辭源》、《中國大百科全書·語言文字卷》的編寫者竟然對之視若無睹。這麼多的學者、編者無一例外地都對之視若無睹,説起來簡直是不可思議。再説,張文如果是發表在不起眼的刊物上倒也罷了,現在是發表在國内最有權威的語文專業期刊《中國語文》上,竟然没有引起有關的語言文字專業工作者的注意,這種現象很不正常。

二、"不僅解釋正文,而且還給前人的注解作注解"是始于唐人"正義"嗎?

《古代漢語·古代漢語通論(十七)》在講到"古書的注解"時說:"注解古書的工作開始于漢代。到了唐代,距離漢代又有六七百年了,許多漢人的注解在唐代人看起來,又不是那麼容易理解了,于是出現了一種新的注解,作者不僅解釋正文,而且還給前人的注解作注解。這種注解一般叫做'疏',也叫'正義'。"(611—612頁)

按:竊以爲通論的這段話不符合經學史的實際。爲什麼?須知唐代的"正義"(或曰"疏")乃是在六朝學者"義疏"基礎上剪裁而成,而"義疏"的功能,就是"不僅解釋正文,而且還給前人的注解作注解"。

孔穎達編撰《五經正義》,每一種《正義》都是參考六朝學者的衆多義疏,並從中選出一種或兩種作爲藍本,然後加以剪裁修訂而成。請看孔穎達的夫子自道:

(1)孔穎達《周易正義序》:"其江南《義疏》,十有餘家,皆辭尚虛玄,義多浮誕。"①

(2)孔穎達《尚書正義序》:"其爲《義疏》者,蔡大寶、巢猗、費甝、顧彪、劉焯、劉炫等。其諸公旨趣,多或因循,怗釋注文,義皆淺略。惟劉焯、劉炫最爲詳雅。"②

(3)孔穎達《毛詩正義序》:"其近代爲《義疏》者,有全緩、何胤、舒瑗、劉軌思、劉醜、劉焯、劉炫等。然焯、炫並聰穎特達,文而又儒,擢秀幹于一時,騁絶轡于千里。固諸儒之所揖讓,日下之無雙,于其所作《疏》內特爲殊絶。今奉敕刪定,故據以爲本。"③

(4)孔穎達《禮記正義序》:"其爲《義疏》者,南人有賀循、賀瑒、庾

---

① 孔穎達:《周易正義序》,盧光明等整理:《周易正義》,3頁。
② 孔穎達:《尚書正義序》,廖名春等整理:《尚書正義》,北京大學出版社,2000年,3頁。
③ 孔穎達:《毛詩正義序》,朱傑人、李慧玲整理:《毛詩正義》,4頁。

蔚、崔靈恩、沈重、范宣、皇侃等;北人有徐遵明、李業興、李寶鼎、侯聰、熊安生等。今奉敕删理,仍據皇氏以爲本,其有不備,以熊氏補焉。"①

(5) 孔穎達《春秋左傳正義序》:"其爲《義疏》者,則有沈文阿、蘇寬、劉炫。然沈氏于義例粗可,于經傳極疏。蘇氏則全不體本文,唯旁攻賈、服,使後之學者鑽仰無成。劉炫于數君之內,實爲翹楚。"②

孔穎達五序言之鑿鑿,飲水思源,我們怎能夠忘掉六朝學者的"義疏"。

上述六朝學者的義疏,唐以後就亡佚了。完整幸存下來的祇有南朝梁皇侃《論語集解義疏》一種,可謂靈光獨存。現在我們就從《論語集解義疏》中舉一個例子,以小窺大。看看義疏類著作是怎樣"不僅解釋正文,而且還給前人的注解作注解"。

> 曾子曰:(注:馬融曰:弟子,曾參也。)吾日三省吾身:爲人謀而不忠乎? 與朋友交,言而不信乎? 傳不習乎?(注:言凡所傳之事,得無素不講習而傳之乎?)
>
> 疏:"曾子曰"至"習乎"　云"吾日三省吾身"者,省,視也。曾子言,我生平戒慎,每一日之中,三過自視察,我身有過失否也。云"爲人謀而不忠乎"者,忠,中心也。言爲他人圖謀事,當盡我中心也。豈可心而不盡忠乎? 所以三省視察,恐失也。云"與朋友交,言而不信乎"者,朋友交會,本主在于信,豈可與人交而不爲信乎? 云"傳不習乎"者,凡有所傳述,皆必先習,後乃可傳,豈可不經先習而妄傳之乎? 曾子言:我一日之中,每三過自視,況復凡人,可不爲此三事乎? 言不可也。
>
> 注:馬融曰:"弟子,曾參也。"　姓曾,名參,字子輿。
>
> 注:"言凡"至"之乎"　"得無",猶無得也。素,猶本也。言所傳之事,無得本不經講習而傳之也。故袁氏云:"常恐傳先師之言不能習也。"以古人言必稱師也。③

---

①　孔穎達:《禮記正義序》,吕友仁整理:《禮記正義》,1—2 頁。
②　孔穎達:《春秋左傳正義序》,浦衛忠等整理:《春秋左傳正義》,4 頁。
③　皇侃:《論語集解義疏》,341—342 頁。

友仁按："疏"字以下，"曾子曰"至"習乎"，是疏通經文的起止提示語。然後，逐句逐字疏通經文。兩個"注"字以下，則分別是給馬融、何晏兩家的注解作注解。這不正是"不僅解釋正文，而且還給前人的注解作注解"嗎！

三、"注疏合刻"始于何時？

《古代漢語·古漢語通論十七》在講到"古書的注解"時說："宋代以前，注和疏是分成兩本書印行的；宋代以後，爲了便于閱讀，纔把注和疏合成一本書。"（613頁）

按：說"宋代以前，注和疏是分成兩本書印行的"，一點不錯。而說"宋代以後，爲了便于閱讀，才把注和疏合成一本書"，就錯了，不符合歷史事實。注疏合刻，是經學史上劃時代的大事，關心此事的學者不少。例如，《十三經注疏校勘記》的主編阮元，在他主持的這件大工程中，有十種注疏本，因爲每半頁十行，被稱爲"十行本"。阮元就認爲十行本"是爲各本注疏之祖"[①]。不過，阮元的這個結論，目前已經被學術界所否定。學術界普遍認爲，八行本（每半頁八行）是最早的注疏合刻本。例如，王鍔《八行本〈禮記正義〉傳本考》說："南宋兩浙東路茶鹽司刻八行本《禮記正義》是《十三經》經、注、疏最早合刻本之一。"[②]李慧玲《阮刻〈毛詩注疏〉底本諸說之辨正》："筆者認爲，如果要說'各本注疏之祖'的話，非八行本莫屬。《周易注疏》《尚書注疏》《周禮注疏》，這是第一批八行本的問世，凡三種。其刊刻時間，就是注疏合刻的時間。"[③]張麗娟《宋代經書注疏刊刻研究》說："宋高宗紹興年間刊刻的《周易》《尚書》《周禮》三經，從目前資料看，仍然是最早的注疏合刻本。"[④]根據以上學者的考證可知，"爲了便于閱讀，纔把注和疏合成一本書"，應該說是"從南宋初年開始"。而且有實物證據。從《中華再造善本書目》中，我們就可以看到以下四種八行

① 《〈毛詩注疏〉校勘記序·引據各本目錄》，《十三經注疏》，267頁。
② 王鍔：《八行本〈禮記正義〉傳本考》，《古籍整理研究學刊》2001年第6期。
③ 李慧玲：《阮刻〈毛詩注疏〉底本諸說之辨正》，《中華文史論叢》2008年第1期。
④ 張麗娟：《宋代經書注疏刊刻研究》，北京大學出版社，2013年，324頁。

本:《尚書正義》《周禮疏》《禮記正義》《春秋左傳正義》。

四、朱熹的注解古書"能擺脱漢代學者的影響,直接從正義入手"嗎?

《古代漢語》通論《古書的注解下》:"唐代以後,宋代學者也做了不少注解古書的工作。例如朱熹就著有《周易本義》《詩集傳》《大學章句》《論語集注》《孟子集注》《中庸章句》《楚辭集注》等。朱熹能擺脱漢代學者的影響,直接從正義入手,他做的注解,有時比較近情近理,平易可通。"(623頁)

筆者認爲,説朱熹的注解古書"能擺脱漢代學者的影響,直接從正義入手"恐怕難以成立,因爲它不符合朱熹注解古書的實際。筆者認爲,朱熹的注解古書,對漢代學者是批判的繼承,有取有棄。棄者不是本文討論主題,姑置之。取者,將從三個方面予以論證。首先,試看朱熹對漢代學者的積極評價;其次,朱熹注解古書采用漢代學者成果舉例;再其次,古人、今人是怎樣評價朱熹的注解古書的。

首先,試看朱熹對漢代學者的積極評價。

(一)所謂"漢代學者的影響",首先指的是書,即漢唐注疏(也包括北宋學者完成的《論語注疏》《孟子注疏》)的影響。那麽,請看朱熹是怎樣評價漢唐注疏的:

(1)朱熹《晦庵集》卷七十五《論語訓蒙口義序》:"此編本之注疏以通其訓詁,參之《釋文》以正其音讀,然後會之于諸老先生之説,以發其精微。"①

按:所謂"此編本之注疏以通其訓詁"中的"注疏",蓋指《論語注疏》而言。

(2)朱熹《晦庵集》卷六十九《學校貢舉私議》:"近年以來,習俗苟偷,學無宗主。治經者,不復讀其經之本文與夫先儒之傳注,但取近時科舉中選之文,諷誦摹仿,擇取經中可爲題目之句,以意扭捏,妄作主張。明知不是經意,但取便于行文,不暇恤也。蓋諸經皆然,而《春秋》爲尤甚。

---

① 朱熹:《晦庵集》,朱傑人等主編:《朱子全書》,上海古籍出版社、安徽教育出版社,第22册,3614頁。

主司不惟不知其繆，乃反以爲工而置之高等，習以成風，轉相祖述，慢侮聖言，日以益甚。名爲治經，而實爲經學之賊；號爲作文，而實爲文字之妖，不可坐視而不之正也。今欲正之，莫若討論諸經之説，各立家法，而皆以注疏爲主，如《易》，則兼取胡瑗、石介、歐陽修、王安石、邵雍、程頤、張載、呂大臨、楊時；《書》則兼取劉敞、王安石、蘇軾、程頤、楊時、晁説之、葉夢得、吳棫、薛季宣、呂祖謙；《詩》則兼取歐陽修、蘇軾、程頤、張載、王安石、呂大臨、楊時、呂祖謙；《周禮》則劉敞、王安石、楊時；《儀禮》則劉敞；二戴《禮記》則劉敞、程頤、張載、呂大臨；《春秋》則啖助、趙匡、陸淳、孫明復、劉敞、程頤、胡安國；《大學》《論語》《中庸》《孟子》，則又皆有《集解》等書，而蘇軾、王雱、吳棫、胡寅等説亦可采。"①

按：朱熹建議"今欲正之，莫若討論諸經之説，各立家法，而皆以注疏爲主"説的何等明白！這裏説的"注疏"，是指《周易》《尚書》《毛詩》《周禮》《儀禮》《大戴禮》《禮記》《春秋》八經的注疏。

（3）《晦庵集》卷七十五《論語要義目録序》："隆興改元，屏居無事，與同志一二人從事于此，慨然發憤，盡删餘説及其門人朋友數家之説，補緝訂正，以爲一書，目之曰《論語要義》。蓋以爲學者之讀是書，其文義名物之詳，當求之注疏，有不可略者。"②

按：朱熹此處所説的"注疏"，當指《論語注疏》。

（4）《朱子語類》卷八十七："問：《禮記》古注外無以加否？ 曰：鄭注自好。看注看疏，自可了。"③

按：朱熹此處所説的"看注看疏"，當指《禮記注疏》。

（5）《朱子語類》卷五十七："今世博學之士大率類此，不讀正當底書，不看正當注疏，偏揀人所不讀底去讀，欲乘人之所不知以誇人。"④

按：朱熹此處所説的"注疏"，當指群經注疏。

① 朱熹：《晦庵集》，朱傑人等主編：《朱子全書》，第 23 册，3360 頁。
② 朱熹：《晦庵集》，朱傑人等主編：《朱子全書》，第 24 册，3614 頁。
③ 黎靖德編：《朱子語類》，2226 頁。
④ 黎靖德編：《朱子語類》，1346 頁。

（二）所謂"漢代學者的影響"，其次指的是人，即漢儒（尤其是鄭玄）的影響。請看朱熹是怎樣評價漢儒的：

（1）《晦庵集》卷三十八《答李季章》："因讀此書（按：謂《儀禮注疏》），乃知漢儒之學有補于世教者不小。如國君承祖父之重，在經雖無明文，而康成與其門人答問蓋已及之，具于賈疏，其義甚備，若已預知後世當有此事者。"①

（2）《晦庵集》卷七十四《記解經》："凡解釋文字，不可令注腳成文。……竊謂須祇似漢儒毛（亨）、孔（安國）之流，略釋訓詁名物及文義理致尤難明者。而其易明處，更不須貼句相續，乃爲得體。"②

（3）《朱子語類》卷六四："鄭康成解'非天子不議禮'云：'必聖人在天子之位然後可。'若解經得如此簡而明方好。"③

（4）《朱子語類》卷八十七："鄭康成是個好人，考禮名數大有功，事事都理會得。如漢律令，亦皆有注，盡有許多精力。東漢諸儒煞好，盧植也好。"④

（5）《朱子語類》卷一三五："漢儒注書，祇注難曉處，不全注盡本文，其辭甚簡。"⑤

（三）朱熹不僅在經學上受到漢儒的影響，而且在讖緯上也受到漢儒的影響。顧頡剛《秦漢的方士與儒生序》説："讖緯，我雖敢説它十分之九是妖妄怪誕的東西，但終有它十分之一的寶貴的資料。《尚書緯考靈曜》説：'地恒動不止而人不知，譬如人在大舟中，閉牖而坐，舟行而人不覺也。'這不是觸及了地球是在不斷地運行這一客觀真理，足以打破天動而地靜的舊學説嗎？這位一千九百年前無名的科學家的發現是多麼該受我們的珍視！讖緯書裏尚有這類的好材料，可見祇要肯到沙粒中去搜尋，自會揀到金子，決不該一筆抹殺。"⑥而朱熹及其弟子的注解古書，都曾經徵

---

① 朱熹：《晦庵集》，朱傑人等主編：《朱子全書》，第 21 冊，1709 頁。按：事見《儀禮·喪服傳》賈疏引《鄭志》。
② 朱熹：《晦庵集》，朱傑人等主編：《朱子全書》，第 24 冊，3581 頁。
③ 黎靖德編：《朱子語類》，1583 頁。
④ 黎靖德編：《朱子語類》，2226 頁。
⑤ 黎靖德編：《朱子語類》，3228 頁。
⑥ 顧頡剛：《秦漢的方士與儒生》，上海古籍出版社，2005 年，8—9 頁。

引緯書。知者，朱彝尊《經義考》卷二三九："蓋緯候亦有醇駁之不同，康成所取，特其醇者耳。災祥神異之説，未嘗濫及也。不觀新安文公之注《楚辭》乎，'昆侖者，地之中也。地下有八柱，互相牽制，名山大川，孔穴相通'，此《河圖括地象》之文也；'三足烏者，陽精也'，此《春秋元命包》之文也。而文公引之，于文公乎何損！乃一偏之論，在漢儒則有罪，在宋儒則無誅，斯後學之心，竊有未平矣。"①

其次，朱熹注解古書採用漢代學者成果舉例。

（一）朱熹《詩集傳·烝民》："天生烝民，有物有則。民之秉彝，好是懿德。"注："烝，衆。則，法。秉，執。彝，常。懿，美。○宣王命樊侯仲山甫築城于齊，而尹吉甫作詩以送之。言天生衆民，有是物必有是則。"②

按：○號前經文關鍵字之訓詁："烝，衆。則，法。秉，執。彝，常。懿，美。"皆出于《毛詩·大雅·烝民》毛傳。③ ○號後的文字，是朱熹闡發的義理。

（二）朱熹《中庸章句》採用《禮記》鄭玄注：

（1）"在下位不獲乎上，民不可得而治矣。"朱熹注："鄭氏曰：此句在下，誤重在此。"④

（2）"故至誠無息，不息則久，久則徵。徵則悠遠，悠遠則博厚，博厚則高明。"朱熹注："此皆以其驗于外者言之，鄭氏所謂'至誠之德，著于四方'者是也。"⑤

（3）"雖有其位，苟無其德，不敢作禮樂焉。雖有其德，苟無其位，亦不敢作禮樂焉。"朱熹注："鄭氏曰：'言作禮樂者，必聖人在天子之位。'"⑥

（4）"苟不固聰明聖知達天德者，其孰能知之？"朱熹注："鄭氏曰：唯聖人能知聖人也。"⑦

---

① 朱彝尊：《經義考》卷二三九，影印文淵閣《四庫全書》，第 680 冊，155—156 頁。
② 朱熹：《詩集傳》，中華書局，1958 年，214 頁。
③ 龔抗雲等整理：《毛詩正義》，北京大學出版社，2000 年，1432 頁。
④ 朱熹：《四書章句集注》，28 頁。
⑤ 朱熹：《四書章句集注》，34 頁。
⑥ 朱熹：《四書章句集注》，36 頁。
⑦ 朱熹：《四書章句集注》，39 頁。

（三）朱熹《儀禮經傳通解》采用漢儒注：

朱熹《儀禮經傳通解》卷五："昔周公弔二叔之不咸，故封建親戚以藩屏周。"朱熹注："弔，傷也。咸，同也。周公傷夏殷之叔世，疏其親戚，以至滅亡，故廣封其兄弟。疏曰：鄭眾、賈逵皆以二叔爲管叔、蔡叔，傷其不和睦而流言作亂，故封建親戚。鄭玄《詩箋》亦然。獨馬融、杜預以爲夏殷叔世。今按：鄭眾、賈逵義是。"①

按：此句經文是《左傳》僖公二十四年文。朱熹注中的"弔，傷也"至"兄弟"，是杜預注文；"疏曰"以下是孔穎達疏文；"今按"以下是朱熹的按語。

再次，古人、今人是怎樣評價朱熹的注解古書的。

（一）《四庫全書總目》著錄朱熹《四書章句集注》云："蓋考證之學，宋儒不及漢儒；義理之學，漢儒亦不及宋儒。言豈一端，要各有當。況鄭注之善者，如'戒慎乎其所不睹'四句，未嘗不采用其意；'雖有其位'一節，又未嘗不全襲其文。《論語》《孟子》，亦頗取古注。如《論語》瑚璉一條，與《明堂位》不合；《孟子》曹交一注，與《春秋傳》不合。論者或以爲疑，不知'瑚璉'用包咸注，曹交用趙岐注，非朱子杜撰也。又如'夫子之墻數仞'注'七尺曰仞'，'掘井九仞'注'八尺曰仞'，論者尤以爲矛盾。不知七尺亦包咸注，八尺亦趙岐注也。是知鎔鑄群言，非出私見，苟不詳考所出，固未可概目以師心矣。"②

按：《總目》明言"《論語》《孟子》，亦頗取古注"。

（二）錢穆《朱子學提綱》的第六節《朱子爲集儒學之大成者》："漢唐儒之學，主要在經。……朱子極重視注疏，……朱子于漢唐儒最重鄭玄。……是朱子之經學，雖主以漢唐古注疏爲主，亦采及北宋諸儒，又采及理學家言。……其意欲融貫古今，匯納群流，采擷英華，釀製新實。其氣魄之偉大，局度之寬宏，在儒學傳統中，唯鄭玄堪在伯仲之列。"③

① 朱熹：《儀禮經傳通解》，影印文淵閣《四庫全書》，第131冊，104頁。
② 永瑢：《四庫全書總目》，294頁。
③ 錢穆：《朱子學提綱》，生活·新知·讀書三聯書店，2002年，26—30頁。

按：錢穆是從"朱子爲集儒學之大成者"的意義上立論的。

蔡方鹿《朱熹經典詮釋學之我見》："朱熹提出訓詁與義理相結合，以作爲其經典詮釋的方法論原則。一般説，朱熹作爲宋學的集大成者，其對義理之學的認同，並以之作爲經典詮釋的指導原則，但他又站在宋學的立場，對漢學訓釋的方法加以吸取，以批評宋學空言義理而義理無據的流弊，這實是超越了漢宋學對立的藩籬。"①

按：蔡方鹿是從朱熹的訓詁方法論的角度立論的。

根據以上三各方面的論證，筆者認爲，《古代漢語》認爲"朱熹能擺脱漢代學者的影響，直接從正義入手"的説法是不能成立的。實際上，理學是儒學的一個發展階段，它與漢學雖然有質的不同，但二者同源，二者有着千絲萬縷的聯繫。

五、"衍文"二例商榷

《古代漢語·古漢語通論(十七)》在講到"古書的注解"時，爲了説明什麼是"衍文"，舉了下面兩個例子：

(1)《左傳僖公四年》："漢水以爲池。"阮元《校勘記》："《釋文》無'水'字。云：或作'漢水以爲池'，'水'字衍。"

(2)《禮記·檀弓》："從母之夫，舅之妻，二夫人相爲服。"俞樾在《古書疑義舉例》中説："'夫'字衍文也，'二人'兩字合爲'夫'。"（624頁）

按：這兩個例子，都經不起推敲。

先説第一例。其瑕疵有二：第一，"《釋文》無'水'字"，其後的句號誤，當作逗號（顯然是筆下誤）。否則，就隔斷語氣，下文的"云：或作'漢水以爲池'，'水'字衍"，就缺少主語，不知道是誰"云"了。第二，既然王力先生認爲這個"水"字是衍文，爲什麼在文選《齊桓公伐楚》中，對"漢水以爲池"句中的"水"字一言不發呢？見王力《古代漢語》第一冊15頁。

再説第二例。俞樾之校，蓋誤校也。在俞樾之前，王引之《經義述聞》已經對"二夫人"作了精細的校勘。茲摘録王引之校勘記如下：

① 蔡方鹿：《朱熹經典詮釋學之我見》，《文史哲》2003年第2期，46頁。

"從母之夫,舅之妻,二夫人相爲服,君子未之言也。"鄭注:"二夫人,猶言此二人也。"引之謹案:正文、注文之"二夫人",皆當作"夫二人",寫者誤倒耳。上文"夫夫也,爲習于禮者",注曰:"夫夫,猶言此丈夫也。"是"夫"即"此"也,故曰"二夫人",猶言"此二人"。《左傳》成十六年:"夫二人者,魯國社稷之臣也。"《管子·大匡篇》:"夫二人者,奉君令。""夫"字皆在"二"字上,是其證。若作"二夫人",則文不成義矣。[1]

試比較一下俞樾與王引之兩家的校勘記,誰的證據充分,結論正確,識者自能辨之。從校勘方法來説,俞樾使用的是理校法。陳垣先生在談到理校法時説:"四爲理校法。遇無古本可據,或數本互異,而無所適從之時,則須用此法。此法須通識爲之,否則鹵莽滅裂,以不誤爲誤,而糾紛愈甚矣。故最高妙者此法,最危險者亦此法。"[2]俞樾此條校勘記,正犯此病。

六、判斷衍文不是那樣簡單

《古代漢語·古漢語通論(十七)》在講到"古書的注解"時,爲了説明什麼是"衍文",還舉了下面兩個例子:

衍文　"衍文"簡稱"衍",也叫"衍字"。這個術語用來指明古籍中多出了文字的現象。例如《詩經·邶風·柏舟》:"汎彼柏舟,亦汎其流。"鄭箋:"舟載渡物者,今不用,而與衆物汎汎然俱流水中。"阮元《校勘記》:"'與'下衍'衆'字,小字本無。"(624頁)

按:這個例子的缺點在于,阮元《校勘記》徵引的太短,難免讓讀者產生這樣的聯想:判斷是否衍文,原來如此簡單呀!祇要找到一個不同的版本就行了。實則大謬不然。試看阮元的完整的校勘記:"閩本、明監本、毛本'與'下衍'衆'字,小字本無,十行本初刻無,後剜添。相臺本有'衆'字,無'而'字。按:箋上云'舟載渡物者',下云'今不用而與物汎汎然',二'物'字相承,不應有'衆'字。《正義》云'亦汎汎然其與衆物俱流水中

---

① 王引之:《經義述聞》卷十四,《續修四庫全書》174册,573頁。
② 陳垣:《校勘學釋例》,上海書店出版社,1997年,121頁。

而已', 乃《正義》自爲文,不可據添。岳氏《沿革例》云:'間有難曉解者,以疏中字微足其義。'謂此類也。然其所足,要未有當者。"①

不難看出,判斷"衆"字是否衍文,從校勘方法上來説,阮元使用了兩種方法:對校法和理校法。在使用對校法時,阮元使用了六個不同的版本(閩本、明監本、毛本、小字本、十行本、相臺本)。在使用理校法時,阮元不僅舉出了内證(根據上下文),還舉出了外證(岳氏《沿革例》的"《正義》自爲文"理論不可信)。

又如:《左傳僖公四年》:"漢水以爲池。"阮元《校勘記》:"《釋文》無'水'字。云:或作'漢水以爲池','水'字衍。"

按:這個例子,同樣具有徵引阮元《校勘記》過于簡單的缺點,爲節省篇幅,不再具録阮元《校勘記》原文,有興趣者可以自行去看,見中華書局影印阮刻《十三經注疏》1797 頁。

七、陸德明《經典釋文》的校勘價值不容忽略

《古代漢語》在介紹陸德明《經典釋文》一書的頁下注中説:它彙集了唐代以前各家給先秦經書所做的注釋(以注音爲主,也有少數義訓),經過作者一番選擇,成爲我國早期别具風格的注音(兼釋義)總集之一。(613 頁)

按:這個介紹是對的,但還不夠全面。《經典釋文》的學術價值,除了注音(兼釋義)以外,還有校勘價值。知者,阮元本人對其《十三經注疏校勘記》的學術定位就是模仿陸德明《經典釋文》而作。阮元《恭進十三經注疏校勘記摺子》云:"臣幼被治化,肄業諸經,校理注疏,成《十三經注疏校勘記》二百十七卷。昔唐國子博士陸德明,慮舊籍散失,撰《經典釋文》一書,凡漢晋以來各本之異同,師承之源委,莫不兼收並載,臣撰是書,竊仿其意。連年校改方畢,敬裝十部,進呈御覽。謹奏。嘉慶二十一年十二月。"②又《雷塘庵主弟子記》嘉慶十一年:"《十三經校勘記》成,先生(按:謂阮元)嘗曰,此我大清朝之《經典釋文》也。"③阮元自己的這個學術定

---

① 《十三經注疏》,300 頁。
② 阮元:《揅經室二集》卷八,中華書局,1993 年,589—590 頁。
③ 張鑒等:《雷塘庵主弟子記》,《續修四庫全書》,第 557 册,241 頁。

位,也得到被阮元請來幫助他審定校勘記的段玉裁的認同。段玉裁在《十三經注疏並釋文校勘記序》中稱讚阮校説:"其在我朝,較唐之陸德明《經典釋文》,爲無讓矣。"①

實際上,《古代漢語》文選中就有利用《經典釋文》的校勘成果來注釋的例子:

(1)文選《有子之言似夫子》:"問喪于夫子乎?"注釋:在夫子那裏聽説過丢官罷職的事情嗎?問,當作"聞"(依《經典釋文》)。(207頁)

(2)文選《庖丁解牛》:砉(音 huà,依崔撰説),象聲詞。然,詞尾。嚮,通"響",《經典釋文》稱或本"嚮"下無"然"字。以無"然"字爲妥。(387頁)

八、"附在《十三經注疏》每卷之後"的《校勘記》是阮元不滿意、不認可的《校勘記》

《古代漢語·古漢語通論(十八)》在介紹"古書的注解"時説:除了爲古書做注解和考證工作之外,清代學者還作了許多古籍校勘的工作。阮元爲《十三經注疏》所作的《校勘記》,就是一例。《校勘記》除校正十三經正文的錯誤之外,更多的是校正注疏中的錯誤。(《校勘記》附在《十三經注疏》每卷之後,我們閱讀十三經時,應該參閱。)(624頁)

按:《古代漢語》對阮元《十三經注疏校勘記》的上述介紹,可以説是祇知其一,不知其二。而這個"其二"總體來説比"其一"更重要。質言之,阮元的《十三經注疏校勘記》,除了有一個附在《十三經注疏》每卷之後的校勘記外,還有一個不附在《十三經注疏》每卷之後的、獨立單刻的校勘記。這是兩個不同版本的《十三經注疏校勘記》,由於前者合乎讀書人的閱讀習慣,所以廣爲人知。近二百年來,基本上就是這個版本的天下。目前最通行的中華書局 1980 年阮刻《十三經注疏》(附校勘記)影印本,就屬于這個版本。而這個版本的鼻祖是嘉慶二十一年(1816)刻于江西南昌府學的《十三經注疏》(附校勘記)本。職此之故,學術界習稱此本爲

---

① 載阮元《十三經注疏校勘記》卷首,《續修四庫全書》,第 180 册,285 頁。

“南昌府學本”。那個獨立單刻的、不附在《十三經注疏》每卷之後的校勘記,始刻于嘉慶十三年(1808)阮元家廟中的文選樓,故稱“文選樓本”。文選樓本獨立單刻的、不附在《十三經注疏》每卷之後的校勘記可以在《續修四庫全書》和《清經解》兩套叢書中看到。

這兩個不同版本的《十三經注疏校勘記》有什麼不同呢?這裏不能展開細説。簡單地説,有以下四點。

第一,署名不同。文選樓本每卷前的署名是“臣阮元恭撰”,而南昌府學本每卷前的署名是“阮元撰,盧宣旬摘録”。

第二,校勘記的數量不同。以《毛詩注疏校勘記》爲例,據李慧玲博士論文《阮刻〈毛詩注疏〉研究》統計,南昌府學本共有校勘記 3 665 條,而文選樓本則共有校勘記 5 641 條,比南昌府學本多了將近 2 000 條。①

第三,兩個版本還有自己單獨具有的校勘記:文選樓本屬于自己獨有的校勘記有 2 275 條,而南昌府學本屬于自己獨有的校勘記僅 299 條,相差何止倍蓰!

第四,阮元本人認可的是文選樓本的《十三經注疏校勘記》。對于人們習見慣用的南昌府學本的《十三經注疏校勘記》,阮元並不滿意,也並不認可。阮元的不滿意、不認可,主要是通過編纂《清經解》這一具體行動來表現的,他本人並沒有直接向社會訴説他的不滿。他的不滿,是通過他的兒子阮福和弟子嚴杰之口向公衆傳達了這個信息。

阮元《江西校刻本十三經注疏書後》一文后附有其子阮福案語云:

> 福謹案:此書尚未刻校完竣,家大人即奉命移撫河南,校書之人不能如家大人在江西時細心,其中錯字甚多,有監本、毛本不錯而今反錯者,要在善讀書人參觀而得益矣。《校勘記》去取亦不盡善,故家大人頗不以此刻本爲善也。②

又,在阮元主編的《清經解》中的《周易校勘記》末尾,阮元弟子嚴杰

---

① 李慧玲:《阮刻〈毛詩注疏〉研究》,華東師範大學古籍所 2008 年博士學位論文,指導教師:朱傑人教授。
② 見阮元《揅經室集三集》卷二。

有這樣一段話：

> 　　近年南昌重刻十行本,每卷後附以校勘記,董其事者,不能辨別古書之真贗,時引毛本以訂十行本之訛字,不知所據者乃續修之冊。更可詫異,將宮保師校勘記原文顛倒其是非,加"補校"等字。因編《經解》,附正于此,俾後之讀是記者,知南昌本之悠謬有如是夫。錢塘弟子嚴杰謹識于廣州督糧道署,時道光六年八月朔日。①

根據以上四點,可以説,從總體上來説,文選樓本優于南昌府學本。我們如果忽略了這一點,恐怕要付出代價的。

下面舉出幾個南昌府學本《毛詩注疏校勘記》失校之例(按：所標頁碼,皆爲中華書局影印阮刻《十三經注疏》本頁碼。雙行小字爲一行)：

(1) 269 頁中欄倒 11 行：《釋文》：案鄭《六藝論》文,注《詩》宗毛爲主……

按："文",當作"云"。南昌府學本失校。

(2) 269 頁下欄 2 行：《釋文》：《爾雅》云："妃,姬也,對也。"

按："姬也",當作"媲也"。南昌府學本失校。

(3) 276 頁下欄 9 行：孔疏：君子是夫之之大名,故《詩》于婦人稱夫多言君子也。

按："之之",衍一"之"字。南昌府學本失校。

(4) 293 頁中欄 10 行：孔疏：雖則王姬之尊,亦下嫁于諸侯,亦謂諸侯主也。

按："諸侯主"之"主",當作"王",南昌府學本失校。

(5) 293 頁中欄 10 行：孔疏：然上無二王……

按："上無二王",當作"土無二王",南昌府學本失校。

九、《春秋長曆》是杜預的著作,不是"根據後人推定的"

《古漢語通論(十九)·曆法》：例如《左傳隱公元年》"五月辛丑,大叔出奔共",根據後人推定的春秋長曆可以知道辛丑是魯隱公元年五月二

---

① 《清經解》第 5 冊,上海書店影印本,283 頁上欄。

十三日。（848—849頁）

按："根據後人推定的春秋長曆"這個表述不正確。第一，"春秋長曆"是書名，應加書名號。第二，"後人推定的《春秋長曆》"，此句不通。因爲《春秋釋例》是杜預所作。此句應改作"根據杜預所作《春秋長曆》"。知者，《晋書·杜預傳》："既立功之後，從容無事，乃耽思經籍，爲《春秋左氏經傳集解》。又參考衆家譜第，謂之《釋例》。又作《盟會圖》《春秋長曆》，備成一家之學。"[①]杜預的推定，見杜預《春秋釋例》卷十《經傳長曆第四十六之一》，杜預推算隱公元年五月辛丑爲二十二日。[②] "二十二日"，當作"二十三日"，蓋傳寫之訛。

十、"男子二十歲成人舉行冠禮時取字"是誰給取的?

《古代漢語·古漢語通論(二十一)》在講到"古代文化常識"時說：古人有名有字。舊說上古嬰兒出生三月後由父親命名。男子二十歲成人舉行冠禮(結髮加冠)時取字，女子十五歲許嫁舉行笄禮(結髮加笄)時取字。（972頁）

又，《古代漢語》第八單元"常用詞"講到"字"時說：（三）表字。這是人名之一種。上古時代，男子生下來三個月父親就給命名。到了二十歲，舉行冠禮時，再給他一個字。（829—830頁）

按：說"舊說上古嬰兒出生三月後由父親命名"，不錯。問題是，爲什麽不明確說出此說出自何書呢？也好讓學生增長一點知識呀！按：《禮記·檀弓上》："幼名，冠字。"孔穎達疏："'幼名'者，名以名質，生若無名，不可分別，故始生三月而加名，故云'幼名'也。"[③]此"舊說"之出典也。古人的字，是誰起的呢？《古代漢語》無論是在講古代文化常識時，還是在講常用詞時，都沒有明確的說法，很容易讓讀者產生誤解，可能也是父親給起的，那就錯了。按：《儀禮·士冠禮》："前期三日，筮賓。"鄭玄注："筮賓，筮

---

① 房玄齡等：《晋書》，中華書局，1974年，1031頁。
② 杜預：《春秋釋例》，影印文淵閣《四庫全書》，第146冊，267頁。
③ 呂友仁整理：《禮記正義》，296頁。

其可使冠子者。"①賈疏："筮賓者,謂于僚友衆士之中,筮取吉者爲加冠之
賓也。"又云："冠者立于西階東,南面,賓字之。"②由此可知,是由賓來給
冠者取字。這個賓,是從冠者父親的僚友中,通過卜筮的辦法選出來的。

十一、天子的謚號是"天"給的,不是"朝廷"給的

《古代漢語·古漢語通論(二十一)》在講到"謚號"時説:古代帝王、
諸侯、卿大夫、高官大臣等死後,朝廷根據他們的生平行爲給予一種稱號
以褒貶善惡,稱爲謚或謚號。(975 頁)

按:説古代諸侯、卿大夫、高官大臣死後的謚號是朝廷給的,没有錯。
唯有帝王死後的謚號,不能這樣説。那麽是誰給的? 答曰:是天給的。
準確地説,是假借天的名義給的。根據何在呢?

《禮記·曾子問》："賤不誄貴,幼不誄長,禮也。"鄭玄注:"誄,累也,
累列生時行迹,誄之以作謚。謚當由尊者成。"③《曾子問》又曰:"唯天子
稱天以誄之。"鄭玄注:"以其無尊焉。《春秋公羊》説以爲讀誄制謚于南
郊,若云受之于天然。"孔穎達疏:"'唯天子稱天以誄之'者,諸侯及大夫,
其上猶有尊者爲之作謚。其天子,則更無尊于天子者,故唯爲天子作謚之
時,于南郊告天,示若有天命然,不敢自專也。"④這就是"唯天子稱天以誄
之"的理論根據。《論語》上説"天何言哉",天是不會説話的,不難看出,
這實際上是一場君權神授的表演而已。

《白虎通義·謚》:"天子崩,臣下至南郊謚之者何? 以爲人臣之義,
莫不欲褒大其君,掩惡揚善者也,故之南郊,明不得欺天也。故《曾子問》:
'孔子曰:天子崩,臣下之南郊告謚之。'"⑤按《後漢書·儒林傳序》:"建
初中,大會諸儒于白虎觀,考詳同異,連月乃罷。蕭宗親臨稱制,如石渠故
事,顧命史臣,著爲《通義》。"李賢注:"即《白虎通義》是。"⑥白虎觀會議,

① 彭林整理:《儀禮注疏》,16 頁。
② 彭林整理:《儀禮注疏》,42 頁。
③ 吕友仁整理:《禮記正義》,796 頁。
④ 吕友仁整理:《禮記正義》,796 頁。
⑤ 陳立:《白虎通疏證》,中華書局,1994 年,72 頁。
⑥ 范曄:《後漢書》,2546 頁。

是由漢章帝親自主持並對討論問題作出最後決斷的一次經學會議。這就是説,《白虎通義》是皇帝欽定之書。具體地説,以"天子崩,臣下至南郊謚之"這一條來説,已經從經書的條文,變成了皇帝認可的成例。

下面,我們以宋代爲例,看看宋代皇帝死後的謚號是怎樣"稱天以誄之"的。

李燾《續資治通鑑長編》卷一九八仁宗嘉祐八年五月庚申:"翰林學士王珪奏:謹按《曾子問》曰:'賤不誄貴,幼不誄長,禮也。惟天子稱天以誄之。'《春秋公羊》説:'讀誄制謚于南郊,若云受之于天然。'乾興元年夏,既定真宗皇帝謚。其秋,始告天于圜丘。史臣以爲,天子之謚,當集中書、門下、御史臺五品以上,尚書省四品以上,諸司三品以上于南郊,告天議定,然後連奏以聞。近制,唯詞臣撰議,即降詔命,庶僚不得參聞,頗違'稱天'之義。臣奉命撰上先帝尊謚,欲望明詔有司,稽詳舊典,先之南郊,而後下臣僚之議,庶先帝之茂德休烈,可信萬世之傳。"[1]

這條史料表明,在宋代前期的太祖、太宗、真宗朝,在"天子稱天以誄之"問題上,曾經在做法上不夠嚴肅,不遵守正當程式。本當先到南郊告天,然後再定帝謚。而實際上卻是,先議定了帝謚,而後纔去南郊告天。南郊請謚,本來就是走一個過場,但也不能做得太離譜,形同兒戲。現在仁宗死了,王珪又奉敕撰寫仁宗謚號議,就上奏英宗皇帝,建議改正舊的作法。陳均《九朝編年備要》説,對于王珪的建議,"詔從之,遂爲定制"。[2]

下面是一些宋代皇帝死後南郊請謚的記載。《宋史》卷一二二:"嘉祐八年三月晦日,仁宗崩,英宗立。七月,宰臣以下宿尚書省,宗室團練使以上宿都亭驛,請謚于南郊。治平四年正月八日,英宗崩,神宗即位。四月三日,請謚(按:據上下文,此處疑脱"于南郊"三字)。元豐八年三月五日,神宗崩。七月五日,請謚于南郊。紹興五年四月甲子,徽宗崩于五國城。七年正月,問安使何蘚等還以聞。六月,張浚請謚于南郊。紹興三十

---

① 李燾:《續資治通鑑長編》,中華書局,2004年,4808頁。
② 陳均:《九朝編年備要》,影印文淵閣《四庫全書》,第328冊,424頁。

一年五月,金國使至,以欽宗訃聞。七月,宰臣陳康伯等率百官詣南郊請
謚,廟號欽宗。"①《宋史·理宗紀》:"嘉定十七年閏月丁酉,寧宗崩于福寧
殿。十二月辛酉,請大行皇帝謚號于南郊,謚曰'仁文哲武恭孝皇帝',廟
號曰寧宗。"②

十二、對古代婚禮"六禮"的介紹稍欠完備

《古代漢語·古漢語通論(二十一)》在講到婚姻時説:古代的婚姻,
據説要經過六道手續,叫做六禮。第一是納采,男家向女家送一點小禮物
(一隻雁),表示求親的意思;第二是問名,男家問清楚女子的姓氏,以便回
家占卜吉凶;第三是納吉,在祖廟卜得吉兆以後,到女家報喜,在問名納吉
時當然也要送禮;第四是納徵,這等于宣告訂婚,所以要送比較重的聘禮,
即致送幣帛;第五是請期,這是擇定完婚吉日,向女家徵求同意;第六是親
迎,也就是迎親。(983頁)

按:這段文字有兩點不足。第一,《禮記·表記》:"子曰:'無禮不相
見也,欲民之毋相褻也。'"鄭玄注:"禮,謂贄(見面禮)也。③"婚禮六禮中
的每一步,都是須要有贄的,而編者對贄的介紹則時有時無,且欠準確。
第二,古代婚姻的六禮,並非都是由男方主動實施,也有特殊情況。下面
逐一説之。

第一,古代婚禮六禮中的五禮(納采、問名、納吉、請期、親迎)都是用
一隻生雁爲贄。詳見《儀禮·士昏禮》。司馬光《書儀·婚禮》云:"若無
生雁,則刻木爲之。"④這是一種改進。朱熹《家禮·昏禮》繼承了《書儀》
的改進。《古代漢語》編者説雁是"一點小禮物",言下之意,似乎在計較
禮之厚薄。實際上,除納徵外,五禮都用雁爲贄,可見古人對以雁爲贄的
看重。之所以以雁爲贄者,不在于其禮之厚薄,而在于取其象徵意義。
《士昏禮》鄭注云:"納采而用雁爲摯者,取其順陰陽往來。"賈公彥疏:

---

①　以上諸帝請謚南郊的記載,分別見于校點本《宋史》(中華書局,1977年)之2853、
2854、2854、2857—2859、2860頁。

②　脱脱等:《宋史》,784頁。

③　《十三經注疏》,1638頁。

④　司馬光:《書儀》,影印文淵閣《四庫全書》,第142冊,474頁。

"'順陰陽往來'者,雁木落南翔,冰泮北徂。夫爲陽,婦爲陰,今用雁者,亦取婦人從夫之義,是以昏禮用焉。"①朱熹《家禮》補充説:"凡贄用雁,程子曰:'取其不再偶也。'"②至于納徵,編者説:"納徵,這等于宣告訂婚,所以要送比較重的聘禮,即致送幣帛。"也有斤斤計較之嫌,殊不知古人看重的仍然是其象徵意義。《士昏禮》云:"納徵,玄纁束帛、儷皮。"鄭玄注:"用玄纁者,象陰陽備也。束帛,十端也。儷,兩也。皮,鹿皮。"③按:玄是黑色,象徵天,象徵陽;纁是淺絳色,象徵地,象徵陰。二丈爲一端,二端爲一兩。十端則是五兩。據賈公彥疏:"陽奇陰耦,三玄二纁也。"④何以要用鹿皮爲贄?而且必須是"儷皮"?因爲鹿是吉祥的動物,漢字中含有"鹿"字者也多有吉祥義。例如"慶",《説文》云:"行賀人也。從心夊(段注:謂心所喜而行也),從鹿省。吉禮以鹿皮爲贄,故從鹿省。"⑤再如"麗"字,《説文》云:"旅行也。鹿之性,見食急則必旅行。"⑥請注意,此所謂"旅行",不是現代漢語的"旅行",而是"兩兩結伴而行"。這個"旅"字,後人寫作伴侶之"侶"。再如"儷"字,漢語辭彙裏有"伉儷"一詞,習指夫婦。不獨此也,連"鹿"的同源字"禄"也有吉祥義。張舜徽先生《説文解字約注》云:"禄、鹿二字,本有可通之迹。'禄'字在金文中,但作'録',不從'示'。知從示之'禄',乃後起增偏旁體也。古'鹿''録'聲通,或即一字。'簏',或體作'籙';'漉',或體作'淥';'睩',讀若鹿:皆其證也。本書《鹿部》'麗'下云:'禮,麗皮納聘,蓋鹿皮也。'可知鹿之爲物,于古爲重,聘問賞賜,悉取用焉。字既變而爲'禄',故'禄'亦有賞賜義。'禄'之得義,實源于'鹿'。"⑦

　　第二,古代婚姻的六禮,並非都是由男方主動實施,也有特殊情況。按《宋史》卷一百十五《禮志》十八:"嘉祐初,禮官言:《禮閣新儀》:公主

①　《十三經注疏》,961 頁。
②　朱熹:《家禮》,影印文淵閣《四庫全書》,第 142 册,545 頁。
③　《十三經注疏》,962 頁。
④　《十三經注疏》,963 頁。
⑤　段玉裁:《説文解字注》,上海古籍出版社,1981 年,504 頁。
⑥　段玉裁:《説文解字注》,471 頁。
⑦　張舜徽:《説文解字約注》卷一,中州書畫社,1983 年,6 頁。

出降前一日,行五禮。'古者,結婚始用行人,告以夫家采擇之意,謂之納采;問女之名,歸卜夫廟,吉,以告女家,謂之問名、納吉。今選尚一出朝廷,不待納采;公主封爵已行誕告,不待問名。若納成則既有進財,請期則有司擇日。宜稍依五禮之名,存其物數,俾知婚姻之事重而夫婦之際嚴如此,亦不忘古禮之義也。"①然則,宋代皇室公主出嫁,六禮的施行由女方主動。

實際上,這種六禮的施行由女方主動,可以上溯到唐代。知者,《大唐開元禮》卷一一六《公主降嫁·納采》:"前一日,主人設使者次于大門之外道右,南向。其日大昕,使者至于主人大門外,贊禮者延入次。使者出次,贊禮者引至大門外之西,東面。主人立于東階下,西面。儐者立于主人之左,北面受命,出立于門東,西面,曰:'敢請事。'使者曰:'朝恩既室于某公之子某,某公有先人之禮使某也(某公,稱父名。某也,使者名),請納采。'儐者入告,主人曰:'寡人敢不敬從。'"②

此禮可以下及到明代。知者,《明集禮》卷二七《納采問名儀注》:"公主將出降,奉制擇婿訖,令某王或某官爲掌昏。至期,掌昏者先具納采時日奏聞訖,前一日,婿家設香案于正廳,南向;設表案于香案之北。設掌昏者立位于香案之東,設婿父拜位于廳下正中,北向,婿拜位于其後。"③看這陣勢,女方之主動,一目了然。

十三、"六禮往往精簡合併"並不限于庶民

《古代漢語·古漢語通論(二十一)》在講到婚姻時説:以上所説的六禮當然祇是爲貴族士大夫規定的,一般庶民對這六禮往往精簡合併。(983 頁)

按:這兩句概括的話,至少不符合南宋以後的社會實際情況。何者?按朱熹《家禮》卷三《婚禮》祇有三禮:納采、納徵、親迎。省去了問名、納吉和請期,其"納幣"下注云:"古禮有問名、納吉,今不能盡用,止用納采、

---

①　脱脱等:《宋史》,2733—2734 頁。
②　蕭嵩等:《大唐開元禮》,影印文淵閣《四庫全書》,第 646 册,685 頁。
③　《明集禮》,影印文淵閣《四庫全書》第 649 册,575 頁。

納幣,以從簡便。①"黃榦《勉齋集》卷三十四《朱文公行狀》:"所輯《家禮》,世多用之。"②所謂"世多用之",非謂僅僅"一般庶民"用之也。

而從元代開始,朱熹《家禮》有關婚禮六禮的簡化逐漸被朝廷接受,上升爲國家的法律。知者,《元典章》卷三十《婚禮·婚姻禮制》:"至元八年九月,尚書禮部,契勘人倫之道,婚姻爲大。……照得朱文公《家禮》内《婚禮》,酌古准今,擬到下項事理,呈奉尚書省,劄付再送翰林院兼國史院披詳,相應移准。中書省諮議,得登車、乘馬、設次之禮,亦貧家不能辦外,據其餘事,依准所擬,遍下合屬,依上施行。③"婚禮六禮,《元典章》所載僅有三禮:納采、納徵、親迎。

《明集禮》卷二十八《品官昏禮》並問名于納采,也透露出簡併信息。

《欽定大清通禮》卷二十四,六禮祇有納采、納幣、請期、親迎四禮,並問名、納吉于納采,其適用範圍:"官員(七品以上)自昏及爲子孫主昏,豫訪門第清白,女年齒相當者,使媒氏往通言,俟許,男年十六以上,女年十四以上,身及主昏者無期以上服,皆可行(下士庶人同)。"④

總而言之,朱熹《家禮》首開簡化六禮的先河,繼而不同程度地影響了元明清三代官方對婚禮六禮的簡化,影響所及,不僅是一般庶民,而且包括貴族士大夫在内。

十四、挽歌起于何時?

《古代漢語·古漢語通論(二十一)》在講到喪葬時說:挽歌,據說最初是挽柩的人唱的。古樂府相和曲中的《薤露》《蒿里》都是挽歌。(985 頁)

按:宋郭茂倩《樂府詩集》卷二十七:"崔豹《古今注》曰:'《薤露》《蒿里》,並喪歌也,本出田橫門人。橫自殺,門人傷之,爲作悲歌,言人命奄忽,如薤上之露,易晞滅也。亦謂人死魂魄歸于蒿里。至漢武帝時,李延

---

① 朱熹:《家禮》,影印文淵閣《四庫全書》,第 142 册,540 頁。
② 黃榦等:《勉齋先生黃文肅公文集》,元刻延祐二年(1315)重修本,卷三十四之葉四四。
③ 《元典章》,《續修四庫全書》,第 787 册,315 頁。
④ 《欽定大清通禮》,《摛藻堂四庫全書薈要》,200 册,320 頁。

年分爲二曲。《薤露》送王公貴人,《蒿里》送士大夫庶人。使挽柩者歌之,亦謂之挽歌。譙周《法訓》曰:'挽歌者,漢高帝召田横,至尸鄉,自殺。從者不敢哭,而不勝哀,故爲挽歌以寄哀音。'"①此蓋《古代漢語》"據説"云云之所出也。但"據説"云云並非挽歌之最早出典。何者? 按:《左傳》哀公十一年:"將戰,公孫夏命其徒歌《虞殯》。"杜預注:"《虞殯》,送葬歌曲,示必死。"孔疏:"賈逵云:'《虞殯》,遣殯歌詩。'杜云:'送葬歌曲。'並不解《虞殯》之名。禮,啓殯而葬,葬則下棺,反,日中而虞。蓋以啓殯將虞之歌,謂之《虞殯》。歌者,樂也;喪者,哀也。送葬得有歌,蓋挽引之人爲歌聲以助哀,今之挽歌是也。"②楊伯峻《春秋左傳注》:"《虞殯》即送葬之挽歌,唱之以示必死。挽歌之起,譙周《法訓》謂起于漢初田横之從者,見《文選》'挽歌'注引。其實不然。……實則《虞殯》真葬歌也。"③按:楊説是也。

十五、喪服"齊衰"之"齊"怎樣讀?

《古代漢語·古漢語通論(二十一)》在講到古代喪服制度時説:齊衰次于斬衰,這是用熟麻布做的。因爲縫邊整齊,所以叫做齊衰。(990 頁)

按:顯然,"齊衰"之"齊",《古代漢語》編者如字讀了,即讀作 qí 了。實際上,這個"齊"字應該加上注音,它不讀 qí,而讀 zī,是"齋"的假借字。知者,《説文·衣部》:"齋,緶也。裳下緝。"段玉裁注:"各本無'裳下緝'三字,今依《韻會》補。《論語·鄉黨》孔注曰:'衣下曰齋。'《玉藻》:'縫齋倍要。'《正義》曰:'齋,謂裳之下畔。'《禮·喪服》'疏衰裳齊'疏云:'衰裳既就,乃始緝之。'按經傳多假'齊'爲之。"④又,《説文·糸部》:"緝,績也。"段玉裁注:"引申之,用縷以縫衣亦爲緝,如《禮經》云'斬者,不緝也;齊者,緝也'是也。"⑤又,《儀禮·喪服》:"疏衰裳齊。"傳曰:"齊者何? 緝也。"賈公彥疏:"緝,則今人謂之爲緶也。"⑥又,《儀禮正義·

---

①　郭茂倩編:《樂府詩集》,中華書局,1979 年,396 頁。
②　浦衛忠等整理:《春秋左傳正義》,1909 頁
③　楊伯峻:《春秋左傳注》(修訂本),1662 頁。
④　段玉裁:《説文解字注》,396 頁。
⑤　段玉裁:《説文解字注》,659 頁。
⑥　彭林整理:《儀禮注疏》,651—652 頁。

喪服》:"按'斬'與'齊'對。斬是斬截布斷之,斷之而不緝爲斬;緝之則爲齊也。"①綜上可知,"齊衰"之"齊",是"齋"的假借字,作名詞用,謂衣裳之下擺;作動詞用,是將布的毛邊縫起來。此處是作動詞用。宋李如圭《儀禮集釋》卷十七:"不緝者,不縿衰裳之邊側也。"②然則,緝者,縿衰裳之邊側也。

十六、古代喪服制度中有"髽衰"嗎?

《古代漢語·古漢語通論(二十一)》在講到古代喪服制度時説:妻妾爲夫、未嫁的女子爲父,除服斬衰外還有喪髻,這叫"髽(zhuā)衰"。(990頁)

按:我國古代喪服制度中,從來未聞"髽(zhuā)衰"一説。此處所説的"髽(zhuā)衰",是由于編者句讀錯誤所致。請看《儀禮·喪服》原文。《儀禮·喪服》:"總,箭笄,髽,衰,三年。"鄭玄注:"此妻、妾、女子子(按:即女兒)喪服之異于男子者。總,束髮。謂之總者,既束其本,又總其末。箭笄,篠也。髽,露紒(按:即露着髮髻)也,猶男子之括髮。斬衰括髮以麻,則髽亦用麻也。凡服,上曰衰,下曰裳。"賈公彥疏:"云'髽,露紒也,猶男子之括髮'者,髽有二種:一是未成服之髽,即《士喪禮》所云者是也。將斬衰者用麻,將齊衰者用布。二是成服之後,露紒之髽,即此經注是也。"③無論是從鄭注來看,還是從賈疏來看,經文之"髽"與下文之"衰",各爲一事,互不相干。編者將此二字合爲一事,誤矣。

十七、喪服"大功"中的"大"字怎麽講?"功"字怎樣講?

《古代漢語·古漢語通論(二十一)》在講到古代喪服制度時説:大功次于齊衰,這是用熟麻布做的,比齊衰精細些。功,指織布的工作。(991頁)

按:第一,説"功,指織布的工作",這個解釋是錯誤的。詳下。第二,祇解釋"功"字,不解釋"大"字,讀者仍有疑問。今按:《儀禮·喪服》:"大功布衰裳。"鄭玄注:"大功布者,其鍛治之功粗沽之。"賈公彥疏:"言大功者,用功粗大,故沽疏。"④什麽是"鍛治之功"?請往下看。

---

① 胡培翬:《儀禮正義》,《續修四庫全書》,第92冊,359頁。
② 李如圭:《儀禮集釋》,影印文淵閣《四庫全書》,第103冊,302頁。
③ 彭林整理:《儀禮注疏》,644頁。
④ 彭林整理:《儀禮注疏》,691頁。

《儀禮·士喪禮》:"冪尊(蒙覆酒樽)用功布。"鄭玄注:"功布,鍛濯灰治之布也。"賈疏:"《殤大功章》云:'大功布衰裳。'注云:'大功布者,其鍛治之功粗沽之。'則此云功布者,大功之布,故云鍛濯灰治之也。"[1]現在我們知道了,大功布,也叫"功布"。功布是需要"鍛濯灰治之"的。按:《廣雅·釋詁》:"鍛,捶也。"[2]然則要得到大功布,人們必須對布進行下列加工:一是要捶打,二是要水洗,三是捶打、水洗之時還要摻入草木灰(灰是鹼性,可以使布光滑變白)。那麼,何謂"粗沽"?"粗"字的含義,我們明白,不用引經據典。"沽"字怎講?《禮記·檀弓上》:"杜橋之母之喪,宮中無相,以爲沽也。"鄭玄注:"沽,猶略也。"孔疏:"禮,孝子喪親悲迷,不復自知禮節,事儀皆須人相導。而杜橋家母死,宮中不立相導,故時人謂其于禮爲粗略。"[3]然則,粗沽者,粗略也。合而言之,所謂"大功",就是粗略地將布加加工(洗一洗,捶一捶)之義,與"織布"云云毫無關係。

十八、喪服"小功"中的"小"字怎麼講?"功"字怎樣講?

《古代漢語·古漢語通論(二十一)》在講到古代喪服制度時說:小功又次于大功,小功服比大功服更精細,是五個月的喪服。(991頁)

按:"小功"的"功"字怎樣講?《古代漢語》沒有講。"功"字怎樣講?據上文"大功"條,《古代漢語》說:"功,指織布的工作。""小功"的"功"應該也是這個意思,所以《古代漢語》不再重複。實則,"小功"的"功"也是將布洗一洗、捶一捶之義。至于"小"字的含義,《古代漢語》也含糊其辭,沒有一個明確的定義。按:《釋名·釋喪制》:"小功,精細之功。"[4]可知"小"字有"精細"義。我們平常說的"小心點",也就是"細心點"。《儀禮·喪服》:"小功布衰裳。"賈公彥疏:"言'小功'者,對大功是用功粗大,則小功是用功細小精密者也。"[5]賈疏用"細小精密"四字釋"小"字。合而

---

① 彭林整理:《儀禮注疏》,793頁。
② 王念孫:《廣雅疏證》,江蘇古籍出版社,1984年,66頁。
③ 吕友仁整理:《禮記正義》,321頁。
④ 王先謙:《釋名疏證補》,中華書局,2008年,292頁。
⑤ 彭林整理:《儀禮注疏》,711頁。

言之,所謂"小功",就是把布好好地捶洗一番。

十九、喪服"緦麻"中的"緦"字怎樣講?

《古代漢語·古漢語通論(二十一)》在講到古代喪服制度時說:緦麻是五服中最輕的一種,比小功服更精細,喪期是三個月。(991頁)

按:在此節上文,《古代漢語》對喪服名稱中的關鍵字都加以解釋:"斬衰,斬就是不縫緝的意思";"因爲縫邊整齊。所以叫做齊衰";"功,指織布的工作"。到了"緦麻",按理說,對"緦麻"之"緦"字也應該有所解釋,但沒有。但《古代漢語》有一句"比小功服更精細",這就未免讓讀者產生"緦"就是"精細"之義的聯想,實則不是。按:《儀禮·喪服》:"緦麻三月者。"鄭玄注:"謂之緦者,治其縷,細如絲也。"①劉熙《釋名·釋喪制》:"緦麻,緦,絲也,績麻緦如絲也。"②"緦""絲"是同源字,用現代漢語來說,"緦麻"之"緦",就是把麻布的綫縷加工得細如絲。

二十、兩種羹中有"肉羹"嗎?

《古代漢語·古漢語通論(二十二)》在講到飲食時說:據說有兩種羹,一種是不調五味不和菜蔬的純肉汁,這是飲的。《左傳》桓公二年:"大羹不致,粢食不鑿,昭其儉也。"所謂"大(太)羹",就是這種羹。另一種是肉羹,把肉放進烹飪器裏,加上五味煮爛。所謂五味,據說是醯、醢、鹽、梅和一種菜。(1001頁)

按:說"另一種是肉羹",不確,正確的表述應是"另一種是鉶羹"。知者,《周禮·天官·烹人》云:"祭祀,共大羹、鉶羹。賓客亦如之。"鄭玄注:"大羹,肉湆(音 qì,肉汁)。鄭司農云:'大羹,不致五味也。鉶羹,加鹽菜矣。'"賈公彥疏:"云'祭祀共大羹'者,大羹,肉湆,盛于登,謂大古之羹,不調以鹽菜及五味也。鑊中煮肉汁,一名湆,故鄭云:'大羹,肉湆。'云'鉶羹'者,皆是陪鼎臛、臐、膮,牛用藿,羊用苦,豕用薇,調以五味,盛之于鉶器,即謂之鉶羹。"③《毛詩·魯頌·閟宮》:"毛炰胾羹。"毛傳:"毛炰,

---

① 彭林整理:《儀禮注疏》,722—723 頁。
② 王先謙:《釋名疏證補》,293 頁。
③ 彭林整理:《周禮注疏》,114 頁。

豚也。胾,肉也。羹,大羹、鉶羹也。"①《説文・金部》:"鉶,器也。"段玉裁注云:"此禮器也。《魯頌》:'毛炰胾羹。'傳曰:'羹,大羹、鉶羹也。'按:大羹,煮肉汁不和,貴其質也。鉶羹,肉汁有菜和者也。大羹盛之于登,鉶羹盛之于鉶。鉶羹菜和謂之芼,其詳在《禮經》。"②鉶羹,也叫和羹。《左傳》昭公二十年:"故《詩》曰:'亦有和羹,既戒既平。'"杜預注:"《詩》頌殷中宗,言中宗能與賢者和齊可否,其政如羹,敬戒且平。和羹備五味,異于大羹。"③

二十一、皇帝的冕究竟是冕前十二旒還是冕前後各有十二旒

《古代漢語・古漢語通論(二十二)》在講到衣飾時説:據説天子十二旒。頁下注:一説皇帝的冕前後各有十二旒。(1004 頁)

按:第一,"據説天子十二旒",據何人何書之説,何不明告學生?這個"據説",本文有交待,詳下。第二,"一説皇帝的冕前後各有十二旒",此"一説"又出自何書?何不明告學生?本文對此"一説"也有原原本本的交待,詳下。

咱們從頁下注"一説皇帝的冕前後各有十二旒"説起。竊以爲,這條頁下注可謂畫蛇添足,無它倒好,有它就錯了。

第一,它與經部文獻的記載不合。請看:

(1)《周禮・夏官・弁師》:"掌王之五冕,皆玄冕朱裏,延紐。五采繅十有二就,皆五采玉十有二。"④孫詒讓《周禮正義》云:"一就爲一旒,則十二就即十二旒也。"⑤

按:《説文解字・玉部》:"瑬,垂玉也,冕飾。"段玉裁《注》云:"按:《弁師》作'斿',《玉藻》從俗字作'旒',皆'瑬'之假借字。"⑥

(2)《禮記・禮器》:"禮有以文爲貴者,天子之冕,朱緑藻,十有二旒,

---

① 龔抗雲等整理:《毛詩正義》,1661—1662 頁。
② 段玉裁:《説文解字注》,704 頁。
③ 浦衛忠等整理:《春秋左傳正義》,1613 頁。
④ 彭林整理:《周禮注疏》,1219—1220 頁。
⑤ 孫詒讓:《周禮正義》,2528 頁。
⑥ 段玉裁:《説文解字注》,14—15 頁。

諸侯九,上大夫七,下大夫五。此以文爲貴者也。"①

（3）《禮記・玉藻》："天子玉藻,十有二旒,前後邃延。"②

（4）《禮記・郊特牲》："祭之日,王被衮以象天,戴冕藻十有二旒,則天數也。"鄭玄注："天之大數,不過十二。"③

上述兩種經部文獻《周禮》《禮記》都説"十有二旒"。這就是"天子十二旒"的出處。

第二,"冕前後各有十二旒"的説法違背了"天之大數,不過十二"的通則。換言之,無論天子怎樣講究排場,都不能突破"十二"這個上限。《左傳》哀公七年："夏,公會吳于鄫,吳來徵百牢。子服景伯對曰:'先王未之有也。'吳人曰:'宋百牢我,魯不可以後宋。且魯牢晋大夫過十,吳王百牢,不亦可乎!'景伯曰:'晋范鞅貪而棄禮,以大國懼敝邑,故敝邑十一牢之。君若以禮命于諸侯,則有數矣。若亦棄禮,則有淫者矣。周之王也,制禮上物,不過十二,以爲天之大數也。'"④此所謂"上物",此指天子設宴招待諸侯的牢禮規格。通俗點説,天子設宴招待諸侯最多也祇能上十二道菜。天之大數爲什麽是十二,杜預注云:"天有十二次,故制禮象之。"⑤

再以《周禮》一書爲例:《周禮・膳夫》:"掌王之食飲膳羞。王日一舉,鼎十有二。"⑥《周禮・校人》:"掌王馬之政,天子十有二閑。"鄭玄注:"每廄爲一閑。"⑦《周禮・掌客》:"掌四方賓客之牢禮。王合諸侯而饗禮,則具十有二牢。"⑧《周禮・司服》:"王之吉服,祀昊天上帝則服大裘而冕。"鄭玄注:"《書》曰:'予欲觀古人之象,日、月、星辰、山、龍、華蟲,作繪;宗彝、藻、火、粉、米、黼、黻,希繡。'此古天子冕服十二章。"⑨皆"天之

① 吕友仁整理:《禮記正義》,974頁。
② 吕友仁整理:《禮記正義》,1175頁。
③ 吕友仁整理:《禮記正義》,1068頁。
④ 浦衛忠等整理:《春秋左傳正義》,1888頁。
⑤ 浦衛忠等整理:《春秋左傳正義》,1888頁。
⑥ 彭林整理:《周禮注疏》,115頁。
⑦ 彭林整理:《周禮注疏》,1254頁。
⑧ 彭林整理:《周禮注疏》,1492頁。
⑨ 彭林整理:《周禮注疏》,791頁。

大數,不過十二"之例。故南宋楊復説:"先王制禮,必本于天理人情之公。自上古至于周,天子仰則天數,路十二就,常十二斿,馬十二閑,圭尺二寸,繅十二就,而冕服之章,莫不皆然。"①

第三,筆者爲什麽説"冕後垂斿十二"是畫蛇添足? 回答這個問題,請看下列文獻記載:

(1)《大戴禮・子張問入官篇》:"冕而前斿,所以蔽明也。黈纊塞耳,所以弇聰也。故水至清則無魚,人至察則無徒。"清孔廣森《大戴禮補注》:"《禮圖》冕後亦有斿,不合蔽明之義。漢公卿冕斿,皆有前無後也。"②

(2)《晏子春秋・外篇上・景公欲誅斷所愛槐者晏子諫》:"冕前有斿,惡多所見也;纊紘充耳,惡多所聞也。"吳則虞《集釋》引黃以周云:"《大戴・子張問入官篇》云:'冕而前斿,所以蔽明也。'並可爲冕無後斿之證。"③

(3)《淮南子・主術訓》:"古之王者,冕而前斿,所以蔽明也;黈纊塞耳,所以掩聰。"劉文典《集解》引陶方琦云:"《群書治要》引許慎注:'冕,冠也。前斿,冕前珠飾也。'"④

(4)《漢書・東方朔傳》:"故曰:'水至清則無魚,人至察則無徒。'冕而前斿,所以蔽明;黈纊充耳,所以塞聰。明有所不見,聰有所不聞,舉大德,赦小過,無求備于一人之義也。"⑤

(5)《白虎通義》卷下《紼冕》:"垂斿者,示不見邪;纊塞耳,示不聽讒也。故水清無魚,人察無徒,明不尚極知下。故《禮》云:'天子玉藻,十有二斿,前後邃延。'"⑥

以上五條書證的措辭雖然不無異同,但大旨則一,即"冕而前斿",其用意在于不希望帝王明察秋毫,以致于鬧到"水至清則無魚,人至察則無

①　轉引自衛湜《禮記集説》卷二七,影印文淵閣《四庫全書》,第117冊,561頁。
②　孔廣森:《大戴禮記補注》,中華書局,2013年,152頁。
③　吳則虞:《晏子春秋集釋》,中華書局,1962年,452—453頁。
④　劉文典:《淮南鴻烈集解》,中華書局,1997年,270頁。
⑤　班固:《漢書》,2866頁。
⑥　陳立:《白虎通疏證》,499—500頁。

徒"的地步。明乎此義,則冕後之旒,非畫蛇添足而何!

第四,二十四史中,最早提到冕服制度的是《後漢書·輿服志》。讓我們來看看《輿服志》的記載:

> 秦以戰國即天子位,滅去禮學,郊祀之服,皆以袀玄。漢承秦故。孝明皇帝永平二年,初詔有司采《周官》《禮記》《尚書·皋陶篇》,乘輿服從歐陽氏説,公卿以下從大小夏侯氏説。冕皆廣七寸,長尺二寸,前圓後方,朱綠裹,玄上,前垂四寸,後垂三寸,係白玉珠爲十二旒,以其綬采色爲組纓。三公、諸侯七旒,青玉爲珠;卿大夫五旒,黑玉爲珠。① 皆有前無後,各以其綬采色爲組纓,旁垂黈纊。②

按:《輿服志》提到的《尚書·皋陶篇》與衮服上的章(圖案)數有關,與冕旒無關,此處可以不論。"皆有前無後"一句,是説無論是乘輿(指天子)的冕旒,或是三公、諸侯、卿大夫的冕旒,都是祇有前旒,没有後旒。這與《周禮·弁師》、《禮記》的《玉藻》等三篇經文是一致的,因而是正確的。漢明帝永平二年的冕服定制,是二十四史中的第一次,影響深遠。歷魏晉南北朝,訖于隋唐,皆遵守漢明帝"有前無後"之制。詳見有關正史,此不贅。

那麼,"一説皇帝的冕前後各有十二旒"的一説出自何人何書呢?曰:出自《周禮·弁師》鄭玄注:"繅,雜文之名也,合五采絲爲之繩,垂于延之前後各十二。""垂于延之前後各十二",就是一共二十四旒。那麼,鄭玄注既然是錯誤的,爲什麼能大行其道呢?曰:因爲鄭玄是禮學權威,人們對鄭玄的相信達到了迷信的程度,以至于有了"寧道孔聖誤,諱聞鄭、服非"的説法。③ 所謂"寧道孔聖誤,諱聞鄭、服非",意謂寧願説是經文錯了,也不願意説是鄭玄注、服虔注錯了。舉例來説,舊題唐閻立本(或閻立

---

① 《後漢書·輿服志》劉昭注云:"《獨斷》曰:'三公、諸侯九旒,卿七旒。'與此不同。"(《後漢書》3664頁)按:蔡邕《獨斷》所載是也。劉昭《後漢書注補志序》云:"所構《車服》之本,即依董、蔡所立。"意思是説司馬彪《續漢書·輿服志》是依據董巴《輿服志》和蔡邕《獨斷》而作。(《後漢書》第1頁)然則,此處文字當以《獨斷》爲準。

② 范曄:《後漢書》,3663頁。

③ 見《舊唐書·元行沖傳》徵引,3181頁。

德)所繪名畫《歷代帝王圖》上的帝王,其中有七位帝王戴冕,畫的就是前後皆有旒。更滑稽的是,從五代到明代,那些皇帝頭上戴的冕,都是貨真價實的前後皆有旒。雖然有的皇帝感到沉重,也無可奈何,祇得忍受。現代學者研究古代服飾的專著,也基本上都是跟着鄭玄走,連沈從文先生的《中國古代服飾研究》也莫能外。至于舞臺上,連環畫上,更是司空見慣。

但是,駁正鄭注之誤者,由明代至今日,不絕如縷。請看:

(1) 明人王應電《周禮傳》卷四下説:"夫旒爲目而設,後之有旒,果何所爲? 故經文叙王之冕,止云'繅十有二就',而不言二十四。故據經觀之,止有前旒。《禮記》《家語》並云'冕而前旒',是亦一証。"①

(2) 清人江永《鄉黨圖考》卷五云:"按《大戴禮》(按: 見《子張問入官篇》)及東方朔《答客難》皆云'冕而前旒,所以蔽明',則無後旒可知。後旒何所取義乎? 鄭謂前後皆有旒,此因《玉藻》'前後邃延'而誤耳。'前後邃延',謂版長尺六寸,自延端至武,前後皆深邃,非謂後亦有旒也。《玉藻》言'十有二旒',未嘗言前後皆十有二旒也。且袞冕二十四旒,用玉二百八十八,如此繁重,恐首不能勝。鄭所計用玉,每冕皆當去其半。"②

(3) 清人金榜《禮箋》卷一"冕旒"云:"孝明皇帝永平二年,初詔有司采《周官》《禮記》《尚書·皋陶篇》,冕皆廣七寸,長尺二寸,前圓後方,爲十二旒,皆有前無後。"③

孫詒讓《周禮正義》在徵引了上述王應電、江永、金榜三家之説後,説:"按: 王、江、金説可正舊説之誤。戴震、孔廣森、林喬蔭、張惠言、宋綿初、黃以周説並同。"④

當代駁正鄭注之誤的學者有吕思勉《中國制度史》第五章、錢玄《三禮辭典》《三禮名物通釋》、王關仕《儀禮服飾考辨》、陳茂同《中國歷代衣冠服飾制》、楊天宇《周禮譯注》、吕友仁《周禮譯注》,文繁不録。

---

① 王應電:《周禮傳》,影印文淵閣《四庫全書》,第 96 册,212 頁。
② 江永:《鄉黨圖考》,影印文淵閣《四庫全書》,第 210 册,816 頁。
③ 金榜:《禮箋》,《續修四庫全書》,第 109 册,20 頁。
④ 孫詒讓:《周禮正義》,2530—2531 頁。

根據以上論證,建議《古代漢語》編者,第一,將"據説"改作"據《周禮·弁師》説";第二,删掉此條頁下注。另,今《漢語大詞典》所附冕圖仍爲前後皆有旒,見該書第五卷 749 頁,幸讀者明辨之。

二十二、"裼(xī)衣"是鄭玄的臆造,無中生有

《古代漢語·古漢語通論二十二》在講到衣飾時説:裘和袍是禦寒的衣服。……在行禮或接見賓客時,裘上加一件罩衣,叫做裼(xī)衣,否則被認爲不敬。裼衣和裘,顏色要相配,所以《論語·鄉黨》説:"緇衣,羔裘;素衣,麑裘;黃衣,狐裘。"平常家居,裘上不加裼衣。庶人穿犬羊之裘,也不加裼衣。(1007 頁)

按:這段文字,除了開頭一句"裘和袍是禦寒的衣服"外,其餘都是錯誤的。錯在哪里? 第一,與人之常情不合。第二,與文獻記載不合。問題出在哪里? 就出在"裼衣"一詞上。"裼衣"一詞,是鄭玄的發明,或者説是鄭玄的臆造,無中生有。近兩千年來,"裼衣"之説大行,其始作俑者,就是禮學權威鄭玄。何以知之? 請看鄭玄的兩條注文:

(1)《禮記·玉藻》:"君衣狐白裘,錦衣以裼之。"鄭玄注:"君衣狐白毛之裘,則以素錦爲衣覆之,使可裼也。袒而有衣曰裼。必覆之者,裘褻也。《詩》云:'衣錦絅衣,裳錦絅裳。'然則,錦衣復有上衣明矣。天子狐白之上衣,皮弁服與? 凡裼衣,象裘色也。"[1]這是"裼衣"一詞第一次在歷史上出現。鄭注比較長,這不要緊,我們抓住主要的。"袒而有衣曰裼",這是鄭玄給"裼"字下的定義。什麽意思? 意思是説,袒開外面的正服,裏面還有一件衣服,這件衣服就叫做裼。

(2)《儀禮·聘禮》"公側授宰玉,裼,降立。"鄭玄注:"裼者,免上衣,見(音 xiàn)裼衣。凡當盛禮者,以充美爲敬;非盛禮者,以見美爲敬:禮尚相變也。《玉藻》曰:'裘之裼也見美也。'又曰:'麛裘青豻袖,絞衣以裼之。'《論語》曰:'素衣麑裘。'寒暑之服,冬則裘,夏則葛。"[2]這是"裼衣"一詞第二次在歷史上出現。我之所以把這一次定爲第二次,是因爲《儀

---

① 吕友仁整理:《禮記正義》,1211 頁。
② 彭林整理:《儀禮注疏》,444 頁。

禮·聘禮》鄭注中的"裼衣"的論證,是以《禮記·玉藻》爲理論根據的。鄭注給"裼"字下的定義是"裼者,免上衣,見裼衣",也就是説,脱去了外衣,露出來裼衣,這叫做裼。換言之,與"袒而有衣曰裼"的意思一樣。

由于鄭玄是禮學的"天字第一號"權威,一言九鼎,後世之學者大多數是跟着鄭玄走,尤其是注疏派學者。難怪清人宋綿初《釋服》云:"自鄭氏以'袒而有衣曰裼'爲裼襲之解,後儒相承,紛紜舛誤。"①又説:"蓋自鄭注以後,此義之不明者二千餘年于兹矣!"②

請先看孔穎達《禮記正義》是怎麼疏通鄭注的:"鄭引《詩》者,證錦衣之上更有衣覆之,以無正文,故引《詩》云,然則錦衣復有上衣明矣。云'天子狐白之上衣,皮弁服與'者,亦以無正文,故言'皮弁服與','與'爲疑辭也。必知狐白上加皮弁服者,以狐白既白,皮弁服亦白,錦衣白,三者相稱,皆爲白也。"③請注意,孔穎達也不是等閑之輩,他兩次使用"無正文"來指出鄭注之瑕疵。何謂"無正文"?就是没有正兒八經的文獻證據。但懷疑歸懷疑,孔疏最終還是跟着鄭注走。所以,孔穎達在《左傳》哀公十七年的疏文中就説:"禮,裘上有衣謂之裼。裼衣之上,乃有朝、祭正服。裘上有兩衣也。襲則二衣皆重之。裼則袒正服,露裼衣。"④現在我們真正明白了,《禮記·玉藻》鄭注的意思是裘之上有裼衣,裼衣之上有正服,是謂"裘上有兩衣也"。

再看賈公彦《儀禮疏》是怎樣疏通鄭注的:"凡服,四時不同。假令冬有裘,裘上有裼衣,裼衣之上,又有上服皮弁、祭服之等。言'見裼衣'者,謂袒衿前上服,見裼衣也。"⑤請看,所謂"裘上有裼衣,裼衣之上,又有上服皮弁、祭服之等",與孔穎達可謂異途同歸,也是"裘上有兩衣也"。

現在我們回過頭來核對一下,王力《古代漢語》所説的"在行禮或接見賓客時,裘上加一件罩衣,叫做裼(xī)衣,否則被認爲不敬"是不是能夠

---

① 宋綿初:《釋服》,《續修四庫全書》,第 108 册,696 頁。
② 宋綿初:《釋服》,695 頁。
③ 吕友仁整理:《禮記正義》,1211 頁。
④ 浦衛忠等整理:《春秋左傳正義》,1952—1953 頁。
⑤ 彭林整理:《儀禮注疏》,454 頁。

與鄭注完全對上號。曰：明顯不能。爲什麼？鄭注是裘上兩衣，即裘上有褐衣，褐衣之上有正服；而《古代漢語》説的是裘上祇有一件褐衣，沒有正服。換言之，《古代漢語》雖然是跟着鄭玄走，但走樣了。

實際上，如果《古代漢語》的表述不接受鄭注的"褐衣"概念的誤導，改作"在行禮或接見賓客時，裘上加一件正服，否則被認爲不敬"，就對了，就不僅與人之常情相符，也與文獻記載相符了。

先説與人之常情相符。《禮記·坊記》："禮者，因人之情而爲之節文，以爲民坊者也。"①司馬遷《史記·禮書》："余至大行禮官，觀三代損益，乃知緣人情而制禮，依人性而作儀，其所由來尚矣。"②可見人情是制禮的天然準則。姑且以今人而論，我們在自己家裏，穿衣隨便點，譬如説，祇穿一件襯衣，沒有關係；但如果去上班或者會見賓客，就要在襯衣上面加上一件正服，例如西裝或中山裝什麼的，這很正常，符合人之常情。但有誰見過在襯衣之上先加一件"褐衣"，而後再在"褐衣"之上加上正裝的。那不是瞎折騰、自找麻煩嘛！以今例古，古人何嘗不是如此。

再看文獻證據。《論語·鄉黨》："當暑，袗絺綌，必表而出。"何晏《集解》引孔安國注曰："暑則單服。絺綌，葛也。必表而出，加上衣也。"皇侃《義疏》："'當暑'云云者，暑，熱也。袗，單也。絺，細練葛也。綌，大練葛也。表，謂加上衣也。古人冬則衣裘，夏則衣葛也。若在家，則裘葛之上，亦無別加衣；若出行接賓，皆加上衣。"③請看，《論語》經文是"必表而出"，孔安國注是"必表而出，加上衣也"，皇侃《義疏》是"若出行接賓，皆加上衣"，三者一致，説的都是祇加一件上衣。這個"上衣"就是一件正服，何嘗加什麼"褐衣"？

下面讓我們繼續討論王力《古代漢語》所説的"褐衣和裘，顏色要相配，所以《論語·鄉黨》説：'緇衣，羔裘；素衣，麑裘；黃衣，狐裘'"爲什麼是錯誤的。

---

① 呂友仁整理：《禮記正義》，1954 頁。
② 司馬遷：《史記》，1157 頁。
③ 皇侃：《論語集解義疏》，428—429 頁。

"褋衣和裘,顏色要相配"二句,顯然出自《玉藻》鄭注"凡褋衣,象裘色也"。而這兩句話的理論根據也確實是來自《論語·鄉黨》的"緇衣,羔裘;素衣,麑裘;黃衣,狐裘",問題是其中的"緇衣""素衣""黃衣"是褋衣嗎? 不是的。按:《論語·鄉黨》:"緇衣,羔裘;素衣,麑裘;黃衣,狐裘。"何晏《集解》引孔安國注曰:"服皆中外之色相稱也。"皇侃《義疏》云:"云'緇衣羔裘'者,裘色既隨衣,故此仍明裘上之衣也。羔者,烏羊也。裘與上衣相稱,則緇衣之內,故曰羔裘也。緇衣服者,此是諸侯日視朝服也。諸侯視朝與群臣同服,孔子是魯臣,故亦服此服以日朝君也。云'素衣麑裘'者,素衣,謂衣裳並用素也。麑,鹿子也。鹿子色近白,與素微相稱也。謂國有凶荒,君素服,則群臣從之,故孔子魯臣,亦服之也。云'黃衣狐裘'者,此服謂蜡祭宗廟、五祀也。歲終大蜡報功,象物色黃落,故著黃衣黃冠也。而狐貉亦黃,故特爲裘,以相稱也。孔子爲臣,助蜡祭,亦隨君著之黃衣也。故《禮運》云'昔者仲尼與于蜡賓'是也。"①通過皇侃這段《義疏》,我們明白了,孔安國所說的"服皆中外之色相稱也",其所謂"中",是指穿在裏面的"羔裘""麑裘""狐裘";其所謂"外",是指穿在外面的"緇衣""素衣""黃衣"。而"緇衣"是"諸侯日視朝服","素衣"是"國有凶荒,君素服,則群臣從之","黃衣"是"蜡祭宗廟、五祀"之服。總而言之,"緇衣""素衣""黃衣"都是正服,不是什麼"褋衣"。孔安國所說的"服皆中外之色相稱",是說裏面的裘與外面的正服顏色要相稱,並不是鄭玄說的"凡褋衣,象裘色也"。

實際上,鄭玄也知道緇衣是朝服。知者,《毛詩·鄭風·羔裘》:"羔裘如濡,洵直且侯。"鄭箋云"緇衣羔裘,諸侯之朝服也"是也。② 鄭玄也知道黃衣是正服,《毛詩·檜風·羔裘》:"羔裘逍遙,狐裘以朝。"鄭箋云"諸侯之朝服,緇衣羔裘。大蜡而息民,則有黃衣狐裘"是也。③ 同一個鄭玄,在《毛詩》中說"緇衣""黃衣"是正服,在《禮記》中又說"緇衣""黃衣"是

---

① 皇侃:《論語集解義疏》,428—429 頁。
② 龔抗雲等整理:《毛詩正義》,341 頁。
③ 龔抗雲等整理:《毛詩正義》,538 頁。

裼衣,自相矛盾,是何道理?

現在我們明白了,鄭玄在《玉藻》注中所説的"凡裼衣,象裘色也",是篡改了孔安國所説的"服皆中外之色相稱",根本不能成立。

最後,不揣譾陋,試將王力《古代漢語》此段文字修訂如下:裘和袍是禦寒的衣服。……在行禮或接見賓客時,裘上加一件外衣(也叫正服),否則被認爲不敬。外衣和裘,顏色要相配,所以《論語·鄉黨》説:"緇衣,羔裘;素衣,麑裘;黃衣,狐裘。"平常家居,裘上不加外衣。庶人穿犬羊之裘,也不加外衣。

最後必須説明,此節文字的論證,取自南京師範大學 2019 年呂梁碩士論文《"裼襲禮"研究》,指導教師爲王鍔教授。

二十三、"袞"是什麼樣的一種禮服?

《古代漢語·古漢語通論(二十二)》在講到衣飾時説:袞,這是天子和最高級的官吏的禮服。據説袞上繡有蜷曲形的龍。後代所謂"龍袍"就是袞的遺制。(1007 頁)

按:竊以爲《古代漢語》編者對"袞"字的釋義有三個問題須要辨明。第一,袞上的龍形圖案是繡上去的嗎? 袞上衹有一種龍形圖案嗎? 龍形圖案,天子和最高級官吏完全一樣嗎? 答案都是否定的。

按:《周禮·春官·司服》:"享先王則袞冕。"鄭司農云:"袞,卷龍衣也。"鄭玄注:"《書》曰:'予欲觀古人之象,日、月、星辰、山、龍、華蟲,作繢;宗彝、藻、火、粉米、黼、黻,希繡。'此古天子冕服十二章,舜欲觀焉。王者相變,至周而以日、月、星辰畫于旌旗,所謂'三辰旂旗,昭其明也'。而冕服九章,登龍于山,登火于宗彝,尊其神明也。九章:初一曰龍,次二曰山,次三曰華蟲,次四曰火,次五曰宗彝,皆畫以爲繢;次六曰藻,次七曰粉米,次八曰黼,次九曰黻,皆希以爲繡,則袞之衣五章,裳四章,凡九也。"[1]清代學者多不同意鄭玄此"王者相變"之説,認爲天子既有十二章之袞,亦有九章之袞。孫詒讓《周禮正義·司服》云:"今依戴震、金鶚説,天子有

---

[1] 彭林整理:《周禮注疏》,791 頁。

十二章與九章之袞,又依孔廣森説,不改《虞書》十二章之次,則大裘之袞
衣裳皆從偶數,衣六章,日、月、星辰、山、龍、華蟲(有五色文采的蟲類)也;
裳六章,宗彝(虎與蜼。蜼是一種長尾猿)、藻(水草)、火、粉米(白米)、黼
(黑白相間的斧形圖紋)、黻(黑青相間的兩己相背形圖紋)也。其九章之
袞,衣五章,山、龍、華蟲、宗彝、藻也;裳四章,火、粉米、黼、黻也。①"其他
則同鄭説。然則,天子之袞服,或十二章,或九章,龍的圖案僅僅是其中的
一章,且不居首章。龍的圖案,是繪上去的,不是繡上去的。

又,《儀禮·覲禮》鄭玄注:"上公袞,無升龍。"賈疏:"云'上公袞無升
龍'者,案《白虎通》引《禮記》曰:'天子乘龍,載大旂,象日月升龍。'傳曰:
'天子升龍,諸侯降龍。'以此言之,上得兼下,下不得僭上,則天子升降俱
有,諸侯直有降龍而已。②"然則,天子和最高級的官吏(即上公)的禮服是
有區別的,不能一概而論。

最後,讓我們看看沈從文《從文物中所見古代服裝材料點點滴滴》怎
麼説的:"西周是個講究制度排場的時代,史稱周公制禮作樂,不會完全是
空談。相傳《虞書》帝王冕服十二章的繡繪文飾,也應當成熟于此時。"③

二十四、"先秦時代吃飯一般不用筷子"補證

《古代漢語·古漢語通論(二十二)》在講到什物時説:筷子古代叫
箸,但是先秦時代,吃飯一般不用筷子。《禮記·曲禮上》:"毋搏飯。"
意思是不要用手把飯弄成一團來吃,可見當時是用手送飯入口的。
(1013 頁)

按:《禮記·曲禮上》:"毋搏飯。"鄭玄注:"爲欲致飽,不謙。"孔疏:
"'毋搏飯'者,共器,若取飯作搏,則易得多,是欲爭飽,非謙也。故注云:
'爲欲致飽,不謙也。'"④可見此句的本義是批評搏飯這種吃相不雅。如
果要證明"先秦時代,吃飯一般不用筷子,用手",應當選擇更合適的例子。

---

①　孫詒讓:《周禮正義·司服》,1632 頁。
②　彭林整理:《儀禮注疏》,592—593 頁。
③　沈從文:《沈從文全集》第三十卷《物質文化史》,北岳文藝出版社,2002 年,210 頁。
④　《十三經注疏》,1242 頁。

而合適的例子並不遙遠,就在"毋摶飯"此句的上文:"共飯不澤手。"鄭玄注:"爲汙手不潔也。澤,謂挼莎也。禮,飯以手。"孔疏:"'共飯不澤手'者,亦是共器盛飯也。澤,謂光澤也。古之禮,飯不用箸,但用手,既與人共飯,手宜潔净,不得臨食始挼莎手乃食,恐爲人穢也。[1]"鄭注説"禮,飯以手",孔疏云"古之禮,飯不用箸,但用手",説得何等清楚明白!

---

① 《十三經注疏》,1242 頁。

第六章　王力主編《王力古漢語字典》的經學詞彙釋義質疑

一、“契”字釋義質疑

【契】① 古代在龜甲獸骨上灼刻文字。《詩·大雅·緜》：“爰始爰謀,爰契我龜。”其灼刻文字的工具也叫“契”。《周禮·春官·菙氏》：“菙氏掌共燋契。”鄭玄注：“契謂契龜之鑿也。”(183 頁)①

按：《字典》“其灼刻文字的工具也叫契”的釋義誤。書證所引“鄭玄注：‘契,謂契龜之鑿也’”,並非鄭玄注,而是鄭玄注中徵引的杜子春注。鄭玄之所以徵引杜子春注,是把它當作反面教材用的。非獨此也,杜子春之說,也是孫詒讓《正義》進一步否定之說,而編者讀書不通觀首尾,斷章取義,馴致誤釋。今完整摘錄《周禮·春官·菙氏》此條鄭玄注如下：

> 《周禮·春官·菙氏》：“掌共燋契。”鄭玄注：“杜子春云：‘燋,讀爲細目燋之燋。或曰;如薪樵之樵,謂所熱灼龜之木也,故謂之樵。契,謂契龜之鑿也。《詩》云：爰始爰謀,爰契我龜。’玄謂：‘《士喪禮》曰：楚焞置于燋,在龜東。’楚焞即契,所用灼龜也。燋謂炬,其存火。”

---

① 括注頁碼,均指《王力古漢語字典》(中華書局,2000 年)頁碼。

133

不難看出,兩家給"契"下的定義不同。杜子春説:"契,謂契龜之鑿也。"鄭玄説:"楚焞即契,所用灼龜也。"要之,杜子春認爲契是鑿龜之器,鄭玄認爲契是灼龜之器。孫詒讓看到了杜、鄭二人解釋的不同,所以在其《周禮正義》中説:"鄭則不取鑿龜之義,與杜異也。鄭以下文云'遂吹其焌契',若非灼龜之木,則不得云吹,故知契與楚焞是一。依杜義,灼龜用燋(按:燋是引火的火炬),鑿龜用契,灼鑿不同物。鄭則謂鑽即用灼木。二義不同。竊意龜卜所用,有金契,有木契。金契用以鑽鑿,木契即楚焞,用以爇灼。以二者皆刻削其端使尖鋭,故同謂之契,實則異物也。此經之契,則是木,非金,杜義固不若後鄭之允也。"也就是説,孫詒讓認爲杜子春的説法不如鄭玄的説法正確。又按:胡培翬《儀禮正義·士喪禮》的結論與孫詒讓同。據胡氏説,在進行龜卜時,首先用陽燧(即凸透鏡)在日光下取火,然後點燃燋,以保存火種。然後再吹燋之火以點燃契,然後再以契灼龜。然則釋義當如何措辭呢? 可否這樣表述:契是一端尖鋭的荊木棍,用以燒灼龜甲。《儀禮·士喪禮》中叫做"楚焞"。

二、"奠"字釋義質疑

【奠】① 祭,向鬼神獻上祭品。《詩·召南·采蘋》:"于以奠之,宗室牖下。"(184 頁)

按:竊以爲《字典》對"奠"的釋義是錯誤的,書證也和"奠"的常用義對不上號。爲什麽這樣説? 讓我們暫不尋章摘句,先從感性認識談起。在我國實行土葬的年代,死者的棺木正前方有一個寫得大大的"奠"字。今天我們司空見慣的用於悼念死者的花圈,儘管是舶來品,其中央部分也有一個大大的"奠"字。如《字典》所説,既然"奠"是"祭"的意思,何不直接寫個"祭"字? 豈非故弄玄虚! 這就説明,其中必有道理。什麽道理? 一句話,"奠"不是一般的"祭",而是人們對死者葬前之祭的專稱。

有何根據? 先看許慎的《説文解字》。按:《説文·丌部》:"奠,置祭也。①《禮》有奠祭。"段玉裁注云:"置祭者,置酒食而祭也。禮,謂《禮

---

① "奠,置祭也",王筠《説文解字句讀》、張舜徽《説文解字約注》讀作"奠,置也,祭也",似乎更好。

經》。《士喪禮》《既夕禮》祭,皆謂之奠。"①按:《説文》所説的"置祭也",未舉實證,而《王力古漢語字典》所引的書證恰恰可以作爲實證:《詩·召南·采蘋》:"于以奠之,宗室牖下。"毛傳:"奠,置也。宗室,大宗之廟也。大夫士祭于宗廟,奠于牖下。"②據《采蘋》孔疏,這個"奠于牖下"之祭是"婦人先嫁三月的教成之祭",而"教成之祭"並非正祭。知者,《禮記·昏義》:"是以古者婦人先嫁三月,祖廟未毀,教于公宫;祖廟既毀,教于宗室。教以婦德、婦言、婦容、婦功。教成祭之,牲用魚,芼之以蘋藻,所以成婦順也。"鄭玄注:"魚、蘋藻,皆水物,陰類也。魚爲俎實,蘋藻爲羹菜,祭無牲牢,告事耳,非正祭也。"③這就是説,《詩·召南·采蘋》這個書證,不僅與"奠"的常用義對不上號,而且作爲"祭"字的書證也不是上選。詳下。

次看劉熙的《釋名》。《釋名》是一部專講事物命名的來歷的辭典。《釋名·釋喪制》:"喪祭曰奠。奠,停也。"④劉熙所説的"喪祭",即指葬前之祭,這與《説文》所説"奠,置祭也,《禮》有奠祭",表述雖然不同,而意思則完全一樣。

我們再來檢驗一下段注"禮,謂《禮經》。《士喪禮》《既夕禮》祭,皆謂之奠"是否有道理。按:段注所謂"《禮經》",就是今天的《儀禮》。而《士喪禮》和《既夕禮》,則是《儀禮》中的兩篇,其内容是記載一個人從始死到下葬的全部禮儀的,而其中凡是説到祭,一律稱之爲"奠"。至此,我們似乎已經可以有所領悟:許慎《説文》"奠"字説解的主要意思是,"奠"是從始死到下葬這段時間内的奠置酒食之祭。段注講的有道理嗎?回答是"有"。謂予不信,請看:

(1)《周禮·地官·牛人》:"喪事共其奠牛。"鄭玄注:"喪所薦饋(按:薦謂進獻主食,饋謂進獻副食)曰奠。"賈公彦疏:"喪中自未葬以前無尸,飲食直(按:僅僅之意)奠停于神前,故謂之奠。"⑤

① 段玉裁:《説文解字注》,799 頁。
② 龔抗雲等整理:《毛詩正義》,87—88 頁。
③ 吕友仁整理:《禮記正義》,2280 頁。
④ 王先謙:《釋名疏證補》,中華書局,2008 年,298 頁。
⑤ 趙伯雄整理:《周禮注疏》,北京大學出版社,2000 年,384 頁。

（2）《禮記·檀弓下》："奠以素器，以生者有哀素之心也。"孔穎達疏："奠，謂始死至葬之時祭名。以其時無尸，奠置于地，故謂之奠也。"①

（3）宋李如圭《儀禮集釋》卷二十："自始死至葬之祭曰奠。不立尸，奠置之而已。"②

（4）朱熹《晦庵集》卷六十一："喪禮，自葬以前皆謂之奠，其禮甚簡。蓋哀不能文，而于新死者亦未忍遽以鬼神之禮事之也。自虞以後，方謂之祭。故禮家又謂奠爲喪祭，而虞爲吉祭，蓋漸趨于吉也。"③

（5）清萬斯大《儀禮商》卷二："未葬之前，有奠無祭。葬之日，以虞易奠，謂之喪祭。終虞之明日，卒哭有祭，乃謂之吉祭。"④

（6）胡培翬《儀禮正義·士虞禮》云："自始死至葬，皆奠而不祭。至虞，始立尸如祭禮。"⑤

綜上所述，可知，葬前之祭，祇能叫奠，不能叫祭。

《字典》說"奠"是"向鬼神獻上祭品"。真是這樣嗎？答案也是否定的。請看文獻記載：

（1）《周禮·小宗伯之職》："既葬，詔相喪祭之禮。"鄭玄注："喪祭，虞、祔也。《檀弓》曰：'葬日虞，弗忍一日離也。是日也，以虞易奠，卒哭曰成事。是日也，以吉祭易喪祭。'"賈公彥疏："'《檀弓》曰：葬日虞，弗忍一日離也'者，自始死至葬前，未忍異于生，故無尸而設奠，象生時薦羞于坐前也。"⑥

（2）《禮記·檀弓下》："虞而立尸，有几筵。卒哭而諱，生事畢而鬼事始已。"孔穎達疏云："此一節論葬後當以鬼神事之。禮，未葬，猶生事之，故未有尸；既葬，親形已藏，故立尸以繫孝子之心也。"⑦

（3）《儀禮·既夕禮》："小斂辟，奠不出室。"鄭玄注："未忍神遠之

---

①　呂友仁整理：《禮記正義》，367 頁。
②　李如圭：《儀禮集釋》，影印文淵閣《四庫全書》，第 103 冊，355 頁。
③　朱熹：《晦庵集》，影印文淵閣《四庫全書》，第 1145 冊，138 頁。
④　萬斯大：《儀禮商》，影印文淵閣《四庫全書》，第 108 冊，278 頁。
⑤　胡培翬：《儀禮正義》，《續修四庫全書》，第 92 冊，573 頁。
⑥　趙伯雄整理：《周禮注疏》，585—586 頁。
⑦　呂友仁整理：《禮記正義》，418 頁。

也。"賈公彥疏:"云'未忍神遠之也'者,釋'奠不出室'之義,始死,猶生事之,不忍即爲鬼神事之,故奠不出室。"①

（4）陳祥道《禮書》卷七十四云:"蓋喪禮,始喪而奠,則無尸,以人道事之也。既葬而祭,則有尸,以神道事之也。"②

（5）朱熹《晦庵集》卷六十一:"喪禮,自葬以前皆謂之奠,其禮甚簡。蓋哀不能文,而于新死者亦未忍遽以鬼神之禮事之也。自虞以後,方謂之祭。故禮家又謂奠爲喪祭,而虞爲吉祭,蓋漸趨于吉也。"③

綜上所述,可知葬前之奠是把死者當作活人對待的。

那麼,下葬之前都有哪些奠呢?根據《儀禮》的《士喪禮》與《既夕禮》兩篇的記載,喪奠有十:一是始死之奠(人剛死時向死者進獻酒食),二是小斂奠(死後第二天小斂時的進獻酒食),三是大斂奠(死後第三天大斂時的進獻酒食),四是朝夕奠(死後第五天朝夕哭時所設之奠),五是朔月奠(即每月初一所設的奠。因爲按照古禮規定,士三月而葬,大夫、諸侯、天子的停殯待葬時間更長,所以纔會有朔月奠),六是月半奠(每月望日所設之奠),七是薦新奠(進獻當令五穀瓜果之奠),八是遷祖祭(爲遷柩朝祖所設之奠),九是祖奠(柩車啓行以後所設之奠。此"祖"是開始上路之意),十是大遣奠(又叫葬奠,是與靈柩作最後告別之奠)。上述十奠,根據其進獻酒食的豐盛程度,分爲小奠和殷奠兩類。始死之奠與朝夕奠是小奠,其供品衹有脯醢醴酒而已;其餘八奠是殷奠。殷者,大也。殷奠不僅有脯醢醴酒,而且有牲體。這就是孫詒讓在《周禮正義·天官·籩人》中總結的:"喪禮之奠有十,唯始卒及朝夕奠爲小奠,其小斂、大斂、朔月、月半、薦新、遷祖奠、祖奠、大遣奠,並有牲體,爲殷奠。"④

至此,我們已經明白,"奠"與"祭"是兩個不同的概念,不能隨意置

---

①　彭林整理:《儀禮注疏》,895頁。
②　陳祥道:《禮書》,影印文淵閣《四庫全書》,第130冊,483頁。
③　朱熹:《晦庵集》,影印文淵閣《四庫全書》,第1145冊,138頁。
④　孫詒讓:《周禮正義》,394頁。

換。"奠"與"祭"的區別表現在：第一,奠是喪祭中的薦饋活動,而祭則是吉祭中的薦饋活動。前者屬于凶禮,後者屬于吉禮。二者在五禮中的大類就不一樣。凶禮强調的是悲哀,吉禮强調的是恭敬。第二,奠的時候,是把死者當作生人來看待的;而祭的時候,是把死者當作鬼神來看待的。第三,凡奠,皆無尸;而凡祭,必有尸。尸是代替死者受祭的活人。有的學者非常强調這一點。蘇軾《東坡志林》卷三:"祭必有尸,無尸曰奠,始死之奠與釋奠是也。"①宋羅願《爾雅翼》卷二十一:"祭必有尸,無尸曰奠。"②秦蕙田在《五禮通考》卷六十二就説:"後世祭不立尸,强名曰祭,實爲薦、爲厭、爲奠而已。"③簡言之,祭而無尸,就不能叫做祭。

綜合上述,"奠"的釋義及書證建議改作:奠,謂始死至葬之時祭名。以其時無尸,奠置于地,故謂之奠。《周禮・地官・牛人》:"喪事共其奠牛。"鄭玄注:"喪所薦饋曰奠。"

三、"廬"字釋義質疑

【廬】① 田中屋。……引申爲旅舍,古代沿途迎候賓客的房舍。《周禮・地官・遺人》:"十里有廬,廬有飲食。"(281 頁)

按:《漢語大詞典》:【廬】⑤ 古代沿途迎候賓客的房舍。《周禮・地官・遺人》:"凡國野之道,十里有廬,廬有飲食。"鄭玄注:"廬,若今野候,徒有庌也。"④比較《王力古漢語字典》與《漢語大詞典》兩家"廬"字的釋義與書證,相同者甚多。"古代沿途迎候賓客的房舍"的釋義,兩家相同。至于書證,則《王力古漢語字典》不如《漢語大詞典》完整。《王力古漢語字典》沒有《周禮》經文"凡國野之道"一句,失之。試想,缺少這一句,釋義中的"沿途迎候"如何體現? 更重要的是,《漢語大詞典》有鄭玄注,而《王力古漢語字典》缺少鄭玄注。試問,缺少鄭玄注,《字典》的釋義何從而來?

---

① 蘇軾:《東坡志林》,中華書局,1981 年,26 頁。
② 羅願:《爾雅翼》,影印文淵閣《四庫全書》,第 222 册,434 頁。
③ 秦蕙田:《五禮通考》,影印文淵閣《四庫全書》,第 136 册,427 頁。
④ 《漢語大詞典》第三卷,1287 頁。

　　竊以爲兩家"古代沿途迎候賓客的房舍"這個釋義皆不確,容易讓人產生"旅舍""房舍"的聯想。"旅舍",《現代漢語詞典》的釋義是"旅館",而"旅館"的釋義是"營業性的供旅客住宿的地方"。① "房舍",《現代漢語詞典》沒有"房舍"一詞,但有"房子",二者同義,不妨借來一用:【房子】有牆、頂、門、窗,供人居住或作其他用途的建築物。② 我所説的"釋義不確,容易讓人產生'旅舍''房舍'的聯想",原因就在這裏。我認爲,《周禮》的"廬",並非"旅舍""房舍"之義,而是"古代沿途迎候賓客的棚屋,僅供歇腳、打尖之用,不可住宿"。爲什麽這樣説?關鍵在于鄭注中的"徒有庌也"四字。所謂"徒有庌也",用現代漢語來説,就是"衹有頂棚而已"。根據何在呢?案:《説文》:"庌,廡也。"③而"廡"又是什麽呢?《釋名·釋宮室》云:"大屋曰廡。廡,幠也。幠,覆也。并、冀人謂之庌。庌,正也,屋之正大者也。"④可知"廡"就是大屋。而"屋"又是什麽呢?段玉裁《説文解字注》云:"屋者,室之覆也。引申之,凡覆于上者皆曰屋。"⑤可知凡是覆蓋在上邊的東西都可叫做屋。具體到這裏,屋就是頂棚。有沒有其他文獻證據呢?有。例如,《穀梁傳》文公十三年:"大室屋壞。"范寧注云:"屋者,主于覆蓋。"⑥又如,《漢書·陸賈傳》:"去黄屋稱制。"顏師古注云:"黄屋,謂車上之蓋也。"⑦又如,《禮記·喪大記》:"畢塗屋。"鄭玄注:"屋,殯上覆如屋者也。"孔穎達疏云:"屋是殯上之覆,形似于屋,故云如屋。"⑧孫詒讓正是看到了廬的特點是"徒有庌也",所以在其《周禮正義·地官·遺人》中説:"廬制最疏略,惟爲長廣之周屋,以便晝息。徒有庌者,明其無房室,不可野宿也。漢時野候,蓋正如此,故舉以爲況。"⑨所謂"惟爲長廣之周屋",就是衹有既長又寬的四面透風的頂棚。説到這裏,

①　《現代漢語詞典》(第七版),商務印書館,2016年,852頁。
②　《現代漢語詞典》(第七版),370頁。
③　段玉裁:《説文解字注》,1772頁。
④　王先謙:《釋名疏證補》,191頁。
⑤　段玉裁:《説文解字注》,1600頁。
⑥　夏先培整理:《春秋穀梁傳注疏》,204頁。
⑦　班固:《漢書》,2116頁。
⑧　吕友仁整理:《禮記正義》,1767—1768頁。
⑨　孫詒讓:《周禮正義》,991頁。

忽然醒悟。實際上,《周禮》的"廬",在我們今天的公路兩旁也並没有完全絕迹:搭起一個布制的棚子,下面支個攤子,出售一些香烟、飲料、方便食品之類,與古代的"廬"幾乎没有什麽兩樣。

必須指出,上述的不確釋義的産生,與我們讀書不細心有直接關係。何者?《周禮》中不是没有"旅舍",有,遠在天邊,近在眼前,就在《周禮·地官·遺人》中。請看:

> 《周禮·地官·遺人》:"凡國野之道,十里有廬,廬有飲食;三十里有宿,宿有路室,路室有委;五十里有市,市有候館,候館有積。"鄭玄注:"廬,若今野候,徙有庌也。宿,可止宿,若今亭有室矣。候館,樓可以觀望者也。一市之間,有三廬一宿。"賈公彦疏:"云'廬若今野候,徙有庌也'者,此舉漢法以况義。漢時野路候迎賓客之處皆有庌舍,與廬相似。云'宿,可止宿,若今亭有室矣'者,案漢法,十里有亭,亭有三老,人皆有宫室,故引以爲况也。"①

可知"三十里有宿"之"宿",就是現代漢語的"旅舍"。

四、"絞"字釋義質疑

【絞】2. xiáo《集韻》何交切,平,爻韻,匣。宵部。⑤ 蒼黄色。《禮記·玉藻》:"麛裘青豻褎,絞衣以裼之。"(920頁)

按:何以知道"絞"字有"蒼黄色"之義? 蓋據《禮記·玉藻》此句的鄭玄注:"絞,蒼黄之色也。孔子曰:'素衣麛裘。'"補上了鄭注,就言之有據了。但是,這條鄭注是錯誤的,甚至可以説是自打嘴巴的。爲什麽? 按:"麛裘",亦作"麑裘"。《爾雅·釋獸》:"鹿,其子麛。"②段玉裁《説文解字注·鹿部》:"麛,字亦作'麑'。《論語》'麑裘'即'麛裘'。"③由此可知,"麛""麑"都是幼鹿、小鹿之義。"麛裘"是什麽顔色呢? 答曰:"素衣"是什麽顔色,"麛裘"就是什麽顔色,二者應該一致。鄭注徵引的"孔子曰:素衣麛裘",實際上就是《論語·鄉黨》中的"素衣麑裘",何晏《集

---

① 趙伯雄整理:《周禮注疏》,408頁。
② 李傳書整理:《爾雅注疏》,北京大學出版社,2000年,359頁。
③ 段玉裁:《説文解字注》,470頁。

解》引孔安國注云："服皆中外之色相稱也。"①邢昺疏："凡服,必中外之色相稱:羔裘,黑羊裘也,故用緇衣以裼之;麑裘,鹿子皮以爲裘也,故用素(按:白色)衣以裼之;狐裘黃,故用黃衣以裼之。"據孔安國注和邢昺疏,"麑裘"是白色之之裘,"故用素衣以裼之",做到了"服皆中外之色相稱",無懈可擊。怎麼到了《玉藻》的"麑裘青犴褎,絞衣以裼之",突然就變成了蒼黃色的"絞衣"以裼之(即麑裘)了呢? 這不明顯地破壞了"服皆中外之色相稱也"的規律了嗎? 再說,無獨有偶,鄭玄在《禮記・玉藻》注中也說了一句"凡裼衣,象裘色也"②,其表述雖與孔安國《論語》注不同,但實際意思,完全一樣。還拿"素衣麑裘"來說,素衣是罩衣,即裼衣。裼衣既然是素色(白色),則麑裘之顏色不問可知,也是白色。

問題出在什麼地方呢?"凡裼衣,象裘色",這條規矩是鄭玄說的,而遇到了實際問題,即《玉藻》"麑裘,絞衣以裼之"這句話,又有新的解釋說:"絞,蒼黃之色也。"這還不算,還把《論語・鄉黨》孔子說的"素衣麑裘"拿來作爲理論根據。須知,這條注釋已經使自己陷入了自壞其例的境地啊!

孔穎達看到了這一點,所以他說:"如鄭此言,則裼衣或絞或素不定也。"③換言之,外穿的罩衣,既可以是蒼黃色,也可以是白色,不一定總是與裘的顏色一致。這樣一來,鄭玄立下的規矩"凡裼衣,象裘色也"就不算數了,需要作修正。孔疏又求教于熊氏(熊安生)和皇氏(皇侃),兩家的看法也大不一樣:熊氏云:"臣用絞,君用素。"皇氏云:"素衣爲正,記者亂言'絞'耳。"④

竊以爲,兩家之中,熊氏之說,還是被鄭注牽着鼻子走,越說越離譜。而皇氏之說,既不迷信鄭注,甚至敢指斥經文錯了,頗爲後人所認可。皇侃所謂"'素衣'爲正,記者亂言'絞'耳",意思是說,《玉藻》此句經文中

①　朱漢民整理:《論語注疏》,147 頁。
②　呂友仁整理:《禮記正義》,1211 頁。
③　呂友仁整理:《禮記正義》,1212 頁。
④　同上。

的"絞衣"二字,正確的表述應是"素衣"二字,那個"絞"字,是《禮記》作者胡言亂語的結果。按照皇侃的解釋,鄭玄立下的規矩"凡裼衣,象裘色也"就仍然有效,無須修正。需要修正的倒是《禮記》經文。皇侃的説法,大方向是對的,但思路有點簡單。

宋代以後的學者,對于"絞,蒼黄之色也"這條自壞其例的鄭注,大體上有六種看法。

第一種,習而不察,照單接受。朱熹《儀禮經傳通解》卷三十四、黄震《黄氏日抄》卷二十《讀禮記》、陳澔《禮記集説》卷六、江永《禮書綱目》卷七十、張爾岐《儀禮鄭注句讀》卷八、朱彬《禮記訓纂》等,是其例也。

第二種,認爲"絞,蒼黄之色也"的鄭注不錯,須要修正的是"凡裼衣,象裘色也"之例。宋衛湜《禮記集説》卷七十五、元敖繼公《儀禮集説》卷八、清納蘭性德《陳氏禮記集説補正》卷十七、《欽定禮記義疏》卷四十二,是其例。

第三種,任大椿《弁服釋例》謂"絞衣經不多見,記者不應亂言絞。疑絞衣或爲春秋時制,不能如古,故夫子仍用素衣爲裼"。任氏此説見于程樹德《論語集釋》[1]。竊以爲,任氏此説,祇是一種揣測,不能成立。

第四種,認爲鄭注提出的"凡裼衣,象裘色也"之例不誤,誤的是"絞,蒼黄之色也"這條鄭注。持此説者,或明或暗都傾向于認可皇侃"素衣爲正,記者亂言'絞'耳"之説。宋陳祥道《禮書》卷十二、江永《鄉黨圖考》卷六、陸隴其《讀禮志疑》卷五、秦蕙田《五禮通考》卷一三二、汪紱《參讀禮志疑》卷下、盛世佐《儀禮集編》卷十六,是其例。

第五種,認爲經文"絞"是錯字,當作"縞"。持此説者有二家:一爲明徐師曾《禮記集注》,二爲清金榜《鄉黨正義》。

竊以爲,以上五家,雖持論不同,但皆非之論。而下面的第六家之持論則令人擊節。第六家學者認爲經文"絞衣"不誤,鄭注提出的"凡裼衣,象裘色也"之例也不誤。道理何在?因爲經文"絞"是個假借字,其本字

---

① 程樹德:《論語集釋》,中華書局,1990 年,671 頁。

是"縞";縞者,白也,素也。先後提出此説的有三家:

(1)郭嵩燾《禮記質疑》卷十三:"此'絞衣',不當作'蒼黃色'。絞衣,當爲'縞衣'。《楚辭》'安能以皓皓之白',《史記》作'皓皓';《集韻》:'皓'通作'皜';《漢書·司馬相如傳》'皜然白首'。'皜''皎'字音近,相通。絞衣,即《論語》之'素衣'。"①

(2)俞樾《茶香室經説》卷十一"絞衣":"《玉藻》:'麛裘青豻袖,絞衣以裼之。'鄭注曰:'絞,蒼黃之色也。孔子曰:"素衣麛裘。"'按:絞之爲蒼黃色,鄭不知何據。古人言色,不聞稱絞。疑'絞'乃'縞'之借字。絞衣,即縞衣。《王制》云:'殷人縞衣而養老。'即此衣也。絞,從交聲;縞,從高聲,兩聲相近,故得通假。《月令》'高禖',《毛詩·生民》《玄鳥》傳皆作'郊禖',即其例矣。麛裘以縞衣裼之,與《論語》'素衣麛裘'合。"②

(3)于鬯《香草校書》卷三十一:"'絞衣以裼之',絞,蓋讀爲'縞'。高聲、交聲疊韻。《周禮·載師職》鄭注云:'郊,或爲蒿。'《左》文三年傳:'秦伯伐晉,取王官及郊。'《史記·秦本紀》作'鄗'。《吕氏春秋·仲春紀》高誘注云:'郊禖,郊音與高相近,故或言高禖。'絞之爲'縞',猶郊之爲蒿、爲鄗、爲高矣。孔鮒《小爾雅·廣詁》云:'縞,素也。'縞訓素,故'縞素'連文。《漢書·高帝紀》:'兵皆縞素。'然則,縞衣即素衣,故爲麛裘之裼,《論語·鄉黨》'素衣麛裘'是也。麑即麛之借字。鄭此注即《儀禮·聘禮》注引正作'素衣麛裘'。而鄭訓此'絞'爲'蒼黃之色',特'絞'字無'素'義,則必當讀爲'縞'無疑矣。《詩·出其東門》云:'縞衣綦巾。':《王制》及《内則》並云:'殷人縞衣而養老。'此又'縞衣'連文之證。彼毛傳、鄭注、孔疏皆訓'縞'爲'白',白亦素也。"③

按:讀郭嵩燾、俞樾、于鬯三家之説,不禁令人撫掌。何者?據三家之説,《禮記》經文不誤,鄭玄提出的"凡裼衣,象裘色"之例也不誤。誤的

① 郭嵩燾:《禮記質疑》,《續修四庫全書》,第106册,405頁。
② 俞樾:《茶香室經説》,《續修四庫全書》,第177册,536—537頁。
③ 于鬯:《香草校書》,中華書局,1984年,618頁。按:于鬯此文末尾尚有:"今按:此俞蔭甫(筆者按:即俞樾)太史課求志書院題。此説與太史《茶香室經説》同。時《經説》未出,暗合也,而詳略有異。"

袛是"絞,蒼黃之色也"這條鄭注。鄭玄此處不知假借,以借字解之,焉得不誤!現在我們明白了,皇侃的説法是有道理的,對維護"凡褑衣,象裘色也"之例有功;但説"記者亂言絞耳"就錯了。記者不是"亂言",而是用了個通假字"絞",如此而已。經過郭嵩燾、俞樾、于鬯三家不約而同地論證,"絞"通"縞"這個結論,完全成立。我們之所以説它完全成立,是因爲三家的論證,滿足了通假的兩個條件:既要具備聲音相近的條件,又要有充分的文獻證據。就這樣,一個讓衆多學者長期大傷腦筋的問題,經郭嵩燾、俞樾、于鬯一語點破,真是醍醐灌頂,令人稱快。

最後要説的是,第一,把這個"絞"字解釋錯的,並非《王力古漢語字典》一家。由于鄭玄在中國經學、訓詁學的崇高地位,高山仰止,一言九鼎,我國古今辭書的編纂者對上述錯誤鄭注無暇細辨,這些錯誤鄭注已經被我國的古今辭書大面積地接受。其中包括不少權威的辭書。古代的,如南朝陳陸德明《經典釋文》、清代王念孫《廣雅疏證》,《説文解字》四大家段玉裁、桂馥、王筠、朱駿聲,以及《康熙字典》;當代的,諸如《中文大辭典》、《辭源》修訂版、《漢語大詞典》《漢語大字典》、錢玄《三禮辭典》,也未能幸免。謹提請讀者注意。第二,我對這個"絞"字的論證,是取自南京師範大學2019年吕梁碩士學位論文《"褑襲禮"研究》,指導教師是王鍔教授,謝謝他們!

五、"蜡"字釋義質疑

【蜡】2. zhà 鋤駕切,音乍,去,禡韻,牀_。魚部。② 通"禖"。祭名。古代年終大祭。《廣韻·禡韻》:"禖,年終祭名。或作'蜡'。"《禮記·郊特牲》:"天子大蜡八,伊耆氏始爲蜡。蜡也者,索也,歲十二月,合聚萬物而索饗之也。"鄭玄注:"所祭有八神也。"〔蜡日〕年終蜡祭八神之日。《世説新語·德行》:"華歆蜡日嘗集子侄燕飲。"劉孝標注引晋博士張亮議曰:"蜡者,合聚百物索饗之,歲終休老息民也。"(1158頁)

按:竊以爲"祭名,古代年終大祭"的釋義很不嚴謹。爲什麽這樣説?第一,"祭名"這個概念很籠統;第二,"古代"這個概念太泛泛;第三,"年終"的表述含混;第四,是每逢年終都舉行嗎?答案是否定的。第五,書證也有可議之處。前四個問題,筆者在第二章"論王力《古代漢語》文選經部文獻注釋之失誤"中已經論及,此不贅。這裏祇説説第五個問題,書證也有可議之處。

可議之一,就"褚"字的出現來説,用《廣韻》做書證,有點晚。《禮記·禮運》"與于蜡賓。"陸德明《經典釋文》"蜡,仕嫁反,索也,祭名。夏曰清祀,殷曰嘉平,周曰蜡,秦曰臘。《字林》作'褚'。"①許慎《説文解字》中没有作祭名的"蜡"字,有之,自晋代吕忱《字林》始也。《字林》後佚,清人有輯本。

可議之二,《世説新語》的書證建議删去。爲什麽? 理由很簡單,書證中的"華歆蜡日嘗集子侄燕飲"云云,華歆是三國魏人,《三國志·魏書》有傳。蜡祭從漢代開始就名存實亡了,用此書證,徒增混亂。如果我們看劉孝標原注,更是如此。按:《世説新語》劉孝標原注:"《禮記》曰:'天子大蜡八。伊耆氏始爲蜡。蜡,索也,歲十二月,合聚萬物而索饗之。'《五經要義》曰:'三代名臘,夏曰嘉平,殷曰清祀,周曰大蜡,總謂之臘。'晋博士張亮議曰:'蜡者,合聚百物索饗之,歲終休老息民也。臘者,祭宗廟五祀。傳曰:'臘,接也。祭則新故交接也。秦漢已來,臘之明日爲祝歲,古之遺語也。'"②在這段注文中,"蜡""臘"這兩個不同概念的祭祀已經不分了,保留它没有任何積極意義。這就又引起了一個話題?"蜡""臘"這兩個不同概念的祭祀怎麽會混到一起呢? 據孔穎達《左傳》僖公五年《正義》,到了漢代,蜡祭就名存實亡了。什麽原因呢? 因爲人們陰差陽錯地把蜡祭與臘祭攪和在一起了。周曆的十二月(即夏曆的十月),除了蜡祭之外,還要舉行臘祭。這是兩種不同性質的祭祀。《左傳》僖公五年:"宮之奇曰:'虞不臘矣!'"③這是古書中第一次提到臘祭。臘祭的時間,楊伯峻《春秋左傳注》説:"虞亡于十月朔,《左傳》之臘亦是夏正十月。"④《禮

①　吕友仁整理:《禮記正義》,874 頁。
②　劉孝標:《世説新語》,影印文淵閣《四庫全書》,第 1035 册,33 頁。
③　楊伯峻:《春秋左傳注》,中華書局,1981 年,310 頁。
④　同上。

記·月令》:"孟冬之月(亦即夏正十月),臘先祖、五祀。"①可知臘祭的對
象,一是先祖,即祖先。二是五祀,即五種和人們日常生活息息相關的神:
門神、户神、中霤神(即土神)、灶神、行神(即路神)。爲什麽叫作"臘"呢?
孔穎達疏云:"臘,獵也,謂獵取禽獸以祭先祖、五祀也。"②由此可知,蜡祭
與臘祭,是兩種不同性質的祭祀,二者不僅命名不同,而且所祭對象亦異。
遺憾的是,禮學權威鄭玄在注釋《禮記·月令》"臘先祖、五祀"這句話時,
説了一句錯話:"此《周禮》所謂蜡祭也。"③鄭玄第一個把臘祭與蜡祭混
爲一談了。鄭玄是禮學大師,他不應該犯如此低級的錯誤。究其原因,
鄭玄可能是受到兩漢祭祀實際情況的影響,因爲兩漢時期已經没有蜡
祭而祇有臘祭了。我們試查了《漢書》《後漢書》,竟然没有一個"蜡"
字,而"臘"字倒是累見不鮮。唐代孔穎達也早就察覺了這種情況,他在
疏通《左傳》"虞不臘矣"這句話時説:"此言'虞不臘矣',明當時有臘
祭。周時,臘與大蜡,各爲一祭。自漢改曰臘,不蜡而爲臘矣。"④清代學
者秦蕙田的《五禮通考》在考查了歷史上的蜡祭、臘祭之後,得出了與孔
穎達相同的結論:"以經傳考之,蜡之祭自先嗇至水庸、猫、虎,臘則止先
祖、五祀而已。蜡之祭廣,故順成之方乃行之。臘之祭專,雖年不順成,
不能廢先祖、五祀之禮。此蜡與臘所以不同,而舉蜡者仍復舉臘也。自
漢改蜡爲臘,而蜡禮始不舉矣。"⑤秦蕙田又説:"蜡、臘之祭,是二非一,
見于經傳者甚明。自此注一誤,秦、漢遂舉臘而廢蜡,蔡邕遂以蜡、臘爲一
事,皆鄭氏誤之也。"⑥

六、"裼"字釋義質疑

【裼】① 袒開,脱去外衣露出内衣或身體。《説文》:"裼,袒也。"《儀
禮·聘禮》:"裼降立。"鄭玄注:"裼者,免上衣見裼衣,……凡禮裼者左。"

---

① 吕友仁整理:《禮記正義》,726 頁。
② 吕友仁整理:《禮記正義》,727 頁。
③ 吕友仁整理:《禮記正義》,726 頁。
④ 《春秋左傳正義》,《十三經注疏》,1795 頁下欄。
⑤ 秦蕙田:《五禮通考》,影印文淵閣《四庫全書》,第 136 册,254 頁。
⑥ 秦蕙田:《五禮通考》,影印文淵閣《四庫全書》,第 136 册,261 頁。

袒出上服左袖,露出中衣行禮,這是古時一種禮儀。《禮記·玉藻》:"君衣狐白裘,錦衣以裼之。"鄭玄注:"袒而有衣曰裼。"② 裼衣,指行禮時覆加在裘外之衣。《禮記·玉藻》:"裘之裼也,見美也。"孔穎達疏:"裘之裼者,謂裘上加裼衣,裼衣上雖加他服,猶開露裼衣,見裼衣之美,以爲敬也。"(1223 頁)

　　按:釋義①有兩點可議。第一,《説文》:"裼,袒也。"中之"袒",當作"但"。知者,段玉裁《説文解字注》:"裼,但也。'但',各本作'袒',今正。《人部》曰:'但者,裼也。'故此云'裼者,但也',是爲轉注。《序》云:'五曰轉注,建類一首,同意相受,考老是也。'《老部》曰:'老者,考也。考者,老也。'是之謂'建類一首,同意相受',凡全書中異部而互訓者視此。裼訓但,但訓裼,其一尚也。在許當時,確知訓裼之字作但不作袒。自許至今,經傳子史皆爲'袒裼',不爲'但裼',賴許書僅存,可識字之本形本義。又以今字改之,則古形古義不傳。且上文云'袒,衣縫解也','裸''裎''裼'下皆云'袒也',不皆爲'衣縫解'乎,是許之不通甚矣。"①張舜徽先生支持段注之説。知者,張舜徽《説文解字約注·衤部》"袒,衣縫解也"下引段玉裁曰:"許書'但裼'字作但,不作'袒',今人以'袒'爲袒裼字,而'但''袒'二篆本義俱廢矣。"②張舜徽《説文解字約注·衤部》"裼"字下曰:"裼從易聲,易字聲在喻紐四等,古讀歸定,與'但'雙聲,亦渾言無別也。"③第二,釋義①中的兩個書證,一個是《儀禮·聘禮》的鄭玄注:"裼者,免上衣,見裼衣。"一個是《禮記·玉藻》的鄭玄注:"袒而有衣曰裼。"這兩則鄭玄注,表述雖不盡同,但意思一樣,都與《説文》之"裼,袒也"不合。換言之,就是書證都不支持"袒開"的釋義。在這裏,釋義不錯,錯的是兩則鄭玄注。爲什麼説兩則鄭玄注錯了,請看第五章王力《古代漢語》通論中的經學失誤之"裼衣是鄭玄的臆造,無中生有"條,此不贅。

　　① 段玉裁:《説文解字注》,396 頁。
　　② 張舜徽:《説文解字約注》卷十五,76 頁 A 面。
　　③ 張舜徽:《説文解字約注》卷十五,76 頁 B 面。

釋義②也有兩點可議。第一,"裼衣,指行禮時覆加在裘外之衣"的釋義是錯誤的,請看第五章之有關條目,此不贅。第二,用孔穎達疏作爲"裼衣"的書證,時代晚了。"裼衣"一詞的發明人是鄭玄,釋義①的《儀禮》書證就是最合適的書證。

七、"覺"字釋義質疑

【覺】[備考]② 通"較(jiào)"。《孟子·盡心下》:"《春秋》無義戰。"趙岐注:"《春秋》所載戰伐之事,無應王義者也。彼此相覺,有善惡耳。"(1251頁)

按:據《王力古漢語字典》凡例16:"按意義的不同分立義項。有本義、引申義、假借義。假借義也另立。"凡例24:"欄目:[備考],僻義歸入此欄目。"筆者認爲,覺,通"較",並非僻義。試看下列諸例:

(1)《孟子·離婁下》:"則賢不肖之相去,其間不能以寸。"趙岐注:"如此賢不肖相覺,何能分寸。"孫奭《音義》:"覺,丁音教,云:'義當作較。'"①

(2)《孟子·離婁下》"如中也棄不中"章趙岐注:"賢不肖相覺,何能分寸。"阮元《孟子注疏校勘記》:"蓋'覺'即'校'之假借字,古書往往用'覺'字。"②

(3)《孟子·告子上》"聖人與我同類者。"趙岐注:"聖人亦人也,其相覺者,以心知耳。"孫奭《音義》:"覺,丁音教,義訓爲'校'。"③

(4)《後漢書·律曆志第二》:"至元和二年,太初失天益遠,日月宿度,相覺浸多。"④"相覺浸多",謂"相差浸多"。

(5)《三國志》卷九《夏侯玄傳》:"車輿服章,皆從質樸,禁除末俗華麗之事……自上以下,至于樸素之差,示有等級而已,勿使過一二之覺。"⑤此"覺"字即上文"差"字之變文。

(6)《晉書》卷四七《傅玄傳》:"古以步百爲畝,今以二百四十步爲一

① 《孟子注疏》,《十三經注疏》,2726頁。
② 《孟子注疏》,《十三經注疏》,2728頁。
③ 《孟子注疏》,《十三經注疏》,2479頁。
④ 范曄:《後漢書》,3026頁。
⑤ 陳壽:《三國志》,298頁。

畝,所覺過倍。"①"所覺過倍",即"所差過倍"。

(7)《晋書》卷七七《蔡謨傳》:"又是時兗州、洛陽、關中皆舉兵擊季龍,今此三處反爲其用,方之于前,倍半之覺也。"②"倍半之覺",即倍半之差。

(8)《宋書·天文志》:"斗二十一,井二十五,南北相覺四十八。""相覺",即相差。

(9)南朝宋劉義慶《世説新語·捷悟》:"魏武嘗過曹娥碑下,楊修從。碑背上見題作'黃絹幼婦,外孫齏臼'八字,魏武謂修曰:'解不?'答曰:'解。'魏武曰:'卿未可言,待我思之。'行三十里,魏武乃曰:'吾已得。'令修別記所知。修曰:'黃絹',色絲也,于字爲'絕';'幼婦',少女也,于字爲'妙';'外孫',女子也,于字爲'好';'齏臼',受辛也,于字爲'辝(辭)'。所謂'絕妙好辝'也。魏武亦記之,與修同,乃嘆曰:'我才不及卿,乃覺三十里。'"③

錢歌川先生編著的《翻譯的技巧》(1973年初版)第三編有"絕妙好辭"一節,"我才不及卿,乃覺三十里"句,錢先生的譯文是:

I am far behind you in talent. There is, I find, a difference of 30 li between us.

其中 difference 一詞是"覺"字的對譯,漢語是"差別"的意思。錢先生的譯文是正確的。

無獨有偶。余嘉錫《世説新語箋疏》云:"'乃覺',《山谷外集》注十五引'覺'作'較'。吳承仕曰:'覺三十里'覺,讀爲'較'。"④按:"較"字亦有"差別"義。

(10)《世説新語·捷悟》:"王東亭做宣武主薄,嘗春月與石頭兄弟乘馬出郊。時彦同游者,連鑣俱進,唯東亭一人常在前,覺數十步。"⑤"覺數

---

① 房玄齡等:《晋書》,1321頁。
② 房玄齡等:《晋書》,2037頁。
③ 余嘉錫:《世説新語箋疏》,中華書局,1983年,684頁。
④ 余嘉錫:《世説新語箋疏》,685頁。
⑤ 余嘉錫:《世説新語箋疏》,690頁。

十步",即差數十步。

（11）《世説新語·假譎》："（王）敦卧,心動,曰:'此必黃須鮮卑奴來。'命騎追之,已覺多許里。"①"已覺"者,已差也。

（12）《水滸傳》第七二回:"宋江道:'莫不是和今上打得熱的?'茶博士道:'不可高聲,耳目覺近。'"②"耳目覺近",謂"耳目較近"。

常言道"例不十不立",僅管見所及,已有 12 例。此 12 例,有來自經書者,有來自正史者,有來自子部者,有來自通俗小説者,其歷史縱度之深,其文獻橫度之廣,可以證明,"覺"有"較（校）""差别"義,並非僻義,作爲假借義予以正式立項,是當之無愧的。

順便説一下,第一,清代學者盧文弨《鍾山札記》卷三"覺有校義"條列舉了六個書證,③深有見地,筆者從中采取了兩個書證。第二,朱駿聲《説文通訓定聲》孚部第六、臺灣的《中文大辭典》、大陸的《漢語大詞典》的"覺"字釋義,都有假借爲"校""較"的義項,不妨借鑒。

---

① 余嘉錫:《世説新語箋疏》,1003 頁。
② 施耐庵:《水滸傳》,人民文學出版社,2005 年,942 頁。
③ 盧文弨:《鍾山札記》,中華書局,2010 年,74 頁。

第七章　王力《古代漢語》經部文選注釋與孔穎達《五經正義》注釋的比較

　　王力先生主編的《古代漢語》是全國高等學校文科的統一教材,迄今經過兩次修訂,是普通高等教育"十二五"國家級規劃教材。孔穎達主編的《五經正義》是唐太宗下詔編撰的全國統一教材,經過一修再修,至唐高宗永徽四年(653),始下詔"頒孔穎達《五經正義》于天下,每年明經,令依此考試"。[①] 王力《古代漢語》文選中的下列三種經部文獻,即《左傳》《禮記》及《詩經》,實際上是出自孔穎達《五經正義》中的《春秋左傳正義》《禮記正義》和《毛詩正義》。王力《古代漢語》文選中的《左傳》《禮記》及《詩經》是注釋體,孔穎達的《春秋左傳正義》《禮記正義》《毛詩正義》也是注釋體,習稱"注疏"。一言以蔽之,二者都是讀者很多、影響巨大、以注釋爲主體的全國統一教材,是同類項,"棋逢對手",有可比性,衹不過《五經正義》早出一千三百多年罷了。

　　題曰"比較",比較什麽? 曰:第一,比較孔、王兩家在注釋學術規範上的表現;第二,比較孔、王兩家兩種注釋方法帶來的兩種不同教學效果。

---

　　① 劉昫:《舊唐書·高宗本紀上》,71 頁。

第一節　王、孔兩家在注釋學術規範上的比較

一、注釋的學術規範是什麼?

這是首先必須解決的問題。《禮記·曲禮上》:"毋勦説。"鄭玄注:"勦,猶擥也,謂取人之説以爲己説。"①按:《説文·毋部》:"毋,止之也。"段玉裁《注》云:"其意禁止,其言曰毋也。"②《禮記·檀弓下》:"曰:毋!"鄭玄注:"毋,禁止之辭。"③這就是説,"勦説"是被禁止的,不能打折扣,没有商量的餘地。據王鍔《〈禮記〉成書考》:"《禮記·曲禮》成篇于春秋末期、戰國前期是比較符合實際的。"④如此説來,兩千四百多年前,我國的注釋學術規範就已經問世了,這也是我國優秀傳統文化的一個醒目的亮點。非獨此也,這"毋勦説"三字恐怕也是世界上最早的注釋學術規範。王笛《學術規範與學術批評——談中國問題與西方經驗》一文提出了"編輯中國學術界的'芝加哥手册'"的建議,該文説:"在美國,用英語寫作的學者對《芝加哥手册——寫作、編輯和出版指南》(*The Chicago Manual of Style: The Essential Guide for Writers*, *Editors & Publishers*)都很熟悉,它成爲各出版社和學術雜志對稿件要求最常用的標準。該書由芝加哥大學出版社的一批資深編輯編寫,1906 年初版。"⑤這個建議當然好,我完全贊同。我相信,《芝加哥手册》對學術規範的規定肯定十分詳細而且具體,非"毋勦説"三字可比。但不要忘記,注釋學術規範的基本原則就是"毋勦説"三字。有意思的是,"毋勦説"三個字,偏偏出在《禮記》這部經典中。"禮"是什麼?禮者,履也。禮不是法,它要求人們自覺遵守。實際上,作爲引書學術規範的"毋勦説"三字,對于嚴肅認真的古今中外學者,都恪遵

① 呂友仁整理:《禮記正義》,57 頁。
② 段玉裁:《説文解字注》,626 頁。
③ 呂友仁整理:《禮記正義》,383 頁。
④ 王鍔:《〈禮記〉成書考》,中華書局,2007 年,110 頁。
⑤ 楊玉聖、張保生主編:《學術規範讀本》,河南大學出版社,2004 年,188—189 頁。

無二。請看：

（1）東漢許慎《説文解字序》："今叙篆文，合以古籀。博采通人，至于小大，信而有證。"①

（2）三國魏何晏《論語集解序》："今集諸家之善，記其姓名，有不安者，頗爲改易，名曰《論語集解》。"邢昺疏："此叙《集解》之體例也。今，謂何晏時。諸家，謂孔安國、包咸、周氏、馬融、鄭玄、陳群、王肅、周生烈也。集此諸家所説善者而存之。示無剿説，故各記其姓名，注言'包曰''馬曰'之類是也。"②

（3）晋范寧《春秋谷梁傳序》："今撰諸子之言，各記其姓名，名曰《春秋穀梁傳集解》。"③

（4）南朝宋裴駰《史記集解序》："采經傳百家並先儒之説。"張守節《正義》："采，取也。或取傳説，采諸子百家，兼取先儒之義。先儒，謂孔安國、鄭玄、服虔、賈逵等是也。"④

（5）唐顏師古《漢書叙例》："凡舊注是者，則無間然，具而存之，以示不隱。其有指趣略舉，結約未伸，衍而通之，使皆備悉。……諸家注釋，雖見名氏，至于爵里，頗或難知。傳無所存，具列如左。"⑤

（6）南宋魏了翁《禮記集説序》："正叔（衛湜字）又自鄭注、孔義、陸釋以及百家之所嘗講者，會萃成書，凡一百六十卷，如范寧、何晏例，各記其姓名，以聽覽者之自擇。"⑥

（7）清顧炎武《日知録》卷二十《述古》條下説："凡述古人之言，必當引其立言之人。古人又述古人之言，則兩引之，不可襲以爲己説也。"⑦

（8）清錢大昕《廿二史考異序》説："間與前人暗合者，削而去之；或

---

① 許慎：《説文解字》，316 頁。
② 朱漢民整理：《論語注疏》，7 頁。
③ 夏先培整理：《春秋谷梁傳注疏》，14 頁。
④ 司馬遷：《史記》，4 頁。
⑤ 班固：《漢書》，3—4 頁。
⑥ 衛湜：《禮記集説》，影印文淵閣《四庫全書》，第 117 册，3 頁。
⑦ 顧炎武：《日知録》，影印文淵閣《四庫全書》，第 858 册，849 頁。

得于同學啓示,亦必標其姓名。郭象、何法盛之事,蓋深恥之也。"①

（9）清馬瑞辰《毛詩傳箋通釋例言》:"説經最戒雷同。凡涉獵諸家,有先我得者,半皆隨時删削。間有義歸一是,而取證不同,或引據未周,而説可加證,必先著其爲何家之説,再以己説附之。又有積疑既久,偶得一説,昭若發矇,而其書或尚未廣布,遂兼取而詳載之。亦許叔重'博采通人'之意也。""是書先列毛、鄭説于前,而唐宋元明諸儒及國初以來各經師之説有較勝漢儒者,亦皆采取,以闢門户之見。"②

（10）清人陳澧爲了教育他的學生不蹈剽竊之病,特地寫了一篇《引書法》,載《東塾續集》卷一。兹摘引其中的第一節如下:

> 前人之書當明引,不當暗襲,《曲禮》所謂"必則古昔",又所謂"毋剿説"也。明引而不暗襲,則足見其心術之篤實,又足徵其見聞之淵博。若暗襲以爲己有,則不足見其淵博,且有傷于篤實之道矣。明引則有兩善,暗襲則兩善皆失之也。③

（11）晚清學者孫詒讓《周禮正義·略例》:"凡録舊説,唐以前皆備舉書名。宋元以後,迄于近代,時代未遠,篇帙現存,則唯著某云。"④又説:"今疏于舊疏（按:謂賈公彦《周禮疏》）,甄采精要,皆明揭賈義,不敢攘善。"⑤

（12）梁啓超《清代學術概論》也着力稱贊清代"正統派之學風"説:"凡采用舊説,必明引之,剿説認爲大不德。"⑥

（13）梁啓雄《荀子簡釋·序例》:"前儒校釋經本書采擷者,如王懋竑、王紹蘭、王引之、王先謙、郭慶藩、劉師培、楊樹達、劉念親及諸日儒,皆標其姓名。"⑦

---

① 錢大昕:《潛研堂集》卷二四,407 頁。
② 馬瑞辰:《毛詩傳箋通釋》,2 頁。
③ 陳澧:《東塾續集》,30 頁。
④ 孫詒讓:《周禮正義》,5 頁。
⑤ 孫詒讓:《周禮正義》,2 頁。
⑥ 梁啓超:《清代學術概論》,上海古籍出版社,1998 年,47 頁。
⑦ 梁啓雄:《荀子簡釋》,中華書局,1983 年版,11 頁。

（14）范文瀾《文心雕龍注·例言》的第四條説："凡有徵引,必詳記著書人姓氏及書名卷數。"①

（15）高亨《周易大傳今注》序例三："凡采用成説,見于已出版之《周易古經今注》,則不指明見于何人何書;如不見于已出版之《周易古經今注》,則指明見于何人何書。"②

（16）裴學海《古書虚字集釋》之凡例七："凡所采前修及時賢之説,其出自何人或何書,皆見于注語中;唯普通之義,爲人所習知者,則間未之及,蓋以無掠美之嫌故也。"③

（17）徐中舒《左傳選·説明》："注釋方面大部分本于《春秋左傳正義》、《春秋左傳詁》(洪亮吉著)、《春秋左傳舊注疏證》(劉文淇著)、《左氏會箋》(日本竹添光鴻著)等書。其他各家以及近代學者有關著作,也有所采擇。限于體例,概未注明出處。"④

（18）高本漢《詩經注釋·作者原序》："在這本書裏,關于韓、魯、齊三家的異文和注釋,出處都注得很簡單。……要寫得完備,……這本書的篇幅就要太多。……要查完全的引證,在陳喬樅的《詩經四家異文考》……都可以按《詩經》的篇章次序查到,……所以這裏無須整個的引述。"⑤

（19）楊伯峻《春秋左傳注·凡例》云："注釋儘量采取前人及今人研究成果。前人解説,論證可信而文字不繁者,則引用原文。若于原文有所删削,便注明'詳'某人某書;若于原文略有增改,則注明'見'某人某書;若因前人之説啓我之心,論證多自己出,則注明'本'某人某書;若于原説並不全用,則注明'參'某人某書。至融合前人之説,其論證爲前人所常見,或爲著者之心得,概不注明。注明者,示非剽竊;不注明者,示學術爲公器。"⑥

---

① 范文瀾:《文心雕龍注》,4 頁。
② 高亨:《周易大傳今注》,齊魯書社,1919 年,6 頁。
③ 裴學海:《古書虚字集釋》,2 頁。
④ 徐中舒:《左傳選》,中華書局,1963 年,2 頁。
⑤ 高本漢著、董同龢譯《高本漢詩經注釋》,中西書局,2012 年,20—21 頁。
⑥ 楊伯峻:《春秋左傳注·凡例》,2 頁。

（20）蔣禮鴻《商君書錐指·例言》："正文依嚴萬里校本，嚴氏校語全録之。諸家説合者采之，不合而有辨正者，亦出其語，各冠其姓氏爲别。"①

總結上述古今、中外學者之説，合乎學術規範的注釋用兩個字可以概括：明引。

二、孔穎達《五經正義》三篇序文與王力《古代漢語》文選三篇簡介的比較

1. 孔穎達《春秋左傳正義序》與王力《古代漢語》文選《左傳》介紹的比較

孔穎達《春秋左傳正義序》（節録）：

> 其前漢傳《左氏》者，有張蒼、賈誼、尹咸、劉歆；後漢有鄭衆、賈逵、服虔、許惠卿之等，各爲詁訓。然雜取《公羊》《穀梁》以釋《左氏》，此乃以冠雙屨，將絲綜麻，方鑿圓枘，其可入乎？晋世杜元凱又爲《左氏集解》，專取丘明之《傳》，以釋孔氏之《經》。所謂子應乎母，以膠投漆，雖欲勿合，其可離乎！今校先儒優劣，杜爲甲矣，故晋宋傳授，以至于今。其爲《義疏》者，則有沈文阿、蘇寬、劉炫。然沈氏于義例粗可，于經傳極疏。蘇氏則全不體本文，唯旁攻賈、服，使後之學者鑽仰無成。劉炫于數君之内，實爲翹楚。然聰惠辯博，固亦罕儔，而探賾鈎深，未能致遠。然比諸《義疏》，猶有可觀。今奉敕删定，據以爲本，其有疏漏，以沈氏補焉；若兩義俱違，則特申短見。②

王力《古代漢語》的《左傳》介紹（節録）：

> 自東漢以來，爲《左傳》作注的很多，現在最通行的是《十三經注疏》中的《春秋左傳注疏》（晋杜預注，唐孔穎達疏）。（7頁）

按：不難看出，孔穎達《春秋左傳正義序》對《春秋左傳》的注家、義疏家的論述非常詳盡，且有孰優孰劣的評價，可謂簡單扼要的《春秋左傳》注釋史，讓讀者大開眼界；而王力《古代漢語》的論述非常簡單，信息

---

① 蔣禮鴻：《商君書錐指》，中華書局，1986年，1頁。
② 浦衛忠等整理：《春秋左傳正義》，4—5頁。

量很小。此其一。非獨此也,孔穎達《春秋左傳正義序》還坦白地告訴讀者,他的《春秋左傳正義》與前述諸家《義疏》是什麼關係:"今奉敕删定,據(劉炫)以爲本;其有疏漏,以沈氏補焉。"就是明告讀者,我孔穎達《春秋左傳正義》的内容,主要是取材于劉炫的《春秋左氏傳義疏》;劉炫有疏漏之處,再用沈文阿的《春秋左氏傳義疏》來補。而王力《古代漢語》的介紹中,對其注釋的取材所自,不着一字。此其二。而 1940 年出版的王伯祥選注《左傳讀本·述例》則明白宣示:"詮事釋訓,並參諸家,而要以杜注孔疏爲圭臬。"①

2. 孔穎達《禮記正義序》與王力《古代漢語》文選《禮記》介紹的比較

孔穎達《禮記正義序》(節録):

　　其爲《義疏》者,南人有賀循、賀瑒、庾蔚、崔靈恩、沈重、范宣、皇侃等;北人有徐遵明、李業興、李寶鼎、侯聰、熊安生等。其見于世者,唯皇、熊二家而已。熊則違背本經,多引外義,猶之楚而北行,馬雖疾而去逾遠矣。又欲釋經文,唯聚難義,猶治絲而棼之,手雖繁而絲益亂也。皇氏雖章句詳正,微稍繁廣,又既遵鄭氏,乃時乖鄭義,此是木落不歸其本,狐死不首其丘。此皆二家之弊,未爲得也。然以熊比皇,皇氏勝矣。今奉敕删理,仍據皇氏以爲本,其有不備,以熊氏補焉。必取文證詳悉,義理精審,翦其繁蕪,撮其機要。②

王力《古代漢語》的《禮記》介紹:

　　《禮記》有兩種本子,都是漢人輯録的。戴德輯録本叫《大戴禮記》,原有八十五篇,現存三十九篇。戴聖輯録的叫《小戴禮記》,共四十九篇,就是現在通行的《禮記》,東漢鄭玄給它作了注,唐孔穎達作了疏。這就是所謂《禮記注疏》,是最通行的注本。此外較通行的還有元代陳澔的《禮記集説》和清代朱彬的《禮記訓纂》、孫希旦的《禮記集解》。(206 頁)

按:兩相對比,第一,孔疏對南北朝義疏家的介紹詳盡;第二,孔疏明

①　王伯祥:《左傳讀本》,開明書店,1940 年,3 頁。
②　龔抗雲整理:《禮記正義》,北京大學出版社,2000 年,4 頁。

白告訴世人,他的《禮記正義》的取材,是以皇侃《禮記義疏》爲主,以熊安生《禮記義疏》爲輔。反觀王力《古代漢語》的介紹,在這兩點上做的就相形見絀了。特別是對于《古代漢語》的《禮記》文選注釋的取材所自,仍是不着一字,諱莫如深。按:讓我們看看瑞典學者高本漢《禮記注釋》是怎麽做的。兹摘引其書一例如下:

《禮記·曲禮上》:"毋放飯。"

A 鄭玄云:"去手餘飯于器中,人所穢。"所以這句話的意思是:"不要把你已經拿在手中的飯放到盤中去。"

B 陳澔云:"朱氏曰:'放,謂食之放肆。'"那麽,意思便是説:"吃飯不要放肆。"顧偉(Couvreur)便主張用此説。

案:看來,還是 A 説可靠。①

這位瑞典學者把他的取材所自都一一做了明確交代。

3. 孔穎達《毛詩正義序》與王力《古代漢語》文選《詩經》介紹的比較

孔穎達《毛詩正義序》(節錄):

漢氏之初,《詩》分爲四,申公騰芳于鄢郢,毛氏光價于河間,貫長卿傳之于前,鄭康成箋之于後。晋、宋、二蕭之世,其道大行;齊、魏、兩河之間,兹風不墜。其近代爲《義疏》者,有全緩、何胤、舒瑗、劉軌思、劉醜、劉焯、劉炫等。然焯、炫並聰穎特達,文而又儒,擢秀幹于一時,騁絕轡于千里。固諸儒之所揖讓,日下之無雙,于其所作《疏》内特爲殊絶。今奉敕删定,故據以爲本。然焯、炫等,負恃才氣,輕鄙先達,同其所異,異其所同,或應略而反詳,或宜詳而更略。準其繩墨,差忒未免,勘其會同,時有顛躓。今則削其所煩,增其所簡,唯意存于曲直,非有心于愛憎。②

王力《古代漢語》的《詩經》介紹:

《詩經》的"經"字是漢儒加上去的,先秦衹稱爲詩,不稱詩經。

① 高本漢著、陳舜政譯:《高本漢禮記注釋》,"國立編譯館"中華叢書編審委員會,1981年,9頁。

② 龔抗雲等整理:《毛詩正義》,北京大學出版社,2000年,4頁。

《詩經》經秦火後,至漢復傳,傳詩者共有四家,即齊、魯、韓、毛。齊人轅固所傳的叫齊詩,魯人申培所傳的叫魯詩,燕人韓嬰所傳的叫韓詩,魯人毛亨所傳的叫毛詩。四家解詩,多有不同。自東漢鄭玄爲毛傳(原名詁訓傳,傳音 zhuàn)作箋後,學毛詩的漸多,以後其他三家逐漸衰廢,而且先後亡佚了。現在的《詩經》就是毛亨所傳的。

　　歷代的《詩經》注本和研究《詩經》的著作很多,通行的較好的注本有:《毛詩正義》(漢毛亨傳,東漢鄭玄箋,唐孔穎達疏),《詩集傳》(宋朱熹著),《詩毛氏傳疏》(清陳奐著),《毛詩傳箋通釋》(清馬瑞辰著)。歷代的解詩者爲時代所限,解釋《詩經》,不盡符合《詩經》的原意,甚至作了一些歪曲。因此,我們讀這些注本時,必須抱審慎的態度,對古人的解説,既不可迷信,也不應一筆抹煞。

(471 頁)

按:兩相對比,如同上面的《春秋左傳正義》《禮記正義》的兩家對比一樣,仍然是,第一,《古代漢語》的介紹對南北朝的義疏家不着一字,信息太少;第二,對《詩經》文選注釋的取材所自亦不着一字。

　　讓我們看看當代其他《詩經》注家是怎麼做的。陳子展《詩經直解》附錄一《雅頌選譯》內容提要:"注釋仍用簡要彙注辦法,要對讀者負責,表明有根據,有來歷,以便查考、批評,作進一步研究。"①屈萬里《詩經詮釋·例言》:"三、著明出處時,或但著人名,或但著書名,或併著人名及書名(或論文題目),惟視行文之便。"②

　　最後,綜合上述兩家《左傳》《禮記》《詩經》注釋的三項對比,得出如下結論:第一,孔穎達三經《正義》提供給讀者的信息量大,王力《古代漢語》提供給讀者的信息量小。第二,孔穎達三經《正義》直言不諱地給學生講出《正義》取材的來源,而王力《古代漢語》對文選注釋的取材所自則有所欠缺。第三,在遵守注釋學術規範方面,王力《古代漢語》遜色于一千三百年之前的《五經正義》。

---

① 陳子展:《詩經直解》,復旦大學出版社,1983 年,16 頁。
② 屈萬里:《詩經詮釋》,聯經出版事業股份有限公司,1983 年,1 頁。

三、王力《古代漢語》經部文選注釋來源考

1.《古代漢語》文選《左傳·鄭伯克段于鄢》注釋來源考①

（1）原文：鄭伯克段于鄢。

注釋：本文表現了鄭國統治階級内部的互相傾軋以及鄭莊公的陰險毒辣和虛僞。鄭，國名，姬姓，在今河南新鄭縣等地。鄭伯，指鄭莊公。鄭屬伯爵。克，戰勝。段，莊公之弟。鄢（yān），鄭地名，在今河南鄢陵縣境。（8頁）

杜注：不稱"國討"而言"鄭伯"，譏失教也。段不弟，故不言"弟"，明鄭伯雖失教，而段亦凶逆。鄭在滎陽苑陵縣西南。鄢，今潁川鄢陵縣。

孔疏：鄭國，伯爵。"國討"者，謂稱"國"若"人"。稱"國"稱"人"，則明其爲賊，言一國之人所欲討也。今稱"鄭伯"，指言君自殺弟，若弟無罪然，譏其失兄之教，不肯早爲之所，乃是養成其惡，及其作亂，則必欲殺之，故稱"鄭伯"，所以罪鄭伯也。《地理志》河南郡有苑陵、新鄭，各自爲縣。晉世分河南而立滎陽，廢新鄭而入苑陵，故鄭在苑陵西南也。又《地理志》："潁川郡有鄢陵縣。"②

按：不難看出，《古代漢語》注釋的"本文表現了鄭國統治階級内部的互相傾軋以及鄭莊公的陰險毒辣和虛僞"一句，源出杜注、孔疏。而《古代漢語》注釋的"鄭伯，指鄭莊公"表述，與孔疏相比，則没有傳達出"一字褒貶"的《春秋》筆法。須知"鄭伯"二字，大有文章。"鄢"作爲地名，《古代漢語》以今地名作釋，乃注家常事，不足爲怪。

（2）原文：初，鄭武公娶于申，曰武姜。

注釋：初，當初。這是追述往事的習慣説法，在本文意指鄭伯克段于鄢以前的事。申，國名，姜姓，在今河南南陽縣。武姜，"武"表示丈夫爲武公，"姜"表示母家姓姜。（8頁）

杜注：申國，今南陽宛縣。

孔疏：賈逵云："凡言初者，隔其年，後有禍福將終之，乃言初也。"《外

---

① 按：王力《古代漢語》文選《左傳》選文共有十篇，限于篇幅，祇取一篇爲例。
② 浦衛忠等整理：《春秋左傳正義》，49—50頁。以下 14 例，皆同此本，不一一。

傳》說伯夷之後曰："申、呂雖衰,齊、許猶在。"則申、呂與齊、許,俱出伯夷,同爲姜姓也。《地理志》："南陽郡宛縣,故申伯國。"①

　　按:可以看出,《古代漢語》的注釋大體出自杜注、孔疏。孔疏徵引的賈逵,東漢人,是《左傳》的早期注家,著有《春秋左氏解詁》,後佚,有輯本。孔疏所謂《外傳》,全稱是《春秋外傳》,指的是《國語》。《古代漢語》注釋的"武姜,'武'表示丈夫爲武公,'姜'表示母家姓姜",杜注、孔疏没有,但這並非王力《古代漢語》的發明。1940 年開明書店出版的王伯祥《春秋左傳讀本》(下簡稱王伯祥《讀本》)已經這樣注了:"當時婦人稱謂,每繫母家之姓,示所自來,故曰姜。武,則所配偶之謚也。"②

　　(3) 原文:生莊公及共叔段。

　　注釋:共(gōng),國名,在今河南輝縣。段後出奔共,所以稱爲共叔段。(8 頁)

　　杜注:段出奔共,故曰共叔。

　　孔疏:賈、服以"共"爲謚,《謚法》："敬長事上曰共(按:通"恭")。"作亂而出,非有其德可稱。觸口四方,無人與之爲謚,故知段出奔共,故稱共。③

　　按:孔疏之"服",謂服虔,東漢學者,也是《左傳》的早期注家,著有《春秋左氏傳解誼》,後佚,有輯本。《謚法》,謂《逸周書·謚法解》。或曰:賈逵、服虔之說是錯誤的,爲什麼孔疏還要予以介紹? 答曰:這是孔穎達《五經正義》的一條義例,即把重要注家的錯誤之說拿來作爲反面教材,以免學者誤從。《古代漢語》注釋的"段後出奔共,所以稱爲共叔段",顯然出自杜注、孔疏。其"共(gōng),國名,在今河南輝縣",則見下文杜注:"共,國,今汲郡共縣。"

　　(4) 原文:莊公寤生。

　　注釋:寤(wù),通牾,逆,倒着。寤生,胎兒脚先出來(依黄生説,見《義府》卷二),等于説難産。(8 頁)

----

① 浦衛忠等整理:《春秋左傳正義》,57 頁。
② 王伯祥:《左傳讀本》,3 頁。
③ 浦衛忠等整理:《春秋左傳正義》,57—58 頁。

杜注：寐寤而莊公已生。

孔疏：謂武姜寐時生莊公，至寤，始覺其生，故杜云"寐寤而莊公已生"。

按：此節《古代漢語》注釋駁正杜注、孔疏極是，唯括注徵引黄生《義府》之説時代略晚（黄生，清初人），而明人焦竑《焦氏筆乘》徵引之吳元滿説，早于《義府》。詳本書第二章有關條目。又，駁正杜注、孔疏之誤，並非自《古代漢語》始，王伯祥《讀本》即有"寤生，即難産，《史記》所謂'生之難'是也"①云云，祇不過論據不同罷了。

（5）原文：公曰："制，巖邑也，虢叔死焉。"

注釋：制，又名虎牢，在今河南鞏縣東，原是東虢（guó）國的領地，東虢爲鄭所滅，制遂爲鄭地。巖，險要。邑，人所聚居的地方，大小不定（依孫詒讓説，見《周禮正義》"里宰"疏）。虢叔，東虢國的君。（9頁）

杜注：虢叔，東虢君也。虢國，今榮陽縣。

孔疏：僖五年傳曰："虢仲、虢叔，王季之穆也。"《晋語》稱"文王敬友二虢"，則虢國本有二也。晋所滅者，其國在西，故謂此爲東虢也。《鄭語》："史伯爲桓公設謀云：虢叔恃勢，鄶仲恃險，皆有驕侈怠慢之心。君以成周之衆，奉辭伐罪，無不克矣。"桓公從之，是其恃險而不修德，爲鄭滅之之事也。賈逵云："虢叔封西，虢仲封東"，而此云"虢叔，東虢君"者，言所滅之君字叔也。《地理志》云："河南郡，榮陽縣。"應劭云："故虢國，今虢亭是也。"②

按：《古代漢語》注釋之"制，在今河南鞏縣東"，誤，詳本書第二章有關條目。其注釋之"原是東虢（guó）國的領地，東虢爲鄭所滅，制遂爲鄭地"及"虢叔，東虢國的君"，均源出杜注、孔疏，此不難看出。其注釋之"巖，險要"，雖爲杜注、孔疏所無，而王伯祥《讀本》早已言之："巖邑，險要之邑。"③至于《古代漢語》注釋括注徵引孫詒讓《周禮正義》之説，竊以爲

① 王伯祥：《左傳讀本》，3頁。
② 浦衛忠等整理：《春秋左傳正義》，59—59頁。
③ 王伯祥：《左傳讀本》，3頁。

並非必要,因爲下文的孔疏已經把"邑"字説清楚了:"《周禮》'四縣爲都',周公之設法耳。但土地之形,不可方平如圖。其邑竟廣狹,無復定準,隨人多少而制其都邑,故有大都、小都焉。邑謂之都,都亦一名邑。莊二十八年傳曰:'宗邑無主。'閔元年傳曰:'分之都城。'俱論曲沃,而都、邑互言,是其名相通也。"①

(6)原文:祭仲曰:"都城過百雉,國之害也。"

注釋:祭(zhài)仲,鄭大夫。城,指城墙。雉,量詞,長三丈,高一丈。(9頁)

杜注:祭仲,鄭大夫。方丈曰堵,三堵曰雉。一雉之墙,長三丈,高一丈。侯伯之城方五里,徑三百雉,故其大都不得過百雉。

按:此節孔疏甚長,洋洋灑灑近千言。蓋作爲長度單位的"雉",衆説紛紜,孔疏需要論證杜注爲是故也。今略。

按:顯而易見,《古代漢語》注釋是出自杜注。

(7)原文:今京不度,非制也。

注釋:不度,不合法度。非制,不是先王的制度。(10頁)

杜注:不合法度,非先王制。

按:由于杜注明白如話,所以孔穎達不爲其作疏。可以看出,《古代漢語》的注釋出自杜注。

(8)原文:公曰:"多行不義,必自斃。"

注釋:斃,倒下去。(10頁)

杜注:斃,踣也。

孔疏:《釋言》文也,孫炎曰:"前覆曰踣。"②

按:可以看出,《古代漢語》的注釋是出自杜注、孔疏。

(9)原文:大叔完聚。

注釋:完,修葺(qì),指修城。聚,指聚集百姓。(11頁)

杜注:完城郭,聚人民。

---

①　浦衛忠等整理:《春秋左傳正義》,61頁。
②　同上。

孔疏：服虔以聚爲聚禾黍也。段欲輕行襲鄭，不作固守之資，故知聚爲聚人，非聚糧也。①

按：可以看出，《古代漢語》的注釋是出自杜注、孔疏。

（10）原文：潁考叔爲潁谷封人。

注釋：潁考叔，鄭大夫。潁谷，鄭邊邑，在今河南登封縣西南。封，疆界。封人，管理疆界的官。（12頁）

杜注：封人，典封疆者。

孔疏：《周禮·封人》：“掌爲畿封而樹之。”鄭玄云：“畿上有封，若今時界也。”天子封人職典封疆，知諸侯封人亦然也。（下略）②

按：《古代漢語》注釋中的“封人，管理疆界的官”“潁谷，鄭邊邑”，均出自杜注、孔疏。其曰“潁考叔，鄭大夫”，沒有文獻根據，非是，詳本書第二章有關條目。

（11）原文：未嘗君之羹。

注釋：嘗，這裏是“吃”的意思。（12頁）

杜注：食而不啜羹，欲以發問也。

按：《廣雅·釋詁》：“啜、嘗，食也。”杜注之“啜”即“食”義也。食者，吃也。可知《古代漢語》注釋仍是出自杜注。

（12）原文：公入而賦：“大隧之中，其樂也融融。”姜出而賦：“大隧之外，其樂也洩洩。”

注釋：入，在這裏與下面的“出”互文見義，即籠統表示莊公和姜氏進出隧道。賦，賦詩。洩洩（yì yì），和融融的意思差不多，都是形容快樂的樣子。（12頁）

杜注：賦，賦詩也。融融，和樂也。洩洩，舒散也。

孔疏：賦詩，謂自作詩也。融融，和樂；洩洩，舒散，皆是樂之狀，以意言之耳。服虔云：“入言公，出言姜，明俱出入，互相見。”③

---

① 浦衛忠等整理：《春秋左傳正義》，62頁。
② 浦衛忠等整理：《春秋左傳正義》，63頁。
③ 浦衛忠等整理：《春秋左傳正義》，64頁。

按：不難看出，《古代漢語》的注釋是出自杜注、孔疏。

（13）原文：潁考叔，純孝也。

注釋：純，篤厚。（13 頁）

杜注：純猶篤也。

孔疏：《爾雅·釋詁》訓“純”爲“大”，則純孝、純臣者，謂大孝、大忠也。此“純猶篤”者，言孝之篤厚也。[①]

按：不難看出，《古代漢語》注釋出自杜注。但《古代漢語》編者沒有看懂此節孔疏。此節孔疏首先徵引《爾雅·釋詁》，而後縷言及杜注，是對杜注有微詞也，是所謂“微言破注”也。詳本書第二章有關條目。

（14）原文：《詩》曰：“孝子不匱，永錫爾類。”

注釋：見《詩經·大雅·既醉》。匱（kuì），盡。錫，賜，給與。（13 頁）

杜注：詩人之作，各以情言。君子論之，不以文害意。故《春秋傳》引《詩》，不皆與今說《詩》者同，後皆倣此。

孔疏：《詩》毛傳及《爾雅》之訓“匱，竭”“錫，予”也。此《詩·大雅·既醉》之五章，言孝子爲孝，不有竭極之時，故能以此孝道長賜予女之族類。[②]

按：不難看出，《古代漢語》的注釋完全出自杜注、孔疏。

結論：以上 14 例，《古代漢語》注釋完全取自杜注、孔疏者 10 例，部分取杜注、孔疏者 3 例，駁正杜注、孔疏者 1 例。14 例中，《古代漢語》注釋有 3 例異于杜注、孔疏，但並非自我作古。據查，王伯祥《左傳讀本》已先言之。根據以上考察，竊以爲，《古代漢語》文選《鄭伯克段于鄢》的注釋不符合學術規範。《左傳讀本·述例》云：“詮事釋訓，並參諸家，而要以杜注孔疏爲圭臬。清儒識解有突過前人者，則改從其說。”[③]高本漢《左傳注釋》的陳舜政《譯序》：“高氏這部書也不是沒有缺點的，下面幾點請讀者注意：一、引用古書古注，常有書名或篇名與引文不符合的情形，張冠李戴。二、引書有時隨意割裂，不免斷章取義。三、前人誤引的地方，都沒有改正，

①　浦衛忠等整理：《春秋左傳正義》，64 頁。
②　浦衛忠等整理：《春秋左傳正義》，65 頁。
③　王伯祥：《左傳讀本》，3 頁。

將錯就錯。"①從陳氏所說三條缺點來看,高本漢此書在注釋引書上也是遵守學術規範的,祇不過有上述瑕疵罷了。建議《古代漢語》在下一次修訂時,仿照前人、時人的作法,在《左傳》簡介部分加上一兩句説明取材所自的話。

2. 王力《古代漢語》文選《禮記·大同》注釋來源考②

(1) 原文:昔者仲尼與于蜡賓。

注釋:蜡(zhà),古代國君年終祭祀叫蜡。(210頁)

鄭注:蜡者,索也,歲十二月,合聚萬物而索饗之。亦祭宗廟。③

按:孔疏與鄭注同調,疏文甚長,文繁不録。

按:可以看出,《古代漢語》注釋出自鄭注。不過,對於鄭注來説,注釋是"揀了芝麻,丢了西瓜"。何者?"蜡"的定義是"蜡者,索也,歲十二月,合聚萬物而索饗之",而注釋祇看到了"亦祭宗廟"四字。

(2) 原文:事畢,出游于觀之上。

注釋:觀(guàn),宗廟門外兩旁的高建築物。又名闕。(210頁)

鄭注:觀,闕也。

孔疏:《爾雅·釋宫》云:"觀謂之闕。"孫炎云:"宫門雙闕者,舊縣法象魏,使民觀之處,因謂之闕。"案定二年:"雉門灾及兩觀。"魯之宗廟在雉門外左,孔子出廟門而來,至雉門,游于觀。④

按:顯而易見,《古代漢語》注釋出自孔疏。但編者没有看懂此節孔疏,"宗廟門外",當作"宫門外"。詳本書第二章有關條目。

(3) 原文:言偃在側曰:

注釋:言偃,孔子的弟子,姓言名偃,字子游。(211頁)

鄭注:言偃,孔子弟子子游。

孔疏:案《仲尼弟子傳》云:"姓言名偃,字子游,魯人也。"⑤

---

① 高本漢著、陳舜政譯《高本漢左傳注釋》,"國立編譯館"中華叢書編審委員會,1972年,2頁。
② 按:王力《古代漢語》文選《禮記》選文共有七篇,限於篇幅,祇取一篇爲例。
③ 吕友仁整理:《禮記正義》,874頁。以下18例,皆同此本,不一一。
④ 吕友仁整理:《禮記正義》,877頁。
⑤ 同上。

按：顯而易見，《古代漢語》注釋出自鄭注、孔疏。

（4）原文：君子何嘆？

注釋：君子，指孔子。（211頁）

鄭注：按：鄭玄無注。

孔疏：言偃在側而問之曰："君子何嘆？"言嘆恨何事。不云"孔子"而云"君子"者，以《論語》云"君子坦蕩蕩"，不應有嘆也。①

按：《古代漢語》注釋出自孔疏，但沒有說到點子上。詳本書第二章有關條目。

（5）原文：孔子曰："大道之行也，與三代之英，丘未之逮也……"

注釋：大道，指原始共產社會的那些準則。三代，指夏、商、周。英，傑出的人物，這裏指英明的人主禹、湯、文、武。逮（dài），趕上。（211頁）

鄭注：大道，謂五帝時也。英，俊選之尤者。逮，及也。

孔疏：今此經云"大道之行也"，謂廣大道德之行，五帝時也。"與三代之英"者，英，謂英異，並與夏、商、周三代英異之主，若禹、湯、文、武等。丘未之逮也者，逮猶及也。②

按：顯而易見，《古代漢語》注釋出自鄭注、孔疏。

（6）原文：有志焉。

注釋：指有志于此。孔子這句話是說：大道實行的時代和三代英明之主當政的時代，我都沒有趕上，可是我心裏嚮往。（211頁）

鄭注：志，謂識古文。

孔疏：有志記之書焉，披覽此書，尚可知于前代也。③

按：《古代漢語》"有志焉"的注釋，與鄭注、孔疏大相徑庭。但這個注釋，並非《古代漢語》的發明。前人早已有之。時代遠的，如元陳澔《禮記集說》："夫子言：我思古昔大道之行于天下，與夫三代英賢之臣所以得時行道之盛，我今雖未得及見此世之盛，而有志志于三代英賢之所爲也，此亦

---

① 呂友仁整理：《禮記正義》，877頁。
② 同上。
③ 呂友仁整理：《禮記正義》，878頁。

夢見周公之意。"①時代近的,例如葉紹鈞選注《禮記·禮運》:"言上古時大道之行于天下,與夫夏商周三代英賢之臣所以得時行道之盛,我雖未及見,而有志于此也。"②又,《古代漢語》此注蓋誤,詳本書第二章有關條目。

(7)原文:天下爲公。

注釋:天下成爲公共的。(211頁)

鄭注:公猶共也,禪位授聖,不家之。

孔疏:"天下爲公"者,謂天子位也。爲公,謂揖讓而授聖德,不私傳子孫。即廢朱、均而用舜、禹是也。③

按:《古代漢語》注釋衹吸取了鄭注的"公猶共也",對鄭注的進一步闡釋"禪位授聖,不家之"則棄置不問,失之。

(8)原文:選賢與能。

注釋:與,通"舉"(依王引之説,見《經義述聞》)。(211頁)

鄭注:按:"與"字鄭注無注,是如字讀也。

孔疏:唯選賢與能也。④

按:《古代漢語》注釋是也。唯清人朱彬《禮記訓纂》已先言之:"王氏引之曰:'選賢與能'之'與',當作'舉',《大戴禮·王言篇》'選賢舉能'是也。'舉''與',古字通。"⑤

(9)原文:男有分。

注釋:分(fèn),職分,職務。(211頁)

鄭注:分,猶職也。

孔疏:分,職也。⑥

按:《古代漢語》注釋取自鄭注、孔疏。

---

① 陳澔:《禮記集説》,184頁。
② 葉紹鈞選注:《禮記》,33頁。
③ 吕友仁整理:《禮記正義》,878頁。
④ 同上。
⑤ 朱彬:《禮記訓纂》,331頁。
⑥ 吕友仁整理:《禮記正義》,878頁。

（10）原文：女有歸。

注釋：歸，出嫁。（211頁）

鄭注：皆得良奧之家。

孔疏：女謂嫁爲歸。①

按：《古代漢語》注釋取自孔疏。

（11）故外戶而不閉。

注釋：外戶，從外面把門扇合上。閉，用門閂插門。（212頁）

鄭注：禦風、氣而已。

孔疏：“外户而不閉”者，扉從外闔也。不閉者，不用關閉之也。但爲風塵入寢，故設扉耳。②

按：《古代漢語》注釋取自鄭注、孔疏。

（12）原文：天下爲家。

注釋：天下爲家，天下成爲私家的。（212頁）

鄭注：傳位于子。

孔疏：“天下爲家”者，父傳天位與子，是用天下爲家也。禹爲其始也。③

按：鄭注、孔疏的釋義，不僅準確，而且信息量大。《古代漢語》注釋，泛泛而論，失其故步矣。

（13）原文：大人世及以爲禮。

注釋：大人，指天子諸侯。父子相傳叫“世”，兄弟相傳叫“及”。（212頁）

鄭注：大人，謂諸侯。

孔疏：大人，謂諸侯也。世及，諸侯傳位自與家也。父子曰世，兄弟曰及。謂父傳與子，無子則兄傳與弟也。④

---

① 吕友仁整理：《禮記正義》，879頁。
② 同上。
③ 吕友仁整理：《禮記正義》，880頁。
④ 同上。

按：鄭注、孔疏並誤，《古代漢語》注釋隨之而誤。詳本書第二章有關條目。

（14）原文：以賢勇知。

注釋：賢勇知，把有勇有謀的當作賢人。當時盜賊並起，所以需要智勇的人（依孔穎達説）。（213頁）

孔疏：以賢勇知者，賢猶崇重也。既盜賊並作，故須勇也；更相欺妄，故須知也。①

按：鄭注未注。《古代漢語》注釋稱"依孔穎達説"。上文"依孔穎達説"者不止一處，皆不言"依孔穎達説"，此處突然如此作，令人莫名其妙。

（15）原文：以功爲己。

注釋：立功作事，祇是爲了自己，不爲他人（依孔穎達説）。（213頁）

孔疏：以功爲己者，立功起事，不爲他人也。②

按：鄭注無注。《古代漢語》此條注釋稱"依孔穎達説"。

（16）原文：禹、湯、文、武、成王、周公，由此其選也。

注釋：大意是：禹、湯、文、武、成王、周公因此成爲三代諸王中的傑出人物。選，指選拔出來的人物，也就是傑出的人物。（213頁）

鄭注：由，用也，能用禮義以成治。

孔疏：由，用也。此，謂禮義也。用此禮義教化，其爲三王中之英選也。③

按：《古代漢語》注釋取自鄭注、孔疏。

（17）原文：刑仁講讓。

注釋：刑，法則。刑仁，把合于仁的行爲定爲法則。（213頁）

鄭注：刑，猶則也。

孔疏：刑，則也。民有仁者，用禮賞之，以爲則也。④

按：《古代漢語》注釋取自鄭注、孔疏。

---

① 吕友仁整理：《禮記正義》，880頁。
② 同上。
③ 吕友仁整理：《禮記正義》，881頁。
④ 同上。

（18）是爲小康。

注釋：小康，小安。"小康"對"大同"而言，含有不及"大同"的意思。（213 頁）

鄭注：康，安也。大道之人，以禮于忠信爲薄。言小安者，失之則賊亂將作矣。

孔疏：康，安也。行禮自衛，乃得不去勢位，及不爲衆所殃，而比大道爲劣，故曰小安也。①

按：《古代漢語》注釋取自鄭注、孔疏。

結論：以上 18 例，《古代漢語》注釋完全取自鄭注、孔疏者 16 例，其中 2 例注明"依孔穎達説"；《古代漢語》注釋駁正注疏者 2 例，其中一例注明是"依王引之説，見《經義述聞》"；另外一例沒有注明，據查元人陳澔、今人葉聖陶已先有此説。根據以上考察，竊以爲，《古代漢語》文選《大同》的注釋不符合學術規範。葉紹鈞選注《禮記·緒言》："注釋《禮記》的書，鄭玄以後很多。自從唐孔穎達等的《正義》采取鄭注，于是鄭注盛行而他家的書漸漸散亡。……如欲求簡約扼要，以參閱鄭注孔疏爲是。"②建議王力《古代漢語》在下一次修訂時在簡介部分也加上一兩句類似的話。

3. 王力《古代漢語》文選《詩經·節南山》注釋來源考③

（1）原文：節彼南山，維石巖巖。

注釋：節，高峻的樣子。巖巖，山石堆積的樣子。（501 頁）

毛傳：節，高峻貌。巖巖，積石貌。④

按：鄭箋于毛傳無異議，今略之。凡孔疏于毛傳、鄭箋既無異議，亦無補充者，皆略而不出。顯而易見，《古代漢語》注釋取自毛傳。

（2）原文：赫赫師尹，民具爾瞻。憂心如惔，不敢戲談。

注釋：赫赫，勢位顯盛的樣子。師，太師的簡稱，是周代最高的官職。

---

① 吕友仁整理：《禮記正義》，881 頁。
② 葉紹鈞選注：《禮記》，12 頁。
③ 按：王力《古代漢語》文選《詩經》選文共有二十五篇，限于篇幅，祇取一篇爲例。
④ 龔抗雲等整理：《毛詩正義》，815 頁。

尹,尹氏,太師的姓。具,俱,都。爾瞻,看着你。惔(tán),通"炎",焚燒。戲談,戲笑談論。這句是說人民怕師尹的威勢,不敢戲談。(501 頁)

毛傳:赫赫,顯盛貌。師,大師,周之三公也。尹,尹氏,爲大師。具,俱。瞻,視。惔,燔也。

鄭箋:此言天下之民畏女之威不敢相戲而言語,疾其貪暴,脅下以刑辟也。①

按:《古代漢語》注釋取自毛傳、鄭箋。

(3) 原文:國既卒斬,何用不監?

注釋:卒,盡,完全。斬,斷絕,指國家命運已到斷絕的時候。何用,何以,因爲什麼。監,察。(501 頁)

毛傳:卒,盡。斬,斷。監,視也。

鄭箋:天下之諸侯日相侵伐,其國已盡絕滅,女何用爲職不監察之?

孔疏:何以不監察之而令相伐也?②

按:不難看出,《古代漢語》注釋取自毛傳、鄭箋、孔疏。

(4) 原文:節彼南山,有實其猗。赫赫師尹,不平謂何?

注釋:實,廣大。猗,同阿(依王引之說,見《經義述聞》),指山隅。謂何,說什麼,也就是還有什麼可說?(502 頁)

毛傳:實,滿。猗,長也。

鄭箋:猗,倚也。言南山既能高峻,又以草木平滿其旁倚之畎谷,使之齊均也。謂何,猶"云何"也。③

按:《古代漢語》注釋除"猗,同阿"外,餘皆同毛、鄭。

(5) 原文:天方薦瘥,喪亂弘多。

注釋:天正屢次降下災難。薦,重,屢次。瘥(cuó),病,災難。死喪禍亂,既大且多。弘,大。(502 頁)

毛傳:薦,重。瘥,病。弘,大也。

---

① 龔抗雲等整理:《毛詩正義》,816 頁。
② 同上。
③ 龔抗雲等整理:《毛詩正義》,818 頁。

鄭箋：天氣方今又重以疫病,長幼相亂,而死喪甚大多也。①

按:《古代漢語》注釋取自毛、鄭。

(6) 原文:民言無嘉,憯莫懲嗟。

注釋:人民[對師尹]的議論沒有好的。嘉,善。竟然沒有人來制止他。憯(cǎn),曾,這裏當竟然講。懲,制止。(502 頁)

毛傳:憯,曾也。

鄭箋:懲,止也。天下之民皆以災害相吊唁,無一嘉慶之言,曾無以恩德止之者。嗟乎,奈何。②

按:《古代漢語》注釋出自毛、鄭。

(7) 原文:尹氏大師,維周之氐。秉國之均,四方是維,天子是毗,俾民不迷。

注釋:氐(dǐ),通"柢",根本。秉,執掌。均,通"鈞",制陶器所用的轉輪,藉以比喻國家的大權。維,維持。毗(pí),輔佐。俾,使。迷,指迷失方向。(502 頁)

毛傳:氐,本。均,平。毗,厚也。

鄭箋:氐,當作"桎鎋"之桎。毗,輔也。言尹氏作大師之官,爲周之桎鎋,持國政之平,維制四方,上輔天子,下教化天下,使民無迷惑之憂。言任至重。③

按:《古代漢語》注釋除"氐(dǐ),通'柢'""均,通'鈞',制陶器所用的轉輪,藉以比喻國家的大權"外,餘皆出自毛、鄭。

(8) 原文:不弔昊天,不宜空我師。

注釋:弔,善,好。昊(hào)天,就是天。空,窮。師,衆。連上句是說那不好的老天爺,不該叫這個人占據高位,致使我們這些老百姓窮困。(502 頁)

毛傳:弔,至。空,窮也。

---

①　龔抗雲等整理:《毛詩正義》,818 頁。
②　同上。
③　龔抗雲等整理:《毛詩正義》,820 頁。

鄭箋：至,猶善也。不善乎昊天,愬之也。不宜使此人居尊官,困窮我之衆民也。①

按：《古代漢語》注釋出自毛、鄭。

（9）弗躬弗親,庶民弗信。弗問弗仕,勿罔君子。

注釋：這句是説周王不親自管理政事。庶民,衆民,就是老百姓。周王不詢問君子,不叫君子做官。罔,欺騙。君子,指賢臣。（502—503 頁）

毛傳：庶民之言不可信,勿罔上而行也。

鄭箋：仕,察也。勿,當作末。此言王之政不躬而親之,則恩澤不信于衆民矣;不問而察之,則下民末罔其上矣。②

按：此四句,毛鄭異解,《古代漢語》注釋從鄭棄毛。注釋之與鄭箋異者,唯"弗仕"一詞。

（10）式夷式已,無小人殆。

注釋：式,語氣詞,表示祈使。夷,平,這裏指消除。已,止,這裏指制止。這是説周王對上述不合理的事應加以消除和制止。不要因小人[而使國家]陷于危險。殆,危。（503 頁）

毛傳：式,用。夷,平也。用平則已,無以小人之言至于危殆也。

鄭箋：殆,近也。爲政當用平正之人,用能紀理其事者,無小人近。③

按：毛、鄭同中有異,而《古代漢語》注釋之"夷,平""殆,危"取之于毛。

（11）瑣瑣姻亞,則無膴仕。

注釋：瑣瑣,微小的樣子。姻亞,女婿的父親叫姻,兩婿相稱叫亞（就是連襟）。膴（wǔ）,厚。仕,做官。（503 頁）

毛傳：瑣瑣,小貌。兩婿相謂曰亞。膴,厚也。

鄭箋：婿之父曰姻。瑣瑣,昏姻妻黨之小人,無厚任用之,置之大位,重其禄也。④

---

① 龔抗雲等整理：《毛詩正義》,820 頁。
② 龔抗雲等整理：《毛詩正義》,821 頁。
③ 同上。
④ 同上。

按：可以看出，毛鄭異解，《古代漢語》注釋兼取毛鄭。

（12）原文：昊天不傭，降此鞠訩。昊天不惠，降此大戾。

注釋：傭（chōng），均，平。鞠，窮，極。訩，禍亂。戾，惡。大戾，類似鞠訩。（503 頁）

毛傳：傭，均。鞠，盈。訩，訟也。

鄭箋：盈，猶多也。戾，乖也。昊天乎，師氏爲政不均，乃下此多訟之俗，又爲不和順之行；乃下此乖爭之化，疾時民傚爲之，愬之于天。①

按：可以看出，《古代漢語》注釋是部分取自毛、鄭。

（13）原文：君子如屆，俾民心闋；君子如夷，惡怒是違。

注釋：屆，至。這句是説君子如果來管理政治。可使百姓的怒氣平息。闋（què），息。君子如果心平，就可以消除老百姓的憎惡與憤怒。違，去，消除。（503 頁）

毛傳：屆，極。闋，息。夷，易。違，去也。

鄭箋：屆，至也。君子，斥在位者。如行至誠之道，則民鞠訩之心息，如行平易之政，則民乖爭之情去。言民之失，由于上可反復也。②

按：《古代漢語》注釋取自毛、鄭。

（14）原文：不弔昊天，亂靡有定。式月斯生，俾民不寧。憂心如酲，誰秉國成？

注釋：定，止。這句話很不好懂。鄭玄説：“用月此生，言月月益甚也。”供參考。寧，安寧。酲（chéng），酒病。國成，國政的成規。連上句是説，由于周王不親自管理政事，始終使老百姓勞苦疲弊。卒，始終。（503—504 頁）

毛傳：病酒曰酲。成，平也。

鄭箋：弔，至也；至猶善也。定，止。式，用也。不善乎昊天，天下之亂，無有止之者。用月此生，言月月益甚也，使民不得安。我今憂之，如病

① 龔抗雲等整理：《毛詩正義》，823 頁。
② 同上。

酒之醒矣。觀此君臣,誰能持國之平乎? 言無有也。①

按:《古代漢語》注釋之"醒(chéng),酒病。國成,國政的成規",兩條釋義皆誤,詳本書第二章有關條目。此外的注釋皆取自毛、鄭。

(15) 原文:不自爲政,卒勞百姓。

注釋:連上句是說,由于周王不親自管理政事,始終使老百姓勞苦疲弊。卒,始終。(504 頁)

鄭箋:卒,終也。昊天不自出政教,則終窮苦百姓。②

按:《古代漢語》注釋出自鄭箋。

(16) 原文:駕彼四牡,四牡項領。

注釋:牡,雄性的獸,這裏指公馬。項,大。領,脖子。項領,指馬肥壯。(504 頁)

毛傳:項,大也。

鄭箋:四牡者,人君所乘駕,今但養大其領,不肯爲用,喻大臣自恣,王不能使也。③

按:《古代漢語》注釋之"項,大",取自毛鄭。注釋之"牡,雄性的獸",並非自我作古。朱熹《詩集傳·秦風·駟驖》:"奉時辰牡。"注云:"牡,獸之牡者也。"④

(17) 原文:我瞻四方,蹙蹙靡所騁。

注釋:蹙蹙(cù cù),局縮不得舒展。騁(chěng),奔馳。靡所騁,没有馳騁的地方。(504 頁)

毛傳:騁,極也。

鄭箋:蹙蹙,縮小之貌。我視四方土地日見侵削于夷狄,蹙蹙然雖欲馳騁,無所之也。⑤

按:《古代漢語》注釋出自鄭箋。

---

① 龔抗雲等整理:《毛詩正義》,824 頁。
② 同上。
③ 龔抗雲等整理:《毛詩正義》,825 頁。
④ 朱熹:《詩集傳》,中華書局,1958 年,74 頁。
⑤ 龔抗雲等整理:《毛詩正義》,825 頁。

（18）原文：方茂爾惡，相爾矛矣；

注釋：茂，盛。這句等于說當你（尹氏）怨惡正盛的時候。你就看着你的矛了。指要動武殺人。相，視。（504頁）

毛傳：茂，勉也。

鄭箋：相，視也。方爭訟自勉于惡之時，則視女矛矣。言欲戰鬭，相殺傷矣。①

按：《古代漢語》注釋之"茂，盛"是獨出心裁，異乎毛鄭。此外則取自鄭箋。

（19）原文：既夷既懌，如相醻矣。

注釋：夷，平，指心平氣和。懌（yì），喜悦。醻，同酬，勸酒。（504頁）

毛傳：懌，服也。

鄭箋：夷，說也。言大臣之乖爭，本無大讎，其已相和順而說懌，則如賓主飲酒相醻酢也。②

按：《古代漢語》注釋之"夷，平"，乃自我作古，異于毛鄭。此外則取自鄭箋。

（20）原文：昊天不平，我王不寧。不懲其心，覆怨其正。

注釋：尹氏不警戒自己的心，也就是說不自警戒。反而怨恨別人對他的糾正。覆，反。正，糾正。（504頁）

毛傳：正，長也。

鄭箋：昊天乎！師尹爲政不平，使我王不得安寧。女不懲止女之邪心，而反怨憎其正也。③

按：《古代漢語》注釋之"正，糾正"，乃自爲説。其他則取自鄭箋。

（21）原文：家父作誦，以究王訩。

注釋：家父（fǔ），周大夫，就是這篇詩的作者。誦，這裏指詩。究，追究。訩，通"凶"，指惡人。王訩，指尹氏。（504頁）

---

① 龔抗雲等整理：《毛詩正義》，825頁。
② 龔抗雲等整理：《毛詩正義》，826頁。
③ 同上。

毛傳：家父，大夫也。

鄭箋：究，窮也。大夫家父作此詩而爲王誦之，以窮極王之政所以致多訟之本意。①

按：《古代漢語》注釋與毛、鄭之異，唯在一"訩"字。鄭箋訓"訩"爲"多訟"，而注釋以爲"訩，通'凶'，指惡人"。而注釋此訓，馬瑞辰《毛詩傳箋通釋》已先言之："瑞辰按：'訩'亦'凶'之假借。《説文》：'凶，惡也。'以究王之凶惡，猶云以究王慝也。"②

(22) 原文：式訛爾心，以畜萬邦。

注釋：訛(é)，化，改變。畜，養。（504—505 頁）

鄭箋：訛，化。畜，養也。③

按：《古代漢語》注釋出自鄭箋。

結論：以上 22 例，《古代漢語》注釋完全取自毛、鄭者 11 例，部分取自毛鄭者 11 例。在上述 22 例中，注釋祇有一次說明是取自鄭玄。此外，發現注釋還有取自朱熹《詩集傳》者 1 例，取自馬瑞辰《毛詩傳箋通釋》者 1 例，皆爲暗引。據此得出結論：《古代漢語》文選《節南山》的注釋不符合學術規範。

馬瑞辰《毛詩傳箋通釋》是王力《古代漢語》文選《詩經》簡介中受到推薦的一種，讓我們看看馬瑞辰是怎樣做的。馬瑞辰《毛詩傳箋通釋例言》："說經最戒雷同。凡涉獵諸家，有先我得者，半皆隨時刪削。間有義歸一是，而取證不同，或引據未周，而說可加證，必先著其爲何家之說，再以己說附之。又有積疑既久，偶得一說，昭若發矇，而其書或尚未廣布，遂兼取而詳載之。亦許叔重'博采通人'之意也。是書先列毛、鄭說于前，而唐宋元明諸儒及國初以來各經師之說有較勝漢儒者，亦皆采取，以闢門户之見。"④然則，馬氏《通解》在學術規範上無可挑剔。

---

① 龔抗雲等整理：《毛詩正義》，826 頁。
② 馬瑞辰：《毛詩傳箋通釋》，599 頁。
③ 龔抗雲等整理：《毛詩正義》，826 頁。
④ 馬瑞辰：《毛詩傳箋通釋》，2 頁。

實際上《古代漢語》主編王力先生也明白毛傳、鄭箋的不可或缺。他在爲向熹《詩經詞典》作序中説："向熹同志這部書的編寫原則是博采衆説,擇善而從。我個人的意見是,關于《詩經》的詞義,當以毛傳、鄭箋爲主;毛、鄭不同者,當以朱熹《詩集傳》爲斷。《詩集傳》與毛、鄭不同者,當以《詩集傳》爲準(這是指一般情況而言,容許有例外)。參以王引之《經義述聞》和《經傳釋詞》,則'思過半矣'。孔疏與毛鄭齟齬之處,當從毛、鄭。馬瑞辰《毛詩傳箋通釋》頗有新義,也可以略予采用。其他各家新説,采用時應十分慎重,以免貽誤後學。"①説得多麽好啊! 如果在《古代漢語》的《詩經》簡介中也寫上這樣的話,不就在學術規範上無可挑剔了嗎!

四、千古絶唱——唐太宗的一道獎勵前代名儒的詔書

《舊唐書·太宗紀下》:"(貞觀)十四年,二月乙未,詔以梁皇侃、褚仲都、周熊安生、沈重、陳沈文阿、周弘正、張機、隋何妥、劉焯、劉炫等前代名儒,學徒多行其義,命求其後。"②這道詔書,亦見于《舊唐書·儒學傳序》:"十四年,詔曰:'梁皇侃、褚仲都,周熊安生、沈重,陳沈文阿、周弘正、張譏,隋何妥、劉炫等,並前代名儒,經術可紀。加以所在學徒,多行其疏,宜加優異,以勸後生。可訪其子孫見在者,録名奏聞,當加引擢。'"③兩相對照,除了優待條款寫得更清楚外,發現《太宗紀》詔書中有劉焯,而《儒學傳序》中没有劉焯。該不該有劉焯呢? 答曰:"該,非常應該。"理由何在呢? 答曰:劉焯完全符合詔書中所説的"前代名儒,經術可紀。加以所在學徒,多行其疏"的標準。有何證據呢? 請看《五經正義》主編孔穎達是怎樣評價劉焯的。孔穎達《尚書正義序》:"其爲《正義》者,蔡大寶、巢猗、費甝、顧彪、劉焯、劉炫等。其諸公旨趣,多或因循,怗釋注文,義皆淺略。惟劉焯、劉炫最爲詳雅。"④意思是説,唐代以前,著有《尚書義疏》的學者

---

① 向熹:《詩經詞典》,四川人民出版社,1986年,1頁。
② 劉昫:《舊唐書》,51頁。
③ 劉昫:《舊唐書》,4941—4942頁。
④ 廖名春等整理:《尚書正義》,北京大學出版社,2000年,3—4頁。

有蔡大寶等六人,六人之中,唯有劉焯、劉炫二人的《義疏》水平最高。按:實際上,劉焯、劉炫二人的《尚書義疏》,就是孔穎達編撰《尚書正義》的藍本。換言之,孔穎達《尚書正義》主要就是在二劉的《尚書義疏》的基礎上裁剪而成。再看孔穎達《毛詩正義序》:"其近代爲《義疏》者,有全緩、何胤、舒瑗、劉軌思、劉醜、劉焯、劉炫等。然焯、炫並聰穎特達,文而又儒,擢秀幹于一時,騁絕轡于千里。固諸儒之所揖讓,日下之無雙,于其所作《疏》內特爲殊絕。今奉敕删定,故據以爲本。"①意思也很明白,唐代以前,著有《毛詩義疏》的學者有全緩等七人,七人之中,唯有劉焯、劉炫的《義疏》"特爲殊絕。今奉敕删定,故據以爲本"。試想,孔穎達《五經正義》中有兩部《正義》都是采用劉焯的《義疏》作爲藍本,這樣的學者還不符合"前代名儒,經術可紀。加以所在學徒,多行其疏"的標準嗎?可知校點本《舊唐書·儒學傳序》于此失校,希望中華書局在出版修訂版《舊唐書》時,能夠予以彌補。

上文談到的校勘是小事一件,倒是唐太宗貞觀十四年二月乙未這道詔書,在中國經學史上有其特殊意義,值得大書一筆。爲什麼?孔穎達《五經正義》編纂成書後,參與《五經正義》編纂的人員受到獎勵是正常現象。而獎勵那些已故的,以自己的義疏爲《五經正義》的順利完成作出貢獻的前代學者,卻是聞所未聞,令人嘆賞。孔穎達在《五經正義序》中已經明白指出他采用了包括劉焯在內的前代義疏家的成果。更值得一提的是唐太宗。編撰《五經正義》是唐太宗的意旨,是國家行爲,唐太宗這道詔書所説的"可訪其子孫見在者,録名奏聞,當加引擢",這種惠及前代死者子孫的做法我認爲就是一種變相的"支付稿酬"。這種做法,不知道外國歷史上有沒有;在中國歷史上,恐怕是唯一。我翻閱了《中國版權史研究文獻》,該書也沒有提及唐太宗這道詔書,有點遺憾。

---

① 朱傑人、李慧玲整理:《毛詩注疏》,1—2頁。

第二節　王、孔兩家不同的注釋方法帶來
不同的教學效果的比較

姑以《古代漢語》文選《鄭伯克段于鄢》中的注釋爲例：

（1）原文：初，鄭武公娶于申，曰武姜。

注釋：初，當初。這是追述往事的習慣説法，在本文意指鄭伯克段于鄢以前的事。

孔疏：賈逵云："凡言初者，隔其年，後有禍福將終之，乃言初也。"①

按：孔疏徵引的賈逵，東漢人，是《左傳》的早期注家，著有《春秋左氏解詁》，後佚，有輯本。此處是以人代書。孔疏合乎學術規範的注釋，就讓學生學到了一點新知識，知道了賈逵其人其書。《古代漢語》的注釋，既有掠美之嫌，又讓學生少認識一個古人及其著作。

（2）原文：公曰："多行不義，必自斃。"

注釋：斃，倒下去。

杜注：斃，踣也。

孔疏：《釋言》文也，孫炎曰："前覆曰踣。"②

按：通過孔疏，學生知道了《爾雅》這本書，長了見識。孔疏的注釋，讓學生聞一知二；《古代漢語》的注釋，讓學生聞一知一。

（3）原文：潁考叔爲潁谷封人。

注釋：封人，管理疆界的官。

杜注：封人，典封疆者。

孔疏：《周禮·封人》："掌爲畿封而樹之。"鄭玄云："畿上有封，若今時界也。"天子封人職典封疆，知諸侯封人亦然也。③

按：不難看出，二者仍是聞一知二與聞一知一的差別。須知，聞一知

---

① 浦衞忠等整理：《春秋左傳正義》，57頁。
② 浦衞忠等整理：《春秋左傳正義》，61頁。
③ 浦衞忠等整理：《春秋左傳正義》，63頁。

二的"二",不僅是量的差别,更重要的是質的差别。因爲"二"是本,是源。

（4）原文:公入而賦:"大隧之中,其樂也融融。"姜出而賦:"大隧之外,其樂也洩洩。"

注釋:入,在這裏與下面的"出"互文見義。

孔疏:服虔云:"入言公,出言姜,明俱出入,互相見。"①

按:服虔,東漢學者,也是《左傳》的早期注家,著有《春秋左氏傳解誼》,後佚,有輯本。此處也是以人代書。《古代漢語》的注釋,既有掠美之嫌,又讓學生少認識一個古人及其著作。

（5）原文:潁考叔,純孝也。

注釋:純,篤厚。（13頁）

孔疏:《爾雅·釋詁》訓"純"爲"大",則純孝、純臣者,謂大孝、大忠也。②

按:《古代漢語》的注釋又一次丟失了讓學生認識《爾雅》的機會。

（6）原文:五月辛丑,大叔出奔共。

按:對于"五月辛丑"一句,杜注、孔疏皆無説,但杜預《春秋釋例》卷十《經傳長曆第四十六之一》推算隱公元年五月辛丑爲二十二日。③ 其説頗長,也不好懂,今不具引。今以徐中舒編注《左傳選》代之。按:《左傳選》注釋《鄭伯克段于鄢》中的"五月辛丑"云:"辛丑,古以干支紀日,甲乙丙丁戊己庚辛壬癸爲十干,子丑寅卯辰巳午未辛酉戌亥爲十二支。如一日爲甲子,二日即爲乙丑,如此類推,循環計算。據顧棟高《春秋大事表》卷二《春秋朔閏表》推算,隱公元年五月辛丑爲這年的五月二十三日。"徐中舒這條注釋就很好,不是授人以魚,而是授人以漁。你要想知道怎樣推算,去看顧棟高的《春秋大事表》好了。再看《古代漢語》的注釋:"古人以干支紀日,五月辛丑,即隱公元年五月二十三日。"與《左傳選》相比,其注

---

① 浦衛忠等整理:《春秋左傳正義》,64頁。
② 同上。
③ 杜預:《春秋釋例》,影印文淵閣《四庫全書》,第146册,267頁。"二十二",蓋"二十三"之誤。

釋就是授人以魚，而不是授人以漁。再看王力《古代漢語》中的《古漢語通論·曆法》怎麼説的："例如《左傳隱公元年》'五月辛丑，大叔出奔共'，根據後人推定的春秋長曆可以知道辛丑是魯隱公元年五月二十三日。"①（這句話有語病，詳第五章有關條目）仍然是讓學生衹知其然，沒有讓學生知其所以然。

　　説到這裏，不禁想起一個大家知道的故事。《戴震集》附段玉裁《戴東原先生年譜》："雍正十年壬子，十歲。就傅讀書，授《大學章句》，問塾師：'此何以知爲孔子之言而曾子述之？ 又何以知爲曾子之意而門人記之？'師應之曰：'此朱文公所説。'即問：'朱文公何時人？'曰：'宋朝人。''孔子、曾子何時人？'曰：'周朝人。''周朝、宋朝相去幾何時矣？'曰：'幾二千年矣。''然則，朱文公何以知然？'師無以應，曰：'此非常兒也。'"②這説明戴震不滿于書本上的現成答案，喜歡刨根問底。放在今天，如果有個戴震式的學生突然在課堂上舉手問我們："老師，您怎麼知道'五月辛丑'是五月二十三日？"我輩將何以對？ 巴蜀書社《左氏會箋》出版説明："《左氏會箋》，日本人竹添光鴻撰。可謂 20 世紀前中日學者研究《左傳》之集大成者。當然，也有其不足之處，如所引用前人成果，除了杜注尚能辨別外，餘不注明出處，難以進一步深究。"③竊以爲《古代漢語》文選注釋的最大不足之處就是"不注明出處，難以進一步深究"。這樣做的結果，讓學了《古代漢語》的學生衹知道有"王力"，不知其他。而這個"其他"很重要，因爲這個"其他"是本，是源。《禮記·學記》："三王之祭川也，皆先河而後海，或源也，或委也，此之謂務本。"④學生讀書而不知其本，這樣的教學效果，是成功，還是失敗？ 假設我們這樣教出來的學生異日也去教《古代漢語》了，他們該怎樣教他們的學生呢？ 如果有個學生忽然發問："老師，你怎麼知道是這樣講的呢？"答曰："是王力《古代漢語》這樣講的。"這

---

① 王力主編：《古代漢語》（校訂重排本），848—849 頁。
② 戴震：《戴震集》，中華書局，1980 年，216 頁。
③ 竹添光鴻：《左氏會箋》，巴蜀書社，2008 年，2 頁。
④ 吕友仁整理：《禮記正義》，1449 頁。

樣的回答,是不是令人無語?

再從獲得知識多少的角度來看,以《古代漢語》文選《鄭伯克段于鄢》爲例,我調查了王、孔兩家注釋徵引文獻的數字,謹報告于下:

孔穎達《春秋左傳正義》"鄭伯克段于鄢"一節徵引文獻統計:徵引《毛詩》三次,《周禮》五次,《儀禮》一次,《禮記》一次,賈逵《春秋左氏解詁》三次,服虔《春秋左氏傳解誼》一次,王肅《春秋左氏傳注》一次,杜預《春秋釋例》兩次,何休《春秋公羊傳解詁》一次,《論語》兩次,《爾雅》三次,《孟子》一次,許慎《五經異義》一次,鄭玄《駁五經異義》一次,《尚書大傳》一次;《國語》四次,《逸周書》二次,《漢書》三次。凡文獻十八種,三十六引。另外,馬融一引,鄭玄一引,筆者尚不知出自何書。

王力《古代漢語》文選《鄭伯克段于鄢》注釋徵引文獻統計:徵引黃生《義府》一次,孫詒讓《周禮正義》一次,凡兩種兩次。

王、孔兩家注釋徵引的文獻,相差何止倍蓰。這還僅僅是文選中的一篇。王力《古代漢語》的《左傳》文選是 10 篇,《禮記》文選是 6 篇,《詩經》文選是 25 篇,合計 41 篇。孔疏每篇徵引的文獻有多有少,姑以平均每篇徵引 5 部文獻計算,就是 200 篇出頭。如果再加上《論語》和《孟子》,數字就更大了。

筆者認爲孔穎達《五經正義》的做法值得借鑒,當代一些同類著述的做法值得借鑒。王力先生《古代漢語的教學》一文說:"注釋是文選部分的主要工作,教學的品質在很大程度上取決于注釋的品質。"①這話很對。希望《古代漢語》的下一次修訂,能夠充分注意到"注釋的品質"的問題。

---

① 王力:《王力文集》第十九卷,山東教育出版社,1980 年,421 頁。

第八章　對王力《古代漢語》凡例的兩點改進建議

《古代漢語·凡例》:"五、注釋一般采用傳統的説法。其中有跟一般解釋不一樣的,則注明'依某人説'。但不兼采衆説,以免增加學生負擔。"(2頁)對這條凡例,筆者有兩點改進建議,請次第説之。

第一節　對"注釋一般采用傳統的説法"的表述的改進建議

筆者認爲,"注釋一般采用傳統的説法"的表述太籠統,令人不可捉摸。什麽樣的説法算是"傳統的説法",應該有個明確的界説。緊接着又來了一句"其中有跟一般解釋不一樣的",這個"一般解釋"又怎樣講? 也令人大費猜想。還有,上句是"傳統的説法",下句是"一般解釋",二者是不是同一個概念? 如果不是,就需要分别加以解釋;如果是,爲什麽不把"一般解釋"改作"傳統的説法",使前後一致,也免得讀者費猜想。

姑以"傳統的説法"爲準,筆者猜想,可能是指文選簡介中提到的古注吧? 我就試着按照這個思路去驗證,但結果並不理想。例如,《古代漢語》的《左傳》簡介:"自東漢以來,爲《左傳》作注的很多,現在最通行的是《十三經注疏》中的《春秋左傳注疏》(晋杜預注,唐孔穎達疏)。"(8頁)因爲介紹的注本僅此一家,我試着驗證了一下,吻合,算是對上號了。但有的就不好説了。例如,《古代漢語》的《論語》簡介:"《論語》通行的注本有《論語注疏》(魏何晏集解,宋邢昺疏)和宋朱熹的《論語集注》,清劉寶楠的《論語正義》。"(180頁)給讀者介紹的通行注本有三家。《孟子》簡介:"現在通行的注本有《十三經注疏》本(東漢趙岐注,宋孫奭疏),宋朱熹的《四書集注》,和清焦循的《孟子正義》。"(285—286頁)給讀者介紹的通行注本也是三家。《詩經》簡介:"歷代的《詩經》注本和研究《詩經》的著作很多,通行的較好的注本有:《毛詩正義》(漢毛亨傳,東漢鄭玄箋,唐孔穎達疏),《詩集傳》(宋朱熹著),《詩毛氏傳疏》(清陳奐著),《毛詩傳箋通釋》(清馬瑞辰著)。"(472頁)給讀者介紹的通行的較好的注本有四家。像這樣,通行注本有三家、四家的,要讓讀者弄清楚"傳統的説法"究竟出自哪一家,容易嗎?還有,有的文選,《古代漢語》並沒有給讀者介紹注本,在這種情況下,這"傳統的説法"可到哪里去落實?例如,文選《戰國策》簡介説:"對這部書,前人祇作了些零星的校勘工作,還談不上系統地整理,至今還没有一個較好的注本。"(100—101頁)是其例。

針對上述籠統的表述給讀者帶來的困惑,筆者建議《古代漢語》將它改爲明確的、具體的表述,使讀者一望可知。這樣做的話,既合乎學術規範,又有利于學生深入研究(動腦筋的學生可以去看原書),一舉兩得,何樂而不爲?

梁啓超《清代學術概論》稱贊清代"正統派之學風"説:"凡采用舊説,必明引之。"[1]所謂"舊説",就是前人之説。實際上,"凡采用舊説,必明引之",並非限于清代。自古以來,一貫如此。舉例來説,唐代孔穎達《五經正義》,這是孔穎達奉詔編撰的一部以注釋爲主體的全國性教材。"正義",初名"義贊",唐太宗下詔改稱"正義",可是所謂"正義",也是注釋之義。這部大書對每一經的注釋取材來源都有明確的交代。姑以其中的

---

① 梁啓超:《清代學術概論》,第47頁。

《春秋左傳正義》爲例,孔穎達《春秋左傳正義序》説:"(南北朝)其爲《義疏》者,則有沈文阿、蘇寬、劉炫。然沈氏于義例粗可,于經傳極疏。蘇氏則全不體本文,唯旁攻賈、服,使後之學者鑽仰無成。劉炫于數君之内,實爲翹楚。然聰惠辯博,固亦罕儔,而探賾鈎深,未能致遠。然比諸《義疏》,猶有可觀。今奉敕删定,據以爲本,其有疏漏,以沈氏補焉;若兩義俱違,則特申短見。"①可知孔穎達《春秋左傳正義》的取材來源,首先是劉炫的《義疏》,其次是沈文阿的《義疏》,交代的清清楚楚。

當代學者也是如此。例如,楊伯峻《春秋左傳注·凡例》云:"注釋儘量采取前人及今人研究成果。前人解説,論證可信而文字不繁者,則引用原文。若于原文有所删削,便注明'詳'某人某書;若于原文略有增改,則注明'見'某人某書;若因前人之説啓我之心,論證多自己出,則注明'本'某人某書;若于原説並不全用,則注明'參'某人某書。至融合前人之説,其論證爲前人所常見,或爲著者之心得,概不注明。"②

按:以上兩家都把自己注釋的取材所自説得明白而具體,建議王力《古代漢語》作爲參考,也把上述籠統的表述改得明白而具體。

第二節　建議删除"但不兼采衆説,以免增加學生負擔"的表述

筆者斗膽直言,建議《古代漢語》把"但不兼采衆説,以免增加學生負擔"的表述删去。理由有五:

理由之一:這個表述與傳統做法背道而馳。須知"兼采衆説"是我國注釋學的優良傳統。謂予不信,請看:

(1)《漢書·儒林傳》贊曰:"初,《書》唯有歐陽,《禮》后,《易》楊,《春秋》公羊而已。至孝宣世,復立大小夏侯《尚書》、大小戴《禮》,施、孟、梁丘《易》、穀梁《春秋》。至元帝世,復立京氏《易》。平帝時,又立《左氏

---

① 浦衛忠等整理:《春秋左傳正義》,第4—5頁。
② 楊伯峻:《春秋左傳注·凡例》(修訂本),第2頁。

春秋》《毛詩》《逸禮》《古文尚書》。所以罔羅遺失，兼而存之，是在其中矣。"顔師古注引如淳曰："雖有虛妄之説，是當在其中，故兼而存之。"①

按：所謂"兼而存之"，與"兼采衆説"是一個意思。"衆説"之中，有是有非，倉促難辨，需要時間來檢驗。如果倉促做出決斷，借用《尚書》成語，就難免"罰無罪，殺無辜"。②

（2）班固《白虎通義》是班固受命整理白虎觀講論《五經》同異的會議記録。今本《白虎通義》中有三十二個"或曰"，這個"或曰"就是會議討論中的"兼而存之"的記録。清人陳立《白虎通疏證》説："《白虎通》雜論經傳，多以前一説爲主。'或曰'，皆廣異聞也。"③所謂"廣異聞"，不就是"兼采衆説"嘛！舉例來説，"刑不上大夫"怎樣講？兩千年來的主流解釋都是大夫享有免刑的特權，實際是誤解。《白虎通義·五刑》："刑不上大夫何？尊大夫。或曰：撻笞之刑也。"④這個"或曰：撻笞之刑"，其身份雖是異聞，卻是唯一正確的答案。爲什麽"撻笞之刑"不上大夫？"士可殺而不可辱"也。

（3）許慎《説文解字序》："博采通人，至于小大，信而有證。"⑤非獨此也，《説文解字》中還有648個"一曰"。例如，《説文解字·示部》："禋，潔祀也。一曰精意以享爲禋。"段玉裁注云："凡義有兩歧者，出一曰之例。《山海經》《韓非子》《故訓傳》皆然。"⑥

（4）《後漢書·鄭玄傳》論曰："鄭玄括囊大典，網羅衆家，刪裁繁蕪，刊改漏失，自是學者略知所歸。"⑦所謂"括囊大典"，謂其遍注群經；所謂"網羅衆家"，謂其相容並包。姑舉一例。清人馬瑞辰《毛詩傳箋通釋》卷一："鄭君箋《詩》，自云'宗毛爲主'。其間有與毛不同者，多本《三家詩》。"⑧

① 班固：《漢書》，第3620—3621頁。
② 廖名春、陳明整理：《尚書正義》，北京大學出版社，2000年，第517頁。
③ 陳立：《白虎通疏證》卷九，442—443頁。
④ 陳立：《白虎通疏證》卷九，第442頁。
⑤ 許慎：《説文解字》，中華書局，1963年，第316頁。
⑥ 段玉裁：《説文解字注》，3頁下欄。
⑦ 范曄：《後漢書》，1213頁。
⑧ 馬瑞辰：《毛詩傳箋通釋》，20頁。

（5）朱熹《晦庵集》卷六十九《學校貢舉私議》："近年以來,習俗苟偷,學無宗主。……今欲正之,莫若討論諸經之説,各立家法,而皆以注疏爲主,如《易》,則兼取胡瑗、石介、歐陽修、王安石、邵雍、程頤、張載、吕大臨、楊時;《書》則兼取劉敞、王安石、蘇軾、程頤、楊時、晁説之、葉夢得、吴棫、薛季宣、吕祖謙;《詩》則兼取歐陽修、蘇軾、程頤、張載、王安石、吕大臨、楊時、吕祖謙;《周禮》則劉敞、王安石、楊時;《儀禮》則劉敞;二戴《禮記》則劉敞、程頤、張載、吕大臨;《春秋》則啖助、趙匡、陸淳、孫明復、劉敞、程頤、胡安國;《大學》《論語》《中庸》《孟子》,則又皆有集解等書,而蘇軾、王雱、吴棫、胡寅等説亦可采。"① 按:如何爲《五經》《四書》作好注解,朱熹設計的一連串的"兼取",不正是"兼采衆説"嗎!

理由之二:孔穎達《五經正義》是一部奉敕編撰的以注釋爲主體的全國性教材,是唐、宋兩代六百年的科舉考試的標準用書。朱熹《四書章句集注》也是以注釋爲主體的全國性教材,是元明清三朝科舉考試的標準用書。這兩部書的影響之大,使用之久,都不亞於作爲全國教材的王力《古代漢語》。披閲這兩部書,會發現孔穎達和朱熹二氏之書都是不約而同地兼采衆説。

先看孔穎達《五經正義》。在《五經正義》中,"不知二者,誰得經意""先儒各以意説,未知孰得其本""各言其志,未知孰是""諸説不同,未知孰是""古事難悉,未知孰是,故備存焉"一類的字樣,累見不鮮,這不就是《五經正義》"兼采衆説"的寫照嗎! 請看《禮記正義》中的三則實例:

（1）《禮記·曲禮上》:"夫爲人子者,恒言不稱老。"鄭注:"廣敬。"孔疏:"'恒言不稱老'者,老是尊稱,若其稱'老',乃是己自尊大,非是孝子卑退之情,故注云'廣敬'。或云:子若自稱老,父母則甚老,則感動其親,故舜年'五十而慕'是也。"②

按:"或云"以下,是兼采衆説。

（2）《禮記·檀弓上》:"將軍文子之喪,既除喪,而後越人來吊,主人

---

① 朱熹:《晦庵集》,朱傑人等主編:《朱子全書》,第 23 册,3360 頁。
② 吕友仁整理:《禮記正義》,第 33 頁。

深衣練冠待于廟。"鄭注:"待于廟,受吊不迎賓也。"孔疏:"云'待于廟,受吊不迎賓也'者,以其死者遷入于廟,故今待吊于廟,就死者。案《士喪禮》,始死,爲君命出;小斂以後,爲大夫出。是有受吊迎賓。今以除服受吊,故不迎賓也。或曰:此非己君之命,以敵禮待之,故不迎也。或云:此是禫後吉時來也,故不在寢而待于廟也。"①

　　按:此節孔疏,一個"或曰",一個"或云",是兼采衆説。

　　(3)《禮記·曾子問》:"若宗子死,告于墓,而後祭于家。"鄭注:"言'祭于家',容無廟也。"孔疏:"從上以來,雖據宗子有爵而言,其廟在家。今宗子既死,庶子無所可辟,當云'告于墓而後祭于宗子之家',今直云'祭于家',是祭于庶子之家,是容宗子之家無廟故也。宗子所以無廟者,宗子無爵,不合立廟。或云:'祭于家'者,是祭于宗子之家,容庶子之家無廟也。庶子所以無廟者,一是庶子無爵,不合立廟;二是宗子無罪,居他國,以廟從,本家不復有廟故也。"②

　　按:"或云"以下,是兼采衆説。

　　再看朱熹《四書章句集注》兼采衆説的實例:

　　(1)朱熹《論語集注·爲政》:"子曰:'道之以德,齊之以禮,有耻且格。'"注云:"禮,謂制度品節也。格,至也。言躬行以率之,則民固有所觀感而興起矣。而其淺深厚薄之不一者,又有禮以一之,則民耻于不善而又有以至于善也。一説:格,正也。《書》曰:'格其非心。'"③

　　按:"一説:格,正也"云云是兼采衆説。

　　(2)朱熹《論語集注·爲政》:"子曰:'視其所以,觀其所由。'"注云:"觀比視爲詳矣。由,從也。事雖爲善,而意之所從來者有未善焉,則亦不得爲君子矣。或曰:由,行也,謂所以行其所爲者也。"④

　　按:"或曰"云云是兼采衆説。

①　吕友仁整理:《禮記正義》,第296頁。
②　吕友仁整理:《禮記正義》,第806頁。
③　朱熹:《四書章句集注》,第54頁。
④　朱熹:《四書章句集注》,第56頁。

（3）朱熹《論語集注·八佾》："孔子謂季氏：'八佾舞于庭，是可忍也，孰不可忍也！'"注云："季氏，魯大夫季孫氏也。佾，舞列也。天子八，諸侯六，大夫四，士二。每佾人數，如其佾數。或曰：每佾八人。未詳孰是。"①

按："或曰"云云是兼采衆説。

再説"以免增加學生負擔"的問題。筆者認爲，王力《古代漢語》的編者過慮了！孔穎達《五經正義》的讀者多是兒童。知者，孔穎達《尚書正義序》："冀有益于童稚。"②孔穎達《毛詩正義序》："庶以垂訓幼蒙。"③朱熹《四書章句集注》的讀者當與之同。孔氏、朱氏兩家之書的讀者是小孩子，王力《古代漢語》的讀者是大學生。孔氏、朱氏兩家不擔心"增加學生負擔"，王力《古代漢語》倒擔心起來了，這讓人難以理解。此其一。竊以爲，我們首先應該考慮的不是"以免增加學生的負擔"的問題，而是應該考慮怎樣引導學生認識真實的外部世界的問題。真實的外部世界是複雜的，爲什麼我們要人爲的把它簡單化，讓學生生活在一個虛幻的世界裏？等到他們一旦接觸到真實的外部世界，没有足夠的精神準備與學術素養，學生會怎樣想？會感謝我們給他們減輕負擔了嗎？此其二。

理由之三：王力《古代漢語》文選注釋中的某些注釋之所以成功，其原因恰恰就是有賴于前人的"兼采衆説"。現在輪到自己了，忽然説自己"不兼采衆説"，豈不是有得魚忘筌之嫌嗎？謂予不信，請看下面4例：

（1）文選《齊桓公伐楚》："無以縮酒。"

注釋：没有用來縮酒的東西。縮酒，滲酒，祭祀時的儀式之一：把酒倒在束茅上滲下去，就像神飲了一樣（依鄭玄説，見《周禮·甸師》注）。（14頁）

按：此非鄭玄説，乃鄭玄《周禮》注徵引鄭大夫（鄭興）之説也。鄭玄此注，凡徵引三説；鄭大夫説、杜子春説及鄭玄自己之説。而鄭玄之説與鄭大夫之説不同。知者，《周禮·甸師》："祭祀共蕭茅。"鄭玄注："鄭大夫

① 朱熹：《四書章句集注》，第61頁。
② 孔穎達：《尚書正義序》，《十三經注疏》，110頁。
③ 孔穎達：《毛詩正義序》，《十三經注疏》，261頁。

191

云:'蕭,字或爲茜。茜,讀爲縮。束茅立之祭前,沃酒其上,酒滲下去,若神飲之,故謂之縮。故齊桓公責楚不貢包茅,王祭不共,無以縮酒。'杜子春讀爲蕭,蕭,香蒿也。玄謂:縮酒,泲酒也,醴齊縮酌。"①孫詒讓《周禮正義・甸師》:"後鄭(即鄭玄)以泲(按:過濾)訓縮,此與大夫説縮酒爲束茅立祭前沃酒其上者異。"②試想,如果鄭玄此注不"兼采衆説",《古代漢語》安得括注徵引鄭大夫之説?

(2) 文選《許行》:"許子衣褐。"

注釋:褐是用毛編織的,所以不算是織布(依趙岐説)。(303—304 頁)

按:"許子衣褐"句,出自《孟子・滕文公上》。東漢趙岐此句注,實際含有三説:"許子衣褐,以毳織之,若今馬衣也。或曰:褐,枲衣也。一曰:粗布衣也。"焦循《孟子正義》:"趙氏云'馬衣',本《左傳》及《淮南子》高注也;云'枲衣',本《説文》'編枲襪'也;云'粗布衣',本《説文》'粗衣'也。"③是趙氏此注凡三説也。《古代漢語》注釋所采用者,蓋三説中的第一説"以毳織之,若今馬衣也"。如果趙岐注不"兼采衆説",《古代漢語》安得括注"依趙岐説"?

(3) 文選《有子之言似夫子》:"問喪于夫子乎?"

注釋:在夫子那裏聽説過丟官罷職的事情嗎?問,當作"聞"(依《經典釋文》)。(207 頁)

按:陸德明《經典釋文》實際上是並列兩説:"問喪,問,或作'聞'。"④其中之作"問",是第一説。作"聞"者,是第二説,是或本之説。《古代漢語》注釋實際上采用的是《經典釋文》或本之説。如果陸德明《釋文》不"兼采衆説",《古代漢語》安得括注"問,當作'聞'"?

(4) 文選《韓非子・五蠹》:"以寡趣本務而趨末作。"

注釋:"趨"當爲"外"(依王先慎説)。(416 頁)

---

① 孫詒讓:《周禮正義》,289 頁。
② 孫詒讓:《周禮正義》,292 頁。
③ 焦循:《孟子正義》,368—369 頁。
④ 陸德明:《經典釋文》,665 頁。

按：此非王先慎説，乃王先慎徵引盧文弨《群書拾補》之説也。知者，先慎曰："《拾補》'趨'作'外'，盧文弨云'趨'誧。"先慎按："張榜本作'滅'，較舊義爲近。"①可知王先慎此注凡二説，一是盧文弨説，二是王先慎本人之説。王先慎不以盧説爲然。如果王先慎不"兼采衆説"，《古代漢語》安得徵引盧文弨説哉？

理由之四：王力《古代漢語》也有"數讀皆可通"之説。

王力《古漢語通論·古書的句讀》：古代不同的句讀，有的是某一注疏家弄錯了，如上面所舉《左傳》哀公十七年一例。有的是數讀皆可通的。其實數讀皆可通，也可分爲兩種情況：一種祇是不同的斷法，如《論語·季氏》，："君子疾夫，舍曰欲之，而必爲之辭。"一讀"夫"字後不斷句，還有一讀"欲之"後也不讀斷（頁下注：參看武億《經讀考異》）。無論哪一讀法，意思都是一樣。另一種情況則是因爲時代久遠，目前無法確定作者的原意，暫時數讀皆可通，如《論語·公冶長》："願車馬，衣輕裘，與朋友共，敝之而無憾。"《白虎通》引作"願車馬輕裘與朋友共敝之"，無"衣"字，從"敝之"斷句；《一切經音義》引作"共敝之而無憾"，是以"共"與"敝之而無憾"連爲一句（頁下注：參看武億《經讀考異》）。"共"字屬下不屬下，意思稍有區別，現在還無從確定哪一斷法符合作者的原意。（1130頁）

按："數讀皆可通"之説，實質上也是"兼采衆説"。

理由之五：王力《古代漢語》自違其例。筆者發現王力《古代漢語》的文化常識部分和文選注釋中也有12例是"兼采衆説"，請看：

（1）《古漢語通論·曆法》：一般認爲這裏的攝提就是作爲太歲年名的攝提格，是説屈原出生于"太歲在寅"之年（頁下注：注意：屈原時代的"太歲在寅"是反映當時歲星所在的相應的方位的，人們可以把《離騷》裏的攝提（格）翻譯爲寅年，但不能理解爲後世干支紀年法裏的寅年，干支紀年法裏的子丑寅卯祇是一套抽象的次序符號，和太歲所在、歲星所在沒有關係。又，朱熹《楚辭集注》説："攝提，星名；隨斗柄以指十二辰者也。"這

---

① 王先慎：《韓非子集解》，中華書局，1998年，455頁。

是另外一種解釋）。（853 頁）

按：《古代漢語》介紹朱熹對"攝提"的解釋是兼采衆説。

（2）《古漢語通論·科舉》："射策"則類似抽籤考試，由應舉者用矢投射簡策，並解釋射中的簡策上的疑難問題（頁下注：見《漢書·蕭望之傳》顏師古注，《唐摭言》卷一。但是《文心雕龍·議對》説，射策是"言中理準，譬射侯中的"，這是對射策的另一種解釋）。（885 頁）

按：《古代漢語》介紹劉勰《文心雕龍》對"射策"的解釋是兼采衆説。

（3）《古漢語通論·職官》：此外漢武帝又置期門、羽林作爲光禄勳的屬官，期門是漢武帝微行時的侍從，羽林是宿衛之官（頁下注：《漢書·百官公卿表》顏師古注："羽林亦宿衛之官，言其如羽之疾，如林之多也。一説羽所以爲王者羽翼也。"）。（875 頁）

按：頁下注的"一説"云云是兼采衆説。

（4）《古漢語通論·宗法》：《史記·秦本紀》載，秦文公二十年(西元前746年)"法初有三族之罪"，依張晏説，這裏的三族指父母、兄弟、妻子（頁下注：如淳認爲指父族、母族、妻族）。（986 頁）

按：頁下注介紹如淳之説是兼采衆説。

（5）《古漢語通論·車馬》："駕車的馬如果是三匹或四匹，則有驂服之分。兩旁的馬叫驂，中間的馬叫服。一説服之左曰驂，右曰騑。"（999 頁）

按："一説"云云是兼采衆説。

（6）《古漢語通論·飲食》："所謂五味，據説是醯、醢、鹽、梅和一種菜。這菜可以是葵，可以是葱，可以是韭。另一説牛羹用藿，羊羹用苦(苦菜)，豕羹用薇。"（1001 頁）

按："另一説"云云是兼采衆説。

（7）《古漢語通論·衣飾》：冕的形制和一般的冠不同。冕上面是一幅長方形的版，叫延（綖），下面戴在頭上。延的前沿掛着一串串的小圓玉，叫做旒。據説天子十二旒（頁下注：一説皇帝的冕前後各有十二旒）。（1004 頁）

按：頁下注的"一説"是兼采衆説。

（8）《古漢語通論·衣飾》：《説文》："絝，脛衣也。"可見當時所説的袴，很像今天的套褲（頁下注：依段玉裁説。王國維《觀堂集林》卷二十二《胡服考》認爲"袴與今時褲制無異"）。（1008頁）

按：頁下注介紹王國維之説是兼采衆説。

（9）《古漢語通論·衣飾》：有襠的褲子叫褌（kūn），又寫作幒。《釋名·釋衣服》説："褌，貫也，貫兩脚，上系腰中也。"此外有一種褌，類似後世的短褲叉，形似犢鼻，叫犢鼻褌（頁下注：錢大昕《十駕齋養新録》卷四"犢鼻褌"條説，幒無襠者謂之袂，突幒聲相近，重言爲犢鼻，單言爲突，後人加衣旁作袂。這是另一種解釋）。（1008頁）

（10）文選韓愈《送孟東野序》："從吾游者，李翱、張籍其尤也。"

注釋：李翱，字習之，趙郡（今河北趙縣）人。一説成紀（今甘肅秦安縣東）人，以古文著稱。（1024頁）

按："一説"云云是兼采衆説。

（11）文選賈誼《吊屈原賦》："鳳凰翔于千仞兮。"

注釋：仞，七尺，一説八尺。（1251頁）

按："一説八尺"是兼采衆説。

（12）文選陶潛簡介：陶潛（公元365—427），字淵明，一説名淵明，字元亮，世稱靖節先生。（1270頁）

按："一説"云云是兼采衆説。

小結："兼而存之，是在其中"，這是兩千年來被事實證明（包括王力《古代漢語》）是屢試不爽的認識客觀世界的一條規律，希望《古代漢語》在未來的修訂中能夠予以重視。

第九章　對王力《古代漢語》引書是否合乎學術規範的檢討

　　本書在第七章《王力〈古代漢語〉經部文選注釋與孔穎達〈五經正義〉注釋的比較》和第八章對王力《古代漢語》文選注釋凡例的質疑中，都談到了引書的學術規範問題。限于體例，有些問題不便于在上述兩章中進行討論，所以有此專章之設。筆者認爲，學術規範問題，是教師必須遵守的問題，沒有討價還價的餘地。這是兩千多年以來的學者共識。這種共識，不僅爲國人所遵守，而且也得到外國學者的認同，瑞典學者高本漢是其例。

第一節　王力《古代漢語》中的引書合乎學術規範者

　　管見所及，王力《古代漢語》引書合乎學術規範者計有 17 例：

　　(1)《古漢語通論·曆法》：伏日，夏至後第三個庚日叫初伏，第四個庚日叫中伏，立秋後第一個庚日叫終伏(末伏)，總稱爲三伏。據説伏是隱伏避盛暑的意思。

頁下注：此據《史記·秦本紀》"二年初伏"張守節正義。(859—
860頁)①

(2)《古漢語通論·科舉》：茂材就是秀才(優秀的人才)，據說後因
避東漢光武帝諱纔改稱茂才的。

頁下注：《史記·屈原賈生列傳》張守節《正義》引應劭云："避光武
改茂才也。"(885頁)

(3)《古漢語通論·什物》：《説文》説："燭，庭燎、大燭也。"細分起
來，拿在手上叫燭，大燭立在地上叫庭燎。據說大燭是用葦薪做的，小燭
是用麻蒸做的。

頁下注：依朱駿聲説，麻蒸是去掉皮的麻秸。(1011頁)

(4)文選《藝文志·諸子略》注釋：[2]羲和，羲氏、和氏，相傳爲上古
世掌天地四時的官。《尚書·堯典》："乃命羲和，欽若昊天，曆象日月星
辰，敬授民時。"(756頁)

(5)文選《藝文志·諸子略》注釋：選士，相傳周代有選士的制度。
《禮記·王制》："命鄉論秀士，升之司徒，曰選士。"(757頁)

按：《禮記·王制》云云，見《禮記正義》。②

(6)文選李密《陳情表》"死當結草"注釋：結草，春秋時晋卿魏犫有
個寵妾，無子。魏犫病了，告訴他兒子魏顆，等他死後一定把寵妾嫁出去。
等到病重，又要寵妾殉葬。魏犫死後，魏顆覺得父親病重神志不清時的話
不足從，所以仍把寵妾嫁出去了。後來魏顆與秦人交戰，據說看見有一個
老人結草把秦的力士杜回絆倒了，于是俘獲了杜回。夜裏夢見老人自稱
是寵妾的父親，是來報答不殺其女之恩的。事見《左傳宣公十五年》。後
代就以"結草"表示死後報恩。(932頁)

(7)文選《文選序》：冬穴夏巢之時。

注釋：《禮記·禮運》："昔者先王未有宫室，冬則居營窟，夏則居橧
(zēng)巢(聚柴木所做的巢)；未有火化，食草木之實，鳥獸之肉，飲其血，

---

① 本節括注頁碼，均指王力主編《古代漢語》(校訂重排本，中華書局，1999年)頁碼。
② 吕友仁整理：《禮記正義》，545—546頁。

茹其毛。"（1156頁）

（8）文選《哀江南賦序》注釋：高橋，又作皋橋，在江蘇吳縣閶門内，相傳漢時皋伯通居此橋旁。《後漢書·梁鴻傳》載：梁鴻曾至吳依皋伯通，居廡（廊下的小屋子）下。（1170頁）

（9）文選《滕王閣序》注釋：紫電，寶劍名。《古今注》："吳大皇帝有寶劍六，……二曰紫電。"青霜，亦指劍。《西京雜記》載：漢高祖的斬白蛇劍，十二年磨一次，劍刃常像霜雪那樣白亮。按：傳説主霜雪之神是青女，所以稱爲"青霜"。見《淮南子·天文訓》。（1179頁）

（10）文選《滕王閣序》"酌貪泉而覺爽"注釋：貪泉，《晉書·吳隱之傳》載：廣州北二十里的石門有水叫貪泉。據説誰喝了那水就要懷無厭之欲。隱之到了那裏，喝了泉水，賦詩一首："古人云此水，一歃懷千金。試使夷齊（伯夷叔齊）飲，終當不易心。"（1184頁）

按："青霜"的典故涉及兩種古書，《古代漢語》編者一一揭示，值得點贊。

（11）文選《夢游天姥吟留別》注釋：海客，指航海者。瀛州，傳説中的仙山。《史記·秦始皇本紀》："海中有三神山，名曰蓬萊、方丈、瀛州，仙人居之。"（1431頁）

（12）文選《夢游天姥吟留別》注釋：天雞，古代神話傳説，東南有桃都山，山上有棵大樹叫桃都，樹枝之間相隔三千里，上有天雞，太陽剛出來照耀這棵樹的時候，天雞就叫起來，天下的雞也都跟着它叫（見《述異記》）（1432頁）

（13）文選陸游《黄州》"生子何須似仲謀"注釋：仲謀，孫權的字。據説曹操攻吳時見孫權軍隊很整齊，于是嘆説："生子當如孫仲謀。"（見《三國志·吳書·吳主傳》裴松之注引《吳曆》）（1469頁）

（14）《古漢語通論·古書的句讀》：古書一般是不斷句的，前人讀書時要自己斷句。古代斷句用"、"作爲標志。《説文解字》説："、（zhǔ），有所絶止而識之也。"有人認爲這就是句讀（dòu）的"讀"的本字。

頁下注：見楊樹達《古書句讀釋例·叙論》。（1117頁）

按：楊樹達《古書句讀釋例·叙論》："《説文·丶部》云：'丶，有所絶止而識之也.'按：丶即今所用之讀點。又按：丶，今音之庾切，古音則讀如豆，蓋古人用丶以爲絶句之記號，後人因假籀書之讀爲句讀之讀。然則，丶爲本字，讀乃假字，以音近通假耳。"①然則，這個"有人認爲"，就是楊樹達《古書句讀釋例·叙論》認爲。

（15）常用詞【兩】：後來"兩"用作重量單位，二十四銖（zhū）爲一兩，十六兩爲一斤。據《漢書·律曆志》説，十二銖爲一龠（yuè），兩龠爲一兩，所以叫"兩"。（58 頁）

（16）常用詞【服】（六）傳説上古王畿（京都及其近郊）之外，每五百里爲一服（一區），共有五服。即：甸服，侯服，綏服，要（yāo）服，荒服。《尚書·禹貢》："五百里甸服，五百里侯服，五百里綏服，五百里要服，五百里荒服。"（601 頁）

（17）常用詞【墳】（四）經典，遠古的書籍。相傳最古的書是"三墳五典"。左傳昭公十二年："是能讀三墳五典八索九丘。"（1501 頁）

按：合乎學術規範的引書能讓學生在兩個方面受益。第一，培養大學生尋根問底的學術思維；第二，增長了學生知道的古書，耳濡目染，日積月累，積少成多，其效果不可小覷。上述 17 例，就至少讓學生知道了 18 種書。

第二節　王力《古代漢語》中的引書
不合乎學術規範者

按：王力《古代漢語》引書不合乎學術規範的特點是不明引，含糊其詞。歸納起來，有下列七種情況：一、"據近人研究"1 例；二、"據説"37 例；三、"舊説"21 例；四、"傳説"26 例；五、"相傳"23 例；六、"有人説、有人認爲、有人推想"8 例；七、不言所出者 1 例。合計 117 例。需要説明

---

① 楊樹達：《古書句讀釋例》，中華書局，1954 年，1—2 頁。

的是,這 117 例,是筆者自認爲能夠找出其引書出處的數字;還有一些不明引的,自慚孤陋,未能找出其出處,不計在內。下面逐一說之。

一、王力《古代漢語》中的"據近人研究"1 例

《古漢語通論·冠禮》:

據近人研究,氏族社會的男女青年到達成熟期後必須參加"成丁禮"纔能成爲氏族公社的正式成員,纔能享受應有的權利和履行應盡的義務。周代的冠禮(加冠儀式)就是由這種"成丁禮"變化來的。

周代貴族男子二十歲時由父親在宗廟裏主持冠禮。行禮前先筮日(選定加冠的日期)、筮賓(選定加冠的來賓)。行禮時由來賓加冠三次:先加緇布冠,表示從此有治人的特權;次加皮弁,表示從此要服兵役;最後加爵弁,表示從此有權參加祭祀(注:緇布冠是用黑麻布做的冠,皮弁是用白鹿皮做的,爵弁是赤黑色的平頂帽子,是祭祀時戴的)。來賓敬酒後,去見母親,又由來賓取"字",然後去見兄弟姑姊,最後戴禮帽穿禮服帶禮品去見國君卿(按:字誤,當作"鄉")大夫和鄉先生。主人向來賓敬酒贈禮品後,禮成。

貴族男子二十歲結髮加冠後可以娶妻,貴族女子十五歲許嫁時舉行筓禮後結髮加筓。所謂結髮,就是在頭頂上盤成髮髻(區別于童年的髮式),表示年屆"成人",可以結婚了。《文選》卷二十九蘇武詩說:"結髮爲夫妻,恩愛兩不疑。"可見這種風俗流傳很久。(981—982 頁)

按:此節中所說的"據近人研究",實際上是取自楊寬先生 1962 年發表的《"冠禮"新探》一文。知者,楊文云:

西周、春秋時代貴族所應用的"周禮",其冠禮之由氏族制時期的"成丁禮"變化而來,就是個顯著的例證。成丁禮,也叫"入社式",是氏族公社中男女青年進入成年階段必經的儀式。按照當時習慣,男女青年隨着成熟期的到來,需要受到一定的訓練和考驗。如果訓練合格,便可參與成丁禮,成爲正式成員,得到成員應有的氏族權利,還必須履行成員應盡的義務。

根據《儀禮·士冠禮》,貴族男子到二十歲時,要在宗廟中由父親

主持舉行冠禮。舉行的儀式,主要是由來賓加冠三次,初加緇布冠,再加皮弁,三加爵弁。三加後,由來賓替他取"字"。加冠後,要往見母親、親屬和國君、卿(按:字誤,當作"鄉")大夫、鄉先生。

　　按禮,貴族男子在結髮加冠後,纔可娶妻;貴族女子在許嫁後,纔可結髮加笄。這個結髮後結婚的風俗,曾流傳很久。《文選》卷二十九蘇子卿詩:"結髮爲夫妻,恩愛兩不疑。"①

按:顧炎武《日知録》卷二十《述古》:"凡述古人之言,必當引其立言之人。古人又述古人之言,則兩引之,不可襲以爲己説也。程正叔傳《易·未濟》'三陽皆失位',而曰:'斯義也,聞之成都隱者。'是則時人之言,而亦不敢没其人。君子之謙也,然後可與進于學。"②程正叔,即北宋程頤,著有《伊川易傳》。對照程頤的做法,《古代漢語》的做法顯然不符合引書學術規範。不過,事情還不是如此簡單。據楊寬著《楊寬自傳》書後所附《楊寬生平重要著述年表》③,氏生于公元 1914 年,卒于 2005 年。《古代漢語》取用楊寬成果時,楊氏健在,尚不足 50 歲,應該稱作"據今人研究"纔是。此其一。1990 年,《中華人民共和國著作權法》誕生了。王力《古代漢語》的第一版、第二版都出版在《著作權法》誕生之前,没關係。1999 年第三版問世,就有關係了。《中華人民共和國著作權法》(2010 年修訂)第二十條明文規定:"作者的署名權的保護期不受限制。"第二十二條規定:"在下列情況下(按:含爲學校課堂教學使用)使用作品,可以不經著作權人許可,不向其支付報酬,但應當指明作者姓名、作品名稱。"對照《中華人民共和國著作權法》的上述規定,《古代漢語》明顯違反了《著作權法》。

二、王力《古代漢語》中的"據説"37 例

(1)《古漢語通論·樂律》:所謂"律中",據《禮記·月令》鄭玄注就

---

① 楊寬:《"冠禮"新探》,《中華文史論叢》第一輯,中華書局上海編輯所,1962 年,22—26 頁;後收入楊寬《古史新探》,中華書局,1965 年,235—238 頁。此處是摘引。
② 顧炎武著、黄汝成集釋、欒保群校注:《日知録集釋》,浙江古籍出版社,2013 年,1184 頁。
③ 楊寬:《歷史激流楊寬自傳》,臺灣大塊文化出版股份有限公司,2005 年,424 頁。

是"律應","律應"的徵驗則憑"吹灰"。吹灰是古人候氣的方法,據説是用葭莩的灰塞在律管裏,某個月份到了,和它相應的律管裏的葭灰就飛動起來了。(868頁)

按:《禮記·月令·孟春之月》:"律中大蔟。"鄭玄注:"律,候氣之管,以銅爲之。中,猶應也。孟春氣至則大蔟之律應。應,謂吹灰也。"孔疏:"云'應,謂吹灰也'者,蔡邕云:'以法爲室,三重户閉,塗釁必周,密布緹縵。室中以木爲案,每律各一案,内庳外高,從其方位,加律其上,以葭莩灰實其端。其月氣至,則灰飛而管通。'如蔡所云,則是爲十二月律,則布室内十二辰,若其月氣至,則其辰之管灰飛而管空也。"①

按:孔疏徵引"蔡邕云",蔡邕有《月令章句》十二卷,見《隋書·經籍志》。此書久佚,後人有輯本多種。孔疏徵引的蔡邕云,見馬國翰《玉函山房輯佚書》卷二四蔡邕《月令章句》。② 可知此"據説",是據蔡邕《月令章句》説。

(2)《古漢語通論·科舉》:此外唐代還有所謂制舉,這是由皇帝特詔舉行的考試,據説是要選拔特殊的人才。(888頁)

按:《新唐書·選舉志》:"唐制,取士之科,多因隋舊,然其大要有三:由學館者曰生徒,由州縣者曰鄉貢,皆升于有司而進退之。其天子自詔者曰制舉,以待非常之才焉。"③是據《新唐書》爲説也。

(3)《古漢語通論·姓名》:據説謚號是死者生前事迹和品德的概括,其實,這往往是虚僞的,不符合事實的。(975頁)

按:《逸周書·謚法解》:"謚者,行之迹也;號者,功之表也。"④是據《逸周書》爲説也。

(4)《古漢語通論·衣飾》:袍是長襖,據説裏面鋪的是亂麻(緼)。

頁下注:現在單袍也叫袍,上古没有這種説法。一説袍裏面鋪的新

①　吕友仁整理:《禮記正義》,604頁。
②　馬國翰:《玉函山房輯佚書》,《續修四庫全書》,第1201册,666頁。
③　歐陽修、宋祁:《新唐書》,1159頁。
④　黄懷信:《逸周書校補注譯》,三秦出版社,2006年,263頁。

綿和舊絮。（1007 頁）

　　按：《禮記·玉藻》：“纊爲繭，緼爲袍。”鄭玄注：“繭、袍，衣有著之異名也。纊，謂今之新綿也。緼，謂今纊及舊絮也。”①是據《禮記》鄭注爲說也。

　　（5）《古漢語通論·衣飾》：上古的鞋叫屨，有麻屨、葛屨等。據說葛屨是夏天穿的，冬天穿皮屨。（1009 頁）

　　按：《毛詩·魏風·葛屨》：“糾糾葛屨，可以履霜。”毛傳：“夏葛屨，冬皮屨。葛屨非所以履霜。”②此“據說”之所出。

　　（6）《古漢語通論·古文的文體及其特點》：墓志銘（墓志）也是紀載死者生前事迹的，前有志，後有銘。它一般是兩塊方石，一底一蓋，底刻志銘，蓋刻標題（某朝某官某人墓志），安葬時埋在墓壙裏，據說是防備陵谷變遷，以便後人辨認的。（1112 頁）

　　按：朱熹《家禮》卷四“刻志石”：“用石二片，其一爲蓋，刻云‘有宋某官某公之墓’，無官者則書其字曰‘某君某甫’；其一爲底，刻云有宋某官某公，諱某字某，某州某縣人，考諱某，某官，母氏某，封某，某年月日生，叙歷官遷次，某年月日終，某年月日葬于某鄉某里某處。葬之日，以二石字面相向，而以鐵束束之，埋之壙前，近地面三四尺間。蓋慮異時陵谷變遷，或誤爲人所動，而此石先見，則人有知其姓名者，庶能爲掩之也。”③此“據說”之所出。

　　（7）《古漢語通論·詞律》：詞譜據說始于明人張綖的《詩餘圖譜》。（1642 頁）

　　按：明王象晋《重刻詩餘圖譜序》：“南湖張子，創爲《詩餘圖譜》三卷，圖列于前，詞綴于後，韻脚句法，犁然井然。一披閱而調可守，韻可循，字推句敲，無事望洋，誠修詞家南車已。”④此“據說”之所出。

---

①　吕友仁整理：《禮記正義》，1205 頁。
②　朱傑人、李慧玲整理：《毛詩注疏》，508 頁。
③　朱熹：《家禮》，影印文淵閣《四庫全書》，第 142 册，558 頁。
④　張綖：《詩餘圖譜》，《四庫全書存目叢書》，第 425 册，202 頁。

（8）《古漢語通論·詞律》：清人戈載的《詞林正韻》把詞韻分爲十九部，其中，平上去三聲分爲十四部，入聲分爲五部。據説這十九部是"取古人之名詞參酌而審定"的，其實不過是詩韻的大致合併，和古體詩的寬韻差不多。（1644頁）

按：戈載《詞林正韻·詞林正韻發凡》之第一條："是書列平上去爲十四部，入聲爲五部，共十九部，皆取古人之名詞，參酌而審定之。"①此"據説"之所出。又按，這個"據説"，用得没有道理。《漢語大詞典》"據説"的釋義是："根據别人説；根據傳言。"《現代漢語詞典》（修訂本）"據説"的釋義是"據别人説"。這裏是根據《詞林正韻》作者戈載自己的《發凡》，也用"據説"，是何道理？

（9）文選《寡人之于國也》注釋：數（cù），密。罟（gǔ），網。據説上古不許用密網捕魚，不滿一尺的魚不得食用，以免有礙魚的生長繁殖。（288頁）

按：《孟子·梁惠王上》："數罟不入洿池，魚鼈不可勝食也。"東漢趙岐注："數罟，密網也。密細之網，所以捕小魚鼈也，故禁之，不得用。魚不滿尺不得食。"②此"據説"之所出。按：這個"據説"，是據本書之注爲説，亦屬用詞不當。此類甚多，下不一一。

（10）文選《寡人之于國也》注釋：衣（yì），用如動詞。帛，絲織品。據説古代一般人到了五十歲，如果養蠶，就可以衣帛，否則祇能衣麻。（288頁）

按：《孟子·梁惠王上》："五畝之宅，樹之以桑，五十者可以衣帛矣。"趙岐注："古者年五十乃衣帛矣。"③

（11）文選《舜發于畎畝之中》注釋："畎畝"連用泛指田野。據説舜耕于歷山，三十歲纔被堯舉用。（316頁）

按：《孟子·告子下》："孟子曰：'舜發于畎畝之中。'"趙岐注："舜耕

---

① 戈載：《詞林正韻》，《續修四庫全書》，第1737册，698頁。
② 廖名春、劉佑平整理：《孟子注疏》，北京大學出版社，2000年，11—12頁。
③ 廖名春、劉佑平整理：《孟子注疏》，12頁。

歷山,三十徵庸。"①蓋"據説"之所出。按:堯舉用舜之事,詳見《史記·五帝本紀》:"舜耕歷山,漁雷澤,陶河濱。舜年二十以孝聞,三十而帝堯問可用者,四岳咸薦虞舜曰可。"②再往前追溯,《尚書·大禹謨》有"帝初于歷山,往于田"之語;③《尚書·舜典》有"舜生三十徵庸"之語。④

(12)文選《舜發于畎畝之中》注釋:傅説(yuè),殷代高宗武丁的相。據説傅説在傅巖(地名)爲人築墙,後來武丁就命他以傅爲氏。(316頁)

按:《史記·殷本紀》:"帝武丁即位,思復興殷,而未得其佐。三年不言,政事決定于冢宰,以觀國風。武丁夜夢得聖人,名曰説。以夢所見,視群臣百吏,皆非也。于是乃使百工營求之野,得説于傅險中。是時説爲胥靡,築于傅險。見于武丁,武丁曰是也。得而與之語,果聖人。舉以爲相,殷國大治,故遂以傅險姓之,號曰傅説。"⑤按:"傅險",《尚書·説命序》作"傅巖"。

(13)文選《北冥有魚》注釋:彭祖,傳説中長壽的人,據説活了八百歲。(382頁)

按:南朝陳陸德明《經典釋文》卷二十六《莊子音義上》"彭祖"徵引《世本》云:"姓籛,名鏗,在商爲守藏史,在周爲柱下史,年八百歲。"⑥蓋"據説"之所出。《世本》,見《漢書·藝文志·春秋家》,後佚,有輯本。

(14)文選《勸學》注釋:螣(téng)蛇,據説是龍類,能興雲霧而游于空中。(404頁)

按:《爾雅·釋魚》:"螣,螣蛇。"郭璞注:"龍類也,能興雲霧而游其中。"⑦蓋"據説"之所出。

(15)文選《勸學》注釋:鼫鼠,形狀像兔子。據説這種鼠"能飛不能

---

①　廖名春、劉佑平整理:《孟子注疏》,407頁。
②　司馬遷:《史記》,32—38頁。
③　黃懷信整理:《尚書正義》,139頁。
④　黃懷信整理:《尚書正義》,111頁。
⑤　司馬遷:《史記》,102頁。
⑥　陸德明:《經典釋文》,1410頁。
⑦　李傳書整理:《爾雅注疏》,337頁。

上屋;能緣(爬樹)不能窮木(爬到樹頂);能游不能渡谷;能穴(挖洞)不能掩身;能走不能先人",所以説"五技而窮"。(404頁)

按:許慎《説文解字・鼠部》:"鼫,五技鼠也。能飛不能過屋,能緣不能窮木,能游不能渡谷。能穴不能掩身,能走不能先人,此之謂五技。"段玉裁注:"《爾雅・釋獸》鼠屬有鼫鼠,孫炎云:'五技鼠也。'"①蓋"據説"之所出。

(16)《文選・五蠹》注釋:蒼頡,相傳爲黄帝的史官,據説我國的文字是由他創造的,其實文字是人民群衆的創造。(411頁)

按:《荀子・解蔽》:"故好書者衆矣,而倉頡獨傳者一也。"唐楊倞注:"倉頡,黄帝史官。"②許慎《説文解字序》:"黄帝之史倉頡見鳥獸蹏迒之迹,知分理之可相別異也,初造書契,百工以乂,萬品以察,蓋取諸《夬》。倉頡之初作書,蓋依類象形,故謂之文;其後形聲相益,即謂之字。"③蓋"據説"之所出。

(17)文選《氓》注釋:桑葚(shèn),桑的果實。據説斑鳩吃了桑葚能醉,這句話比喻女子不要沉溺在愛情裏。(482頁)

按:《毛詩・衛風・氓》:"于嗟鳩兮,無食桑葚。于嗟女兮,無與士耽。"毛傳:"鳩,鶻鳩也。食桑葚過則醉而傷其性。耽,樂也。士與女耽,則傷禮義。"④蓋"據説"之所出。

(18)文選《藝文志・諸子略》注釋:大射,古射禮之一。據説諸侯將有祭祀之事,與群臣射,屢中者得參與祭祀,否則不得參與。(757頁)

按:《禮記・祭義》:"天子將祭,必先習射于澤。澤者,所以擇士也。已射于澤,而後射于射宮。射中者得與于祭,不中者不得與于祭。不得與于祭者,有讓,削以地;得與于祭者,有慶,益以地。"⑤蓋"據説"之所出。

(19)文選《獄中上梁王書》注釋:尾生,古代傳説中的極守信的人,

---

① 段玉裁:《説文解字注》,478—479頁。
② 王先謙:《荀子集解》,中華書局,1988年,401頁。
③ 段玉裁:《説文解字注》,753—754頁。
④ 龔抗雲等整理:《毛詩正義》,272頁。
⑤ 呂友仁整理:《禮記正義》,2320—2321頁。

據説他與一個女子約定在橋下相見,女子没到,大水來了,他抱橋柱而死。這裏"尾生"即指極守信用而被人信任的人。(898 頁)

按:《莊子·盗跖》:"尾生與女子期于梁下,女子不來,水至不去,抱梁柱而死。"①蓋"據説"之所出。

(20) 文選《獄中上梁王書》注釋:司馬喜,戰國時人,據説在宋受臏刑,後來三次爲中山國之相。(898 頁)

按:《史記·鄒陽列傳》:"昔者司馬喜髕脚于宋,卒相中山。"裴駰《集解》晉灼曰:"司馬喜三相中山。"蘇林曰:"六國時人,被此刑也。"《索隱》:"事見《戰國策》及《吕氏春秋》。"②蓋"據説"之所出。

(21) 文選《獄中上梁王書》注釋:許由,據説堯想把天下讓給他,他退而隱于潁水之陽,箕山之下。堯又召他爲九州長,許由聽説後認爲玷污了他的耳朵,于是洗耳于潁水之濱。(901 頁)

按:《史記·伯夷列傳》:"堯讓天下于許由,許由不受,耻之,逃隱。"張守節《正義》:"皇甫謐《高士傳》云:'許由,字武仲。堯聞致天下而讓焉,乃退而遁于中嶽,潁水之陽,箕山之下隱。堯又召爲九州長,由不欲聞之,洗耳于潁水濱。'"③蓋"據説"之所出。皇甫謐《高士傳》,今存。許由事,見《高士傳》卷上。

(22) 文選《獄中上梁王書》注釋:隨侯之珠,據説隨侯曾救活過一條受了傷的大蛇,後來大蛇銜來一顆明珠報答他。後世即稱之爲隨珠。(902 頁)

按:《戰國策》《吕氏春秋》《史記》諸書中已經出現"隋侯之珠"一詞。將此典故完整予以介紹者爲《淮南子·説林訓》:"隨侯之珠"東漢高誘注:"隨國在漢東,姬姓之後,出游于野,見大蛇斷在地,隨侯令醫以藥傅斷蛇。蛇得愈,去後,銜大珠報,蓋明月之珠,因號隨侯之珠,世以爲寶也。"④蓋"據

---

① 郭慶藩:《莊子集釋》,中華書局,1961 年,998 頁。
② 司馬遷:《史記》,2473 頁。
③ 司馬遷:《史記》,2121 頁。
④ 何寧:《淮南子集釋》,中華書局,1998 年,1228 頁。

説"之所出。

(23) 文選《報任安書》注釋：左丘，即左丘明。失明，失掉視力。此
事未詳。據説《國語》爲左丘明所作。(922 頁)

按：《史記·太史公自序》："左丘失明，厥有《國語》。"①蓋"據説"之
所出。

(24) 文選《報任安書》注釋：孫子，姓孫，其名不詳，戰國時的大軍事
家，據説他著有《兵法》八十九篇，今不傳。(922 頁)

按：《史記·孫子列傳》："孫武既死，後百餘歲有孫臏，臏生阿、鄄之
間，臏亦孫武之後世子孫也。……孫臏以此名顯天下，世傳其《兵法》。"②
《漢書·藝文志》兵權謀十三家，其中有《齊孫子》八十九篇，圖四卷。師
古曰："孫臏。"③蓋"據説"之所出。

(25) 文選《陳情表》注釋：烏鳥，即烏鴉。據説烏鴉能反哺其親，所
以常用以比喻人的孝道。(932)

按：《昭明文選》六臣注本注此句云："李周翰曰：'烏鳥反哺其母，言
我有此烏鳥之私情，乞畢祖母之養也。'"④蓋"據説"之所出。

(26) 文選《送孟東野序》注釋：伊尹，名摯，商的賢臣，曾助湯伐桀。
湯死，又輔佐湯的孫子帝太甲。據説他曾經作《汝鳩》《汝方》《咸有一德》
《伊訓》《肆命》《徂後》《太甲》等文，但是皆已亡佚。今僞古文《尚書》有
《伊訓》《太甲》《咸有一德》，都是後人所僞託。(1022 頁)

按：此"據説"，蓋出自今本《尚書》相應篇目之小序。

(27) 文選《哀江南賦序》注釋：蓬萊，傳説中的仙山，和方丈、瀛洲並
稱海中三仙山。據説其上有不死之藥。戰國時齊燕諸王及漢武帝都曾派
人去尋求。(1175 頁)

按：《史記·秦始皇本紀》："徐市等上書，言海中有三神山，名曰蓬

① 司馬遷：《史記》，3300 頁。
② 司馬遷：《史記》，2162、2164 頁。
③ 班固：《漢書》，1757—1758 頁。
④ 《六臣注文選》，影印文淵閣《四庫全書》，第 1331 册，17 頁。

萊、方丈、瀛洲。"《正義》引《漢書·郊祀志》云:"此三神山者,其傳在勃海中,去人不遠。蓋嘗有至者,諸仙人及不死之藥皆在焉。"①蓋"據説"之所出。

(28) 文選《滕王閣序》注釋:據説孟子的母親三次搬家,爲了要找個好的鄰居。(1186頁)

按:漢劉向《古列女傳》卷一《鄒孟軻母》:"鄒孟軻之母也,號孟母,其舍近墓。孟子之少也,嬉游爲墓間之事,踊躍築埋。孟母曰:'此非吾所以居處子。'乃去,舍市傍,其嬉戲爲賈人衒賣之事。孟母又曰:'此非吾所以居處子也。'復徙,舍學宫之旁。其嬉遊乃設俎豆,揖讓進退。孟母曰:'真可以居吾子矣!'遂居。及孟子長,學六藝,卒成大儒之名。君子謂孟母善以漸化。"②蓋"據説"之所出。

(29) 文選《弔屈原賦》注釋:隨,卞隨,殷代的賢士。據説湯要把天下讓給他,他認爲可恥,于是投水而死。(1250頁)

按:《莊子·讓王》:"湯將伐桀,因卞隨而謀。卞隨曰:'非吾事也。'湯曰:'孰可?'曰:'吾不知也。'湯遂與伊尹謀伐桀,克之,以讓卞隨。卞隨辭曰:'後之伐桀也謀乎我,必以我爲賊也。勝桀而讓我,必以我爲貪也。吾生乎亂世,而無道之人再來漫我以其辱行,吾不忍數聞也。'乃自投椆水而死。"③蓋"據説"之所出。

(30) 文選《進學解》注釋:昌陽,菖蒲的一種,是一種藥材。據説久服之可以延年。(1310頁)

按:宋唐慎微《證類本草》卷六:"菖蒲,味辛溫,無毒,久服輕身,聰耳目,不忘不迷惑,延年益心智,高志不老,一名昌陽。"④蓋"據説"之所出。

(31) 文選《自京赴奉先縣詠懷五百字》注釋:蚩尤,古代傳説中的人物,據説他與黄帝作戰時,曾興起大霧,黄帝發明指南車辨明方向,纔擒住

---

① 司馬遷:《史記》,247頁。
② 劉向:《古列女傳》,影印文淵閣《四庫全書》,第448册,15頁。
③ 郭慶藩:《莊子集釋》,986頁。
④ 唐慎微等:《重修政和證類本草》卷六,《四部叢刊初編》,6頁。

了他。（1420 頁）

按：晋崔豹《古今注》卷上《輿服第一》："大駕指南車,起黄帝與蚩尤戰于涿鹿之野,蚩尤作大霧,兵士皆迷,于是作指南車以示四方,遂擒蚩尤。"①蓋"據説"之所出。

（32）文選《長恨歌》注釋：比翼鳥,古代傳説中的鳥,叫鶼鶼,據説這種鳥祇有一目一翅,雌雄並在一起纔能飛。（1444 頁）

按：《爾雅·釋地》："南方有比翼鳥焉,不比不飛,其名謂之鶼鶼。"郭璞注："似鳧,青赤色,一目一翼,相得乃飛。"②蓋"據説"之所出。

（33）文選《八陣圖》注釋：八陣圖,傳説中的一種古代布陣法。《三國志·諸葛亮傳》："推演兵法,作八陣圖。"據説諸葛亮曾聚石壘成天、地、風、雲、龍、虎、鳥、蛇八陣。（1471 頁）

按：宋高承《事物紀原》卷九："陣圖,吳子序曰:'諸葛孔明天、地、風、雲、龍、虎、蛇、鳥,本一陣也,出黄帝兵井之法,于魚復沙上累石八行爲陣,世謂八陣列也。"③蓋"據説"之所出。

（34）文選《摸魚兒》注釋：這首詞用隱喻的手法,表達了作者對國事的憂憤。上闋喻國運垂危和自己的希望,下闋喻自己在當政者壓抑之下的苦悶和憤慨。全詞表面上很委婉,其實感情很強烈。據説宋孝宗讀了這首詞以後很不高興。（1572 頁）

按：宋羅大經《鶴林玉露》卷四："辛幼安《晚春》詞云:'更能消幾番風雨,匆匆春又歸去。閑愁最苦,休去倚危闌,斜陽正在烟柳斷腸處。'詞意殊怨,'斜陽烟柳'之句,其與'未須愁日暮,天際乍輕陰'者異矣。使在漢唐時,寧不賈種豆種桃之禍哉！愚聞壽皇見此詞,頗不悅,然終不加罪,可謂盛德也。"④蓋"據説"之所出。

（35）常用詞：【耦】古代的一種耕作方法,據説是二人並耕或二耜並

---

① 崔豹:《古今注》,影印文淵閣《四庫全書》,第 850 册,99 頁。
② 李傳書整理:《爾雅注疏》,217 頁。
③ 高承:《事物紀原》,影印文淵閣《四庫全書》,第 920 册,263 頁。
④ 羅大經:《鶴林玉露》,影印文淵閣《四庫全書》,第 865 册,289 頁。

作。（533 頁）

按：《漢書·食貨志上》：“后稷始畎田，以二耜爲耦。”師古曰：“並兩耜而耕。”①《毛詩·周頌·噫嘻》：“十千維耦。”朱熹《詩集傳》：“耦，二人並耕也。”②蓋“據説”之所出。

（36）常用詞：【睇】微微斜視。班固幽通賦：“養流睇而猿號兮，李虎發而石開。”（養：指養由基。春秋時楚人，善射。猿號：據説諸人射猿，都不中，養由基一拉弓，猿就嚇得哀啼。李：指西漢名將李廣。李善騎射，一次出獵誤認石爲虎，一箭射去，連箭羽都透入石中。）（1482 頁）

按：《漢書·叙傳上》：師古曰：“養，養由基也，楚之善射者。游睇，流眄也。楚王使由基射猿，操弓而眄之，猿抱木而號，知其必見中也。李，李廣也，夜遇石，以爲猛獸而射之，中石没羽也。”③蓋“據説”之所出。

（37）文選《調笑令》注釋：團扇，圓形的扇子，又稱宮扇。漢成帝寵幸趙飛燕姐妹後，原來受到寵幸的班婕妤失寵，自己要求到長信宫侍奉太后。據説她作了一首《怨歌行》：“新裂齊紈素，鮮絜（潔）如霜雪。裁成合歡扇，團團似明月。出入君懷袖，動摇微風發。常恐秋節至，涼飆奪炎熱。棄捐篋笥中，恩情中道絶。”後來人們常用團扇的故事代表失寵。（1545 頁）

按：《怨歌行》，見《昭明文選》卷二十七，李善注云：“五言，《歌録》曰：‘《怨歌行》，古辭。’然言古者有此曲，而班婕妤擬之。”④又，劉向《古列女傳》卷八《班婕妤》：“班婕妤者，漢孝成皇帝之婕妤也。賢才通辯，始選入後宫爲小使，俄而大幸爲婕妤。其後，趙飛燕姊妹有寵，驕妬譖訴班婕妤。婕妤恐久見危，求供養皇太后于長信宫，上許焉。”⑤蓋“據説”之所出。

三、王力《古代漢語》中的“舊説”21 例

（1）《古漢語通論·職官》：爵——舊説周代封爵有公侯伯子男五

①　班固：《漢書》，1138—1139 頁。
②　朱熹：《詩集傳》，中華書局，1958 年，228 頁。
③　班固：《漢書》，4224 頁。
④　蕭統編、李善注：《文選》，中華書局，1977 年，390 頁。
⑤　劉向：《古列女傳》，影印文淵閣《四庫全書》，第 448 册，78 頁。

等。（884 頁）

按：《尚書·武成》：“列爵惟五。”孔安國傳：“爵五等，公、侯、伯、子、男。”①蓋“舊説”之所出。

（2）《古漢語通論·姓名》：例如舊説商人的祖先是子姓，後來分爲殷、時、來、宋、空同等氏。（969 頁）

按：《史記·殷本紀》：“太史公曰：余以《頌》次契之事，自成湯以來，采于《書》《詩》。契爲子姓，其後分封，以國爲姓，有殷氏、來氏、宋氏、空桐氏、稚氏、北殷氏、目夷氏。”②蓋“舊説”之所出。

（3）《古漢語通論·姓名》：氏的情況比較複雜。諸侯以受封的國名爲氏。（頁下注：此從舊説。顧炎武《亭林文集》卷一《原姓》篇認爲國君無氏，不稱氏，稱國。）（971 頁）

按：《左傳》隱公八年：“天子建德，因生以賜姓，胙之土而命之氏。”據杜預注，所謂“天子建德”，就是“立有德以爲諸侯”；所謂“因生以賜姓”，就是“因其所由生以賜姓，謂若舜由嬀汭，故陳爲嬀姓”；所謂“胙之土而命之氏”，就是“報之以土而命氏”。③ 以陳國爲例，那個“陳”字，就是以受封的國名爲氏。孔疏云：“胙，訓報也。有德之人，必有美報。報之以土，謂封之以國名，以爲之氏。諸侯之氏，則國名是也。《周語》曰‘帝嘉禹德，賜姓曰姒，氏曰有夏；胙四岳國，賜姓曰姜，氏曰有吕’，亦與賜姓曰嬀，命氏曰陳，其事同也。”④蓋“舊説”之所出。

（4）《古漢語通論·姓名》：古人有名有字。舊説上古嬰兒出生三月後由父親命名。男子二十歲成人舉行冠禮（結髮加冠）時取字，女子十五歲許嫁舉行笄禮（結髮加笄）時取字。（972 頁）

按：《禮記·檀弓上》：“幼名，冠字，周道也。”孔穎達疏：“‘幼名’者，名以名質，生若無名，不可分别，故始生三月而加名。‘冠字’者，人年二

① 廖名春等整理：《尚書正義》，北京大學出版社，2000 年，349 頁。
② 司馬遷：《史記》，109 頁。
③ 浦衛忠等整理：《春秋左傳正義》，129 頁。
④ 同上。

十,有爲人父之道,朋友等類,不可復呼其名,故冠而加字。"①《儀禮・士昏禮・記》:"女子許嫁,笄而醴之,稱字。"鄭玄注:"笄女之禮,猶冠男也。"②《禮記・曲禮上》:"女子許嫁,笄而字。"鄭玄注:"以許嫁爲成人。"③蓋"舊説"之所出。

(5)《古漢語通論・禮俗・婚姻》六禮之中,納徵和親迎最爲重要。《詩經・大雅・大明》:"文定厥祥,親迎于渭。"舊説是周文王卜得吉兆納徵訂婚後,親迎太姒于渭濱。(983 頁)

按:《詩經・大雅・大明》:"文定厥祥,親迎于渭。"鄭箋云:"問名之後,卜而得吉,則文王以禮定其吉祥,謂納幣也。"④"納徵"和"納幣"是一回事兒。知者,《儀禮・士昏禮》:"納徵。"鄭玄注:"徵,成也,使使者納幣以成昏禮。"又按:將本詩之解説視爲"舊説",未安。

(6)《古漢語通論・宗法》:《尚書・堯典》:"克明俊德,以親九族。"依舊説,九族指的是高祖、曾祖、祖、父、自己、子、孫、曾孫、玄孫。(986 頁)

按:《尚書・堯典》:"克明俊德,以親九族。"孔傳:"以睦高祖、玄孫之親。"陸德明《經典釋文》:"九族,上自高祖,下至玄孫,凡九族。馬(融)、鄭(玄)同。"⑤此"舊説"之所出。

(7)《古漢語通論・宮室》:甓,舊説是瓴甋(一作令適),也就是磚。(995—996 頁)

按:《毛詩・陳風・防有鵲巢》:"中唐有甓。"毛傳:"中,中庭也。唐,堂塗也。甓,瓴甋也。"⑥又《爾雅》:"瓴甋謂之甓。"郭璞注:"甋甎也,今江東呼瓴甓。"⑦此"舊説"之所出。

---

① 吕友仁整理:《禮記正義》,296 頁。
② 彭林整理:《儀禮注疏》,109 頁
③ 吕友仁整理:《禮記正義》,69 頁。
④ 朱傑人、李慧玲整理:《毛詩注疏》,1393 頁。
⑤ 黃懷信整理:《尚書正義》,36 頁。
⑥ 朱傑人、李慧玲整理:《毛詩注疏》,644 頁。
⑦ 李傳書整理:《爾雅注疏》,145 頁。

（8）《古漢語通論·宮室》：《論語·公冶長》説臧文仲"山節藻梲（zhuó）"，舊説梲是梁上短柱，節就是斗拱。（996頁）

按：《論語·公冶長》："子曰：'臧文仲居蔡，山節藻梲。'"朱熹《集注》："節，柱頭斗拱也。梲，梁上短柱也。"①此"舊説"之所出。

（9）文選《北冥有魚》注釋：蟪蛄，一名寒蟬。舊説，寒蟬春生夏死，夏生秋死，壽命不到一年，所以説不知春秋。（381頁）

按：《莊子·逍遥游》："蟪蛄不知春秋。"晋司馬彪注："蟪蛄，寒蟬也，一名蜋蜋，春生夏死，夏生秋死。"②蓋"舊説"之所出。

（10）文選《魏其武安侯列傳》注釋：痱（féi），舊説是"風病"、"風腫"。（750頁）

按：《史記·魏其武安侯列傳》："魏其良久乃聞，聞即恚，病痱。"司馬貞《索隱》："痱，風病也。"③蓋"舊説"之所出。

（11）文選《漢書·藝文志諸子略》：一謙而四益。

注釋：四益，《周易·謙卦》："天道虧盈而益謙，地道變盈而流謙，鬼神害盈而福謙，人道惡盈而好謙。"（變盈流謙，依舊説是丘陵川谷之屬，高者漸下，下者漸高。）（755頁）

按：孔穎達《周易正義》疏通"地道變盈而流謙"句云："'地道變盈而流謙'者，丘陵，川谷之屬，高者漸下，下者益高，是改變盈者，流布謙者也。"④蓋"舊説"之所出。

（12）文選《陳情表》注釋：狽，一種狼類動物。舊説：狽的前腿很短，走路時常把前腿架在狼身上，否則不能走路。（931頁）

按：唐段成式《酉陽雜俎》卷十六："或言狼、狽是兩物，狽前足絶短，每行常駕兩狼，狽失狼則不能動。"⑤

（13）文選《文心雕龍·情采》注釋：涇渭，二水名。《詩經·邶風·

---

① 朱熹：《四書章句集注》，80頁。
② 郭慶藩：《莊子集釋》，12—13頁。
③ 司馬遷：《史記》，2853—2854頁。
④ 盧光明等整理：《周易正義》，96頁。
⑤ 段成式：《酉陽雜俎》，中華書局，1981年，160頁。

谷風》：“涇以渭濁。”舊説涇濁渭清，其實是涇清渭濁。（1146頁）

按：《漢書·溝洫志》：“涇水一石，其泥數斗。”①潘岳《西征賦》云：“清渭濁涇。”②然則，此“舊説”蓋謂《漢書·溝洫志》與潘岳《西征賦》也。

（14）文選《弔屈原賦》注釋：隨，卞隨，殷代的賢士。據説湯要把天下讓給他，他認爲可耻，于是投水而死。夷，指伯夷。涽（hùn），混濁。跖，指盜跖。蹻，指莊蹻。舊説二人都是古時的大盜。（1250頁）

按：《莊子·讓王》：“湯將伐桀，因卞隨而謀。卞隨曰：‘非吾事也。’湯曰：‘孰可？’曰：‘吾不知也。’湯又因瞀光而謀，瞀光曰：‘非吾事也。’湯曰：‘孰可？’曰：‘吾不知也。’湯曰：‘伊尹何如？’曰：‘强力忍垢，吾不知其他也。’湯遂與伊尹謀伐桀，尅之，以讓卞隨。卞隨辭曰：‘后之伐桀也，謀乎我，必以我爲賊也。勝桀而讓我，必以我爲貪也。吾生乎亂世，而無道之人再來漫我，以其辱行，吾不忍數聞也。’乃自投椆水而死。”③此蓋“據説”之所出。

又，《莊子·盜跖》：“孔子與柳下季爲友，柳下季之弟名曰盜跖。盜跖從卒九千人，橫行天下，侵暴諸侯，穴室樞户，驅人牛馬，取人婦女，貪得忘親，不顧父母兄弟，不祭先祖，所過之邑，大國守城，小國入保，萬民苦之。”④《韓非子·喻老》：“莊蹻爲盜于境内而吏不能禁，此政之亂也。”⑤此蓋“舊説”之所出。

（15）文選《北山移文》注釋：北山，又名鍾山，即今南京的紫金山。舊説：和孔稚圭同時的周顒（字彦倫）曾隱居北山，後又應詔出任海鹽縣令。期滿入京，再經過北山。孔稚圭假託山神的意思，寫成這篇文章聲討他，不許他再到北山來。但據後人考證，周顒並非先隱後仕，也没有作過海鹽縣令，孔稚圭在這裏所述周顒行述也與史實不盡相符。因此有人認爲本文是朋友間的戲謔之作。（1275頁）

---

① 班固：《漢書》，1685頁。
② 潘岳：《西征賦》，《六臣注文選》卷十，中華書局，1987年，95頁。
③ 郭慶藩：《莊子集釋》，985—986頁。
④ 郭慶藩：《莊子集釋》，990頁。
⑤ 王先慎：《韓非子集解》，中華書局，1998年，169頁。

按：《六臣注文選》卷四三《北山移文》注引吕向注曰：“蕭子顯《齊書》云：‘孔稚珪，字德璋，會稽人也。少涉學，有美譽，仕至太子詹事。’鍾山在都北，其先，周彦倫隱于此山，後應詔出爲海鹽縣令，欲却過此山。孔生乃假山靈之意移之，使不許得至，故云《北山移文》。”①

明張溥《漢魏六朝百三家集》卷七十九《齊孔稚珪集題詞》：“汝南周顒，結舍鍾嶺，後出爲山陰令，秩滿入京，復經此山，珪代山移文絶之，昭明取入《選》中。比考孔、周二傳，俱不載此事，豈調笑之言，無關紀録。如嵇康于山濤，徒有其書，交未嘗絶也。”②

張雲璈《選學膠言》卷十八（之第二頁）：“按《南齊書·周彦倫傳》，解褐海陵國侍郎，出爲剡令，草堂乃在官國子博士、著作郎時于鍾山築隱舍，休沐則歸之，未嘗有隱而復出之事。”③

王運熙《孔稚圭的〈北山移文〉》在考察了有關史料後，説：“我們推測，《北山移文》祇是文人故弄筆墨，發揮風趣，對朋友開玩笑、謔而不虐的文章。”④

曹道衡《〈北山移文〉新證》云：“王運熙先生在《孔稚珪的〈北山移文〉》（見《漢魏六朝唐代文學論集》）中，已指出此文實係戲謔之文，可以視爲定論。”⑤以上文字蓋“舊説”之始末也。

（16）文選《左遷至藍關示侄孫湘》注釋：瘴江，泛指嶺南河流，舊説嶺南多瘴氣，人碰上就要生病。（1462頁）

按：《隋書·地理志下》：“自嶺已南，二十餘郡，大率土地下濕，皆多瘴癘，人尤夭折。”⑥蓋“舊説”之所出。

（17）文選《揚州慢》注釋：《黍離》，即《詩經·王風·黍離》，參看第二册481頁。舊説周平王東遷之後，周大夫經過故都，見到宗廟宮室中長

① 《六臣注文選》，影印文淵閣《四庫全書》，第1331册，170頁。
② 張溥：《漢魏六朝百三家集》，影印文淵閣《四庫全書》，第1414册，382頁。
③ 張雲璈：《選學膠言》，《四庫未收書輯刊》第八輯，第30册，413頁。
④ 原載上海《文匯報》1961年7月29日，後收入氏著《漢魏六朝唐代文學論叢》，上海古籍出版社，1981年，64頁。
⑤ 曹道衡：《〈北山移文〉新證》，《古籍研究》1997年第2期。
⑥ 魏徵、令狐德棻：《隋書》，887頁。

滿了禾黍,傷悼周室顛覆,彷徨不能離去,于是作《黍離》。(1584頁)

按:《毛詩·王風》小序:"《黍離》,閔宗周也。周大夫行役,至于宗周,過故宗廟,宮室盡爲禾黍。閔周室之顛覆,彷徨不忍去,而作是詩也。"①何不徑云"此詩《小序》説"呢?

(18)常用詞:【爵】(二)爵位,古代貴族的等級。舊説指公,侯,伯,子,男,又指卿,大夫,士。(441頁)

按:《周禮·天官·大宰之職》:"以八柄詔王馭群臣,一曰爵,以馭其貴。"鄭玄注:"爵,謂公、侯、伯、子、男、卿、大夫、士也。"②蓋"舊説"之所出。

(19)常用詞:【胡】獸頸下垂的肉。詩經豳風狼跋:"狼跋其胡。"(跋:踩。舊説老狼有胡。)(957頁)

按:《毛詩·豳風·狼跋》:"狼跋其胡。"毛傳:"老狼有胡。"③何不徑云"毛傳説"呢?

(20)常用詞:【臧】(二)婢之夫。《莊子·駢拇》:"臧與穀二人相與牧羊。"(穀:孩子。)[臧獲]舊説,婢之夫爲臧,奴之妻爲獲。(961頁)

按:揚雄《方言》卷三:"臧、獲,奴婢賤稱也。荆淮海岱雜齊之間,罵奴曰臧,罵婢曰獲。齊之北鄙,燕之北郊,凡民男而婿婢謂之臧,女而婦奴謂之獲。皆異方罵奴婢之醜稱也。"④所謂"凡民男而婿婢謂之臧",即"婢之夫爲臧";所謂"女而婦奴謂之獲",即"奴之妻爲獲"。

(21)《漢字部首舉例》:陛,本義爲自卑登高的殿階。舊説天子之陛九級。(663頁)

按:賈誼《新書》卷二《階級》:"人主之尊,辟無異堂。階陛九級者,堂高大幾六尺矣;若堂無陛級者,堂高殆不過尺矣。天子如堂,群臣如陛,衆庶如地。此其辟也。故陛九級上,廉遠地,則堂高。陛亡級,廉近地,則堂卑。高者難攀,卑者易陵,理勢然也。"⑤蓋"舊説"之所出。

---

①　朱傑人、李慧玲整理:《毛詩注疏》,344頁。
②　彭林整理:《周禮注疏》,43頁。
③　朱傑人、李慧玲整理:《毛詩注疏》,763頁。
④　錢繹:《方言箋疏》,中華書局,1991年,100頁。
⑤　閻振益、鍾夏:《賈誼新書校注》,中華書局,2000年,79—80頁。

四、王力《古代漢語》中的"傳説"26 例

（1）《古漢語通論·曆法》：浴佛節，傳説四月初八日是釋迦牟尼的生日。《荊楚歲時記》説，荊楚以四月八日諸寺香湯浴佛，共作龍華會。《洛陽伽藍記·法雲寺》："四月初八日，京師士女多至河間寺。"（859 頁）

按：《中華大藏經》第三十四册《佛説太子瑞應本起經》卷上："佛託生天竺迦維羅衛國，父王名白净，夫人曰妙節。菩薩初下，化乘白象，因母晝寢，而示夢焉。從右脅入。夫人夢寤，自知身重。到四月八日，夜明星出，從右脅生。墮地，即行七步，舉右手而言：'天上天下，唯我爲尊。三界皆苦，何可樂者？'"①蓋"傳説"之所出也。

（2）《古漢語通論（十九）·曆法》：佛教傳説：目連的母親墮入餓鬼道中，食物入口，即化烈火，目連求救于佛，佛爲他説盂蘭盆經，叫他在七月十五日作盂蘭盆以救其母。（頁下注：盂蘭盆，梵語，是倒懸的意義。作盂蘭盆，指施佛及僧，以報父母養育之恩。）（860 頁）

按：《佛説盂蘭盆經》（西晉月氏三藏竺法護譯）："大目乾連欲度父母，報乳哺之恩，即以道眼觀視世間，見其亡母生餓鬼中，不見飲食，皮骨連立。目連悲哀，即缽盛飯，往饗其母。母得缽飯，便以左手障飯，右手搏飯。食未入口，化成火炭。遂不得食。目連大叫，悲號啼泣，馳還白佛。佛言吾今當爲汝説救濟之法。佛告目連，十方衆僧，于七月十五日僧自恣時，當爲七世父母及現在父母厄難中者具飯，百味五果，汲灌盆器，香油錠燭，床敷卧具，盡世甘美，以著盆中，供養十方大德衆僧。……是時，目連其母即于是日得脱一切餓鬼之苦。"②蓋"傳説"之所出也。

（3）文選《齊桓公伐楚》：昭王南征而不復。

注釋：周昭王晚年荒于國政，人民恨他，傳説當他巡行到漢水時，當地人民故意弄了一隻用膠黏的船給他，行至江心，船解體，昭王溺死。（14 頁）

按：《左傳》僖公四年："昭王南征而不復。"杜預注："昭王，成王之

---

① 《中華大藏經》，中華書局，1988 年，第 34 册，485 頁。
② 《中華大藏經》，第 19 册，283 頁。

孫,南巡守,涉漢,船壞而溺。"孔穎達疏:"舊説皆言漢濱之人以膠膠船,故得水而壞,昭王溺焉。不知本出何書。"①請讀者注意,孔疏有"不知本出何書"一語,啓人深思。

（4）文選《許行》:有爲神農之言者許行。

注釋:神農,傳説中的遠古酋長,是"三皇"之一,因爲相傳是他開始教人民耕種的,所以叫神農。（303頁）

按:孔安國《尚書序》:"伏犧、神農、黃帝之書,謂之《三墳》。"陸德明《經典釋文》:"伏犧氏,一號庖犧氏,三皇之最先。風姓。母曰華胥,以木德王。神農,炎帝也,姜姓,母曰文登,以火德王,三皇之二也。黃帝,軒轅也,姬姓,少典之子,母曰附寶,以土德王,三皇之三也。"②此蓋"三皇"之出典也。《周易·繫辭下》:"包犧氏没,神農氏作,斲木爲耜,揉木爲耒,耒耨之利,以教天下。"③此"開始教人民耕種"之出典也。

（5）文選《北冥有魚》:北冥有魚,其名爲鯤。

注釋:鯤,傳説中的大魚。（379頁）

按:陸德明《經典釋文·莊子音義上》:"鯤,大魚名也。"④

（6）文選《北冥有魚》:而彭祖乃今以久特聞。

注釋:彭祖,傳説中長壽的人,據説活了八百歲。（382頁）

按:《莊子·逍遥游》:"楚之南有冥靈者,以五百歲爲春,五百歲爲秋。上古有大椿者,以八千歲爲春,八千歲爲秋,而彭祖乃今以久特聞,衆人匹之,不亦悲乎!"晋郭象注:"彭祖,名鏗,堯臣,封于彭城,歷虞夏至商,年七百歲,故以久壽見聞。《世本》云:'姓籛,名鏗,在商爲守藏史,在周爲柱下史,年八百歲。一云即老子也。'"⑤

（7）《古漢語通論·曆法》:人日　這是正月初七日。據傳説,正月一日爲雞,二日爲狗,三日爲猪,四日爲羊,五日爲牛,六日爲馬,七日爲

①　浦衛忠等整理:《春秋左傳正義》,379頁。
②　黃懷信整理:《尚書正義》,2—4頁。
③　盧光明等整理:《周易正義》,351頁。
④　陸德明:《經典釋文·莊子音義上》,1407頁。
⑤　郭象:《莊子注》,影印文淵閣《四庫全書》,第1056册,6頁。

人。（858 頁）

按：梁宗懍《荊楚歲時記》："按董勛《問禮俗》云:'正月一日爲雞,二日爲狗,三日爲羊,四日爲猪,五日爲牛,六日爲馬,七日爲人。'"①蓋"傳説"之所出也。

（8）文選《報任安書》：上計軒轅。

注釋：軒轅,即黃帝,傳説中的遠古君王,姓公孫,因居于軒轅丘,所以又稱軒轅。（922 頁）

按：這個注釋對黃帝的定位偏低,比照經典與正史的記載,差距頗大。

先看經典的記載。《周易·繫辭下》："古者包犧氏之王天下也,仰則觀象于天,俯則觀法于地,觀鳥獸之文與地之宜,近取諸身,遠取諸物,于是始作八卦,以通神明之德,以類萬物之情。作結繩而爲罔罟,以佃以漁。包犧氏没,神農氏作,斲木爲耜,揉木爲耒,耒耨之利,以教天下。神農氏没,黃帝、堯、舜氏作,通其變,使民不倦。"②《繫辭》是《十翼》之一,其作者,據孔穎達《周易正義·論夫子〈十翼〉》："《十翼》之辭,以爲孔子所作,先儒更無異論。"③然則,是孔子以黃帝爲"三皇"之一也。孔安國《尚書序》之視"伏犧、神農、黃帝"爲三皇,即發端于此。

再看司馬遷《史記》對黃帝的認識。《史記》一百三十篇,第一篇就是《五帝本紀》,而五帝的第一位就是黃帝。《史記·太史公自序》："維昔黃帝,法天則地,四聖遵序,各成法度,唐堯遜位,虞舜不台,厥美帝功,萬世載之。作《五帝本紀》第一。"④黃帝在兩千年前的《史記》中就得到如此推崇。

再看《中國大百科全書·中國歷史卷》"黃帝"條的頭兩句："中國古史傳説時期最早的宗祖神,華夏族形成後被公認爲全族的始祖。"竊以爲,

---

① 宗懍:《荊楚歲時記》,影印文淵閣《四庫全書》,第 589 册,16 頁。
② 盧光明等整理:《周易正義》,350—352 頁。
③ 盧光明等整理:《周易正義》,12 頁。
④ 司馬遷:《史記》,3301 頁。

《古代漢語》"傳説中的遠古君王"一句,如果换做這兩句話,比較妥帖。

(9)文選《解嘲》:或七十説而不遇。

注釋:説,游説。這裏指孔子的故事。傳説孔子游説了七十多個國君,但没有碰上一個明主。(1260頁)

按:《莊子·天運》:"孔子謂老聃曰:'丘治《詩》《書》《禮》《樂》《易》《春秋》六經,自以爲久矣,孰知其故矣,以奸(音 gān)者七十二君,論先王之道,而明周召之迹,一君無所鈎用。甚矣,夫人之難説也,道之難明邪。'"①《史記·十二諸侯年表》:"孔子明王道,干七十餘君,莫能用。"②蓋"傳説"之所出也。

(10)文選《白馬篇》:勇剽若豹螭。

注釋:螭(chī),傳説中的一種猛獸,像龍而色黄。(1398頁)

按:《文選·白馬篇》"勇剽若豹螭",李善注引《歐陽尚書説》曰:"螭,猛獸也。"③又,《説文解字·虫部》:"螭,若龍而黄,北方謂之地螻。"④蓋"傳説"之所出也。

(11)文選《登池上樓》:潛虬媚幽姿。

注釋:虬(qiú),傳説中有角的龍。(1406頁)

按:漢王逸《楚辭章句》卷一《離騷經章句》第一:"駟玉虬以乘鷖兮。"王逸注:"有角曰龍,無角曰虬。"⑤蓋"傳説"之所出也。

(12)文選《自京赴奉先詠懷五百字》:蚩尤塞寒空。

注釋:蚩尤,古代傳説中的人物,據説他與黄帝作戰時,曾興起大霧,黄帝發明指南車辨明方向,纔擒住了他。(1420頁)

按:舊題晋崔豹《古今注》卷上《輿服》:"大駕指南車,起黄帝與蚩尤戰于涿鹿之野,蚩尤作大霧,兵士皆迷,于是作指南車以示四方,遂擒蚩

---

① 王先謙:《莊子集解》,中華書局,1999 年,130 頁。
② 司馬遷:《史記》(修訂本),641 頁。
③ 《文選》,影印文淵閣《四庫全書》,第 1329 册,483 頁。
④ 段玉裁:《説文解字注》,670 頁。
⑤ 黄靈庚:《楚辭章句疏證》,中華書局,2007 年,325 頁。

尤,而即帝位,故後常建焉。"①蓋"傳說"之所出也。

(13) 文選《蜀道難》: 蠶叢及魚鳧。

注釋: 蠶叢、魚鳧,都是傳說中古蜀國國王的祖先。(1429頁)

按:《文選》左思《蜀都賦》:"夫蜀都者,蓋兆基于上世,開國于中古。"劉淵林注引揚雄《蜀王本紀》曰:"蜀王之先,名蠶叢、拍獲、魚鳧、蒲澤、開明。是時人萌椎髻左言,不曉文字,未有禮樂。從開明上到蠶叢,積三萬四千歲。"②蓋"傳說"之所出也。

(14) 文選《蜀道難》: 地崩山摧壯士死,然後天梯石棧相鈎連。

注釋: 這是古代神話傳說。秦惠王想滅蜀,知道蜀王好色,許嫁五美女于蜀,蜀王遣五個力士前往迎接。回來時路過梓潼(今四川梓潼縣),見一條大蛇鑽入山穴中,一力士拉蛇尾,拉不出來,于是其餘四人也來協助,結果山崩塌,壓死五力士,而山也分爲五嶺。(1429頁)

按:晋常璩《華陽國志》卷三:"周顯王二十二年,蜀侯使朝秦,秦惠王數以美女進蜀王,蜀王感之,故朝焉。惠王知蜀王好色,許嫁五女于蜀。蜀遣五丁迎之,還到梓潼,見一大蛇入穴中,一人攬其尾掣之,不禁,至五人相助,大呼拽蛇,山崩,時壓殺五人及秦五女,並將從而山分爲五嶺。直頂上有平石,蜀王痛傷,乃登之,因命曰五婦冢。"③此蓋"古代神話傳說"之出處。

(15) 文選《長恨歌》: 蓬萊宮中日月長。

注釋: 蓬萊,傳說中的仙山名。(1444頁)

按:《史記·秦始皇本紀》:"齊人徐市等上書,言海中有三神山,名曰蓬萊、方丈、瀛州,仙人居之。"④

(16) 文選《長恨歌》: 在天願爲比翼鳥。

注釋: 比翼鳥,古代傳說中的鳥,叫鶼鶼,據說這種鳥祇有一目一翅,

① 崔豹:《古今注》,影印文淵閣《四庫全書》,第850冊,99頁。
② 《文選》,影印文淵閣《四庫全書》,第1330冊,94頁。
③ 常璩:《華陽國志》,影印文淵閣《四庫全書》,第463冊,155頁。
④ 司馬遷:《史記》(修訂本),313頁。

雌雄並在一起纔能飛。（1444頁）

按：《爾雅·釋地》："南方有比翼鳥焉,不比不飛,其名謂之鶼鶼。"郭璞注："似鳧,一目一翼,相得乃飛。"①

（17）文選《鶯啼序》：尚染鮫綃。

注釋：鮫綃,鮫人所織的綃。傳說鮫人能織綃。（1590頁）

按：舊題梁任昉《述異記》："南海中有鮫人室,水居如魚,不廢機織,其眼泣則出珠。"②又云："南海出鮫綃紗,泉先（即鮫人）潛織,一名龍紗,其價百餘金。以爲服,入水不濡。"③

（18）文選《秋思》：陶令白蓮社。

注釋：陶令,指陶潛。陶潛作過彭澤令,所以稱他爲陶令。白蓮社,晉代慧遠法師在廬山虎溪東林寺邀集當時著名的和尚、儒士百餘人組成白蓮社,同修佛事,舊時傳說陶潛也曾參加。（1598頁）

按：宋祝穆《古今事文類聚前集》卷三十五徵引《廬阜雜記》："（慧）遠師結白蓮社,以書招淵明。陶曰：'弟子性嗜酒,若許飲,即往矣。'遠許之,遂造焉。因勉令入社,陶攢眉而去。"④

但袁行霈《陶淵明研究》說："據湯用彤先生《漢魏兩晉南北朝佛教史》考證,慧遠立白蓮社的說法是不可信的,然則慧遠招陶淵明入社之說也就不足信了。"⑤繼檢湯用彤先生《漢魏兩晉南北朝佛教史》（增訂本）,其書201頁云："茲避繁瑣,僅敘蓮社故事妄僞顯著者如下。"⑥所謂"如下"者,凡六點,文繁不錄,有意者請自往觀之。

（19）文選《高祖還鄉》：一面旗白胡闌套住個迎霜兔。

注釋：這句是寫月旗。胡闌,環的複音。傳說月中有玉兔搗藥,所以用白環套着個兔子代表月亮。鄉間人沒看到過這種旗,所以隨意作了解

---

① 李傳書整理：《爾雅注疏》,217頁。
② 任昉：《述異記》卷下,影印文淵閣《四庫全書》,第1047冊,634頁。
③ 任昉：《述異記》卷下,614頁。
④ 祝穆：《古今事文類聚前集》,影印文淵閣《四庫全書》,第925冊,578頁。
⑤ 袁行霈：《陶淵明研究》,北京大學出版社,1997年,172頁。又,袁行霈：《陶淵明研究》（增訂本）,北京大學出版社,2009年,147頁。
⑥ 湯用彤：《漢魏兩晉南北朝佛教史》（增訂本）,北京大學出版社,2011年。

釋。(1601 頁)

按:《藝文類聚》卷一:"晉傅玄《擬天問》曰:'月中何有?白兔搗藥。'"①

(20)文選《高祖還鄉》:一面旗紅曲連打着個畢月烏。

注釋:這句是寫日旗。曲連,圈的複音。用紅圈和烏鴉代表日,是因爲傳説日中有三足烏。(1601 頁)

按:《藝文類聚》卷一"日":"(漢)劉向《五經通義》曰:'日中有三足烏。'"②

(21)文選《西廂記》:險化做望夫石。

注釋:望夫石,傳説古代有個女子的丈夫服役在外,這女子每天登山眺望,結果化成了石頭,世稱此石爲望夫石。(1607 頁)

按:《初學記》卷五引南朝宋劉義慶《幽明録》:"武昌北山上有望夫石,狀若人立。古傳云:昔有貞婦,其夫從役,遠赴國難,攜弱子餞送此山,立望夫而化爲立石。"③

(22)常用詞:【圖】(二)圖書。論語子罕:"鳳鳥不至,河不出圖。"(這裏的"圖"指的是八卦圖。傳説伏羲氏據以畫成八卦。)(53 頁)

按:《周易·繫辭上》:"河出圖,洛出書,聖人則之。"④《尚書·顧命》:"河圖在東序。"孔安國傳:"河圖,八卦,伏犧王天下,龍馬出河,遂則其文,以畫八卦。"⑤

(23)常用詞:【窮】(一)阻塞不通。跟"通"或"達"相對。楚辭天問:"阻窮西征,巖何越焉?"(傳説禹的父親鯀被舜流放于羽山,西行度越險阻,墜崖而死。)(431 頁)

按:王逸《楚辭章句·天問》:"阻窮西征,巖何越焉?"注:"阻,險也。窮,窘也。越,度也。言堯放鯀羽山,西行度越岑巖之險,因墮死也。"⑥

---

① 歐陽詢:《藝文類聚》卷一,上海古籍出版社,1981 年,8 頁。
② 歐陽詢:《藝文類聚》卷一,4 頁。
③ 徐堅:《初學記》,影印文淵閣《四庫全書》,第 890 册,84 頁。
④ 盧光明等整理:《周易正義》,341 頁。
⑤ 黃懷信整理:《尚書正義》,730 頁。
⑥ 王逸:《楚辭章句》,影印文淵閣《四庫全書》,第 1062 册,28 頁。

(24) 常用詞：【皇】(二) 君。周禮春官外史："掌三皇五帝之書。"(三皇：傳說中最古的三個帝王。)(526 頁)

按：《周禮·春官·外史》："掌三皇五帝之書。"鄭玄注："楚靈王所謂三墳五典。"①孔安國《尚書序》："伏犧、神農、黃帝之書，謂之《三墳》。"陸德明《經典釋文》："伏犧氏，一號庖犧氏，三皇之最先。風姓。母曰華胥，以木德王。神農，炎帝也，姜姓，母曰文登，以火德王，三皇之二也。黃帝，軒轅也，姬姓，少典之子，母曰附寶，以土德王，三皇之三也。"②此蓋"傳說中最古的三個帝王"之出典也。

(25) 常用詞：【皇】(三)〔鳳皇〕傳說中的神鳥。雄的叫"鳳"，雌的叫"皇"。(526 頁)

按：《尚書·益稷》："鳳皇來儀。"孔傳："雄曰鳳，雌曰皇，靈鳥也。"③

(26) 常用詞：【與】(五) 讀 yú，陽平聲。語氣詞，表示疑問。這個意義後來寫作"歟"。陶潛五柳先生傳："無懷氏之民歟？葛天氏之民歟？"(無懷氏、葛天氏：都是傳說中古帝王的名號。)(810 頁)

按：《管子·封禪》："昔無懷氏封泰山，禪云云。"房玄齡注："古之王者，在伏義前。"④《呂氏春秋·古樂》："昔葛天氏之樂，三人摻牛尾投足以歌八闋。"東漢高誘注："葛天氏，古帝名。"⑤

五、王力《古代漢語》的"相傳"23 例

(1)《古漢語通論·地理》：州——相傳堯時禹平洪水，分天下爲九州，即冀州、兗州、青州、徐州、揚州、荊州、豫州、梁州、雍州。又相傳舜時分爲十二州，即除了九州外，又從冀州分出并州、幽州，從青州分出營州。(869 頁)

按：《尚書·夏書·禹貢序》："禹別九州，隨山浚川，任土作貢。"孔傳："此堯時事而在《夏書》之首，禹之王，以是功。"孔穎達疏："計九州之

---

① 彭林整理：《周禮注疏》，1027 頁。
② 黃懷信整理：《尚書正義》，4 頁。
③ 黃懷信整理：《尚書正義》，179 頁。
④ 《管子》，影印文淵閣《四庫全書》，第 729 冊，178 頁。
⑤ 陳奇猷：《呂氏春秋校釋》，學林出版社，1984 年，288 頁。

境,當應舊定,而云'禹別'者,以堯遭洪水,萬事改新,此爲'作貢'生文,故言'禹別'耳。"①按:《禹貢》之九州是冀州、兖州、青州、徐州、揚州、荆州、豫州、梁州、雍州。又,《尚書·舜典》:"肇十有二州。"孔傳:"肇,始也。禹治水之後,舜分冀州爲幽州、并州,分青州爲營州。"②此蓋"相傳"之出典也。

(2)《古漢語通論·漢魏六朝詩的用韻》:七言詩在南北朝以前是句句入韻的,曹丕的《燕歌行》是一個典型的例子。後人把這種七言詩叫做"柏梁體",因爲相傳漢武帝作柏梁臺,與群臣共賦七言聯句,就是句句入韻(注:僞託的柏梁臺聯句,全詩二十五句,句句押韻,一韻到底。例如:"日月星辰和四時,駿駕駟馬從梁來。郡國士馬羽林材,和撫四夷不易哉!……")。(1516頁)

按:《藝文類聚》卷五十六:"漢孝武帝元封三年作柏梁臺,詔群臣二千石有能爲七言者,乃得上坐。皇帝曰'日月星辰和四時',梁王曰'駿駕駟馬從梁來',大司馬曰'郡國士馬羽林材',丞相曰'總領天下誠難治',大將軍曰'和撫四夷不易哉'……"③宋宋敏求《長安志》卷三謂柏梁體出自《漢武帝集》。

(3)文選《祁奚薦賢》:商書曰:"無偏無黨,王道蕩蕩。"

注釋:見《尚書·洪範》。相傳《洪範》爲商代箕子所作,所以稱爲《商書》。(39頁)

按:《尚書·洪範序》:"武王勝殷,殺受立武庚,以箕子歸,作《洪範》。"孔傳:"歸鎬京,箕子作之。"孔穎達疏:"武王伐殷,既勝,殺受,立其子武庚爲殷後。以箕子歸鎬京,訪以天道。箕子爲陳天地之大法,叙述其事,作《洪範》。"④

(4)文選《魯仲連義不帝秦》:魯連曰:"世以鮑焦無從容而死者皆

① 黃懷信整理:《尚書正義》,189頁。
② 黃懷信整理:《尚書正義》,88頁。
③ 歐陽詢:《藝文類聚》,影印文淵閣《四庫全書》,第888册,304頁。
④ 黃懷信整理:《尚書正義》,445頁。

非也。"

　　注釋：鮑焦,周時隱士,相傳因不滿當時政治,抱木餓死。(120頁)

　　按:《莊子·盜跖》:"鮑焦飾行非世,抱木而死。"①

　　(5)文選《老子》:使民復結繩而用之。

　　注釋:結繩,相傳在文字出現以前人們記事的方法。(377頁)

　　按:《周易·繫辭下》:"上古結繩而治,後世聖人易之以書契。"孔穎達疏:"結繩者,鄭康成注云:'事大,大結其繩;事小,小結其繩。'義或然也。"②

　　(6)文選《祛篋》:塞瞽曠之耳。

　　注釋:曠,人名,春秋晋平公時的著名樂師,又稱"師曠"。他是瞎子,所以也叫"瞽曠"。相傳他最會審音辨律。(392頁)

　　按:《左傳》記載師曠"最會審音辨律"事多起,兹舉二例如下:

　　《左傳》襄公十八年:"丙寅,晦,齊師夜遁。師曠告晋侯曰:'鳥烏之聲樂,齊師其遁。'"杜預注:"鳥烏得空營,故樂也。"③

　　同年:"楚師多凍役徒幾盡。晋人聞有楚師,師曠曰:'不害,吾驟歌北風,又歌南風,南風不競。'"杜預注:"歌者,吹律以詠八風,南風音微,故曰不競也。師曠唯歌南北風者,聽晋楚之強弱。"④

　　(7)文選《祛篋》:膠離朱之目。

　　注釋:離朱,一名離婁,相傳是古代眼力最好的人。(392頁)

　　按:《莊子·駢拇》:"是故駢于明者,亂五色,淫文章,青黄黼黻之煌煌非乎?而離朱是已。"陸德明《釋文》引司馬彪曰:"離朱,黄帝時人,百步見秋毫之末。一云見千里針鋒。《孟子》作離婁。"⑤

　　(8)文選《祛篋》:攦工倕之指。

　　注釋:工倕(chuí),相傳是堯時候的巧匠。(392頁)

---

① 王先謙:《莊子集解》,263頁。
② 盧光明等整理:《周易正義》,356頁。
③ 浦衛忠等整理:《春秋左傳正義》,1090頁。
④ 浦衛忠等整理:《春秋左傳正義》,1094頁。
⑤ 郭慶藩:《莊子集釋》,314頁。

按：倕，本作“垂”。《尚書·舜典》：“帝曰：‘疇若予工？’僉曰：‘垂哉！’”孔傳：“問：‘誰能順我百工事者？’朝臣舉垂，垂，臣名。”①

（9）文選《百川灌河》：河伯欣然自喜。

注釋：河伯，河神，相傳姓馮（píng），名夷。（394頁）

按：《莊子·秋水》成玄英疏云：“河伯，河神也，姓馮，名夷。”②此本書注家之説，何“相傳”之有！

（10）文選《察傳》：樂正夔一足。

注釋：夔（kuí），人名，相傳爲舜的掌管音樂的官。（407頁）

按：《尚書·舜典》：“帝曰：‘夔，命汝典樂，教胄子。’”孔傳：“胄，長也。謂元子以下至卿大夫子弟。”③

（11）文選《墻有茨》解題：相傳這是諷刺衛國統治階級荒淫無恥的詩。衛宣公死後，他的妻宣姜和他的庶長子公子頑私通，衛國人作了這篇詩來諷刺他們。（480頁）

按：《毛詩·鄘風·墻有茨》序：“《墻有茨》，衛人刺其上也。公子頑通乎君母，國人疾之，而不可道也。”鄭玄箋：“宣公卒，惠公幼，其庶兄頑烝于惠公之母，生子五人：齊子、戴公、文公、宋桓夫人、許穆夫人。”孔穎達疏：“《左傳》閔二年曰：‘初，惠公之即位也少，齊人使昭伯烝于宣姜，不可，強之，生齊子、戴公、文公、宋桓夫人、許穆夫人。’服虔云：‘昭伯，衛宣公之長庶，伋之兄。宣姜，宣公夫人，惠公之母。’是其事也。”④此即本詩小序所説，何“相傳”之有！這不正是讓學生知道《詩》有小序的機會嗎！

（12）《文選·哀郢》：凌陽侯之氾濫兮。

注釋：陽侯，波神名。相傳陽侯是古代陵陽國的諸侯，溺水而死，成爲波神。（568頁）

---

① 黃懷信整理：《尚書正義》，103頁。
② 郭慶藩：《莊子集釋》，562頁。
③ 黃懷信整理：《尚書正義》，106頁。
④ 朱傑人、李慧玲整理：《毛詩注疏》，250—251頁。

　　按：朱熹《楚辭集注》："陽侯，陽國之侯，溺死于水，其神能爲大波氾濫。"①

　　（13）文選《卜居》解題：本篇相傳爲屈原所作，實際上是楚國人在屈原死後爲悼念他而記載下來的有關傳説。（572 頁）

　　按：王逸《楚辭章句》："《卜居》者，屈原之所作也。屈原履忠貞之性而見嫉妒，念讒佞之臣承君順非而蒙富貴，己執忠直而身放棄，心迷意惑，不知所爲，乃往至太卜之家，稽問神明，決之蓍龜，卜己居世，何所宜行，冀聞異筴，以定嫌疑，故曰《卜居》也。"②此"本篇相傳爲屈原所作"之所出也。

　　（14）文選《魏其武安侯列傳》：學盤盂諸書。

　　注釋：盤盂，相傳是黃帝的史官孔甲所作的書，凡二十六篇，今已亡。（734 頁）

　　按：《史記·魏其武安侯列傳》裴駰《集解》："應劭曰：黃帝史孔甲所作銘也。凡二十九篇，書槃盂中，所爲法戒。諸書，諸子文書也。"孟康曰："孔甲《槃盂》二十六篇，雜家書，兼儒、墨、名、法。"③

　　（15）文選《報任安書》：蓋文王拘而演《周易》。

　　注釋：相傳周文王被紂拘于羑里後，推演易之八卦爲六十四卦。（922 頁）

　　按：《文選》卷四十一司馬遷《報任安書》李善注："《史記·本紀》曰：崇侯譖西伯于殷紂，曰：'西伯積善累德，諸侯皆向之，將有不利于帝。'紂乃囚西伯于羑里，西伯演《易》之八卦爲六十四。"④

　　（16）文選《文選序》：逮乎伏羲氏之王天下也。

　　注釋：伏羲氏，相傳爲我國遠古時代的一位帝王。（1156 頁）

　　按：《周易·繫辭下》："古者包犧氏之王天下也，仰則觀象于天，俯

---

① 朱熹：《楚辭集注》，上海古籍出版社，1979 年，82 頁。
② 王逸：《楚辭章句》，影印文淵閣《四庫全書》，第 1062 冊，52 頁。
③ 司馬遷：《史記》，2842 頁。
④ 《文選》，影印文淵閣《四庫全書》，第 1329 冊，716 頁。

則觀法于地,觀鳥獸之文與地之宜。"陸德明《釋文》:"包犧氏,大皡,三皇之最先。"①

(17)文選《文選序》:降將著"河梁"之篇。

注釋:降將,指李陵。河梁之篇,相傳李陵爲蘇武在河梁(河橋)上送別,作了三首詩送他,其中的第三首有"攜手上河梁,游子暮何之"之句。(1159頁)

按:此即《文選》卷二十九所載李陵《與蘇武詩三首》之一,把"相傳"改作"《文選》載"不更好嗎?

(18)文選《滕王閣序》:喜托龍門。

注釋:龍門,在山西稷山縣西北,陝西韓城縣東北,相傳爲禹所鑿。(1186頁)

按:《史記·太史公自序》:"遷生龍門。"裴駰《集解》引蘇林曰:"禹所鑿龍門也。"《正義》:"《括地志》云:'龍門在同州韓城縣北五十里,其山更黃河,夏禹所鑿者也。'"②

(19)文選《自京赴奉先縣詠懷五百字》:瑤池氣鬱律。

注釋:瑤池,仙境,相傳爲西王母所居。(1420頁)

按:此注殆誤。按:《山海經》卷二《西山經》"又西三百五十里曰玉山,是西王母所居也。"③《穆天子傳》卷二:"辛卯,天子北征東還,乃循黑水。癸巳,至于群玉之山。"注云:"即《山海》云玉山,西王母所居者。"④瑤池蓋穆天子設宴招待西王母之處。知者,《穆天子傳》卷三:"乙丑,天子觴西王母于瑤池之上。"⑤

(20)文選《登樓》:日暮聊爲梁甫吟。

注釋:梁甫吟,樂府篇名,相傳諸葛亮隱居時好爲梁甫吟。(1457頁)

按:宋郭茂倩《樂府詩集》有《梁甫吟》。《三國志·蜀書·諸葛亮

---

① 《周易注疏》,影印文淵閣《四庫全書》,第7册,552頁。
② 司馬遷:《史記》,3293頁。
③ 《山海經》,影印文淵閣《四庫全書》,第1042册,16頁。
④ 《穆天子傳》,影印文淵閣《四庫全書》,第1042册,253頁。
⑤ 《穆天子傳》,254頁。

傳》：“亮躬耕隴畝，好爲《梁父吟》。”①

（21）文選《詠懷古迹五首》：獨留青冢向黄昏。

注釋：青冢，指王昭君墓，在今内蒙古自治區呼和浩特城南二十里。相傳邊地多白草，獨昭君墓呈青色，所以叫青冢。（1459頁）

按：仇兆鰲《杜詩詳注》卷十七注此詩云：“《歸州圖經》：‘邊地多白草，昭君冢獨青。’鄉人思之，爲立廟香溪。”②

（22）文選《鶯啼序》：傷心千里江南，怨曲重招，斷魂在否？

注釋：《楚辭·招魂》：“目極千里兮傷春心，魂兮歸來哀江南。”相傳《招魂》爲屈原死後宋玉爲招屈原的魂而作。（1590頁）

按：漢王逸《楚辭章句》卷九：“《招魂》者，宋玉之所作也。招者，召也。以手曰招，以言曰召。魂者，身之精也。宋玉憐哀屈原忠而斥棄，愁懑山澤，魂魄放佚，厥命將落，故作《招魂》，欲以復其精神，延其年壽。外陳四方之惡，内崇楚國之美，以諷諫懷王，冀其覺悟而還之也。”③

（23）常用字：【墳】（四）經典，遠古的書籍。相傳最古的書是“三墳五典”。左傳昭公十二年：“是能讀三墳五典八索九丘。”（1501頁）

按：孔安國《尚書序》：“伏犧、神農、黄帝之書，謂之三墳，言大道也。少昊、顓頊、高辛、唐、虞之書，謂之五典，言常道也。”④

六、王力《古代漢語》的“有人説、有人認爲、有人推想”8例

（1）《古漢語通論·姓名》：年號，是封建皇帝紀年的名號。新君即位必須改變年號，稱爲“改元”。同一皇帝在位時也可以改元，例如漢武帝曾經改元爲元光、元朔、元狩、元鼎、元封、太初、天漢、太始、征和（注：有人説征和當作延和，形近而誤）。（977頁）

按：據李崇智《中國歷代年號考》，“有人説征和當作延和”者，先後有三家。先是清人喬松年《蘿藦亭札記》卷三，謂“征”是“延”字；其次是傅

① 陳壽：《三國志》，911頁。
② 仇兆鰲：《杜詩詳注》，影印文淵閣《四庫全書》，第1070册，683頁。
③ 黄靈庚：《楚辭章句疏證》，1951—1952頁。
④ 黄懷信整理：《尚書正義》，4頁。

振倫有《漢武年號延和説》,載燕京大學《考古社刊》1939 年第 6 期;末了,陳直《漢書新證·武紀》亦持此説。陳説較長,今不具引。李崇智首先徵引了段玉裁《説文解字注》:“延(音 zhēng)行也。此與辵部延、征字音義同。漢武帝年號延和字如此作。今《漢書》多誤爲以然切之延,又或改爲从辵之延,亦非也。从乏正聲。諸盈切。”接著,李崇智又説:“征字或體延、延與‘延’字隸書左旁相同,右旁區別甚微,手寫易混。東漢人應劭注《漢書》‘征和元年’曰:‘言征伐四夷而天下和平。’當有所本。”疑陳直等人之説誤。① 按:李説是也。今爲李説增補一證。顏師古在注釋《漢書·景武昭宣元成哀功臣表》“延和二年,以子敬聲有罪,下獄死”句時説:“延,亦‘征’字也。”②

(2)《古漢語通論·飲食》:稷是小米,又叫穀子。頁下注:有人説稷和黍是一類,黍的籽粒黃色,有黏性;稷的籽粒白色,沒有黏性。(1000 頁)

按:明李時珍《本草綱目·穀二·稷》:“稷與黍,一類二種也。黏者爲黍,不黏者爲稷。”③

(3)《文選·陳仲子》注釋:陳仲子,有人説就是于陵子仲,參看《戰國策·趙威后問齊使》注。(312 頁)

按:焦循《孟子正義》云:陳仲子見于《戰國策·齊策·趙威后問齊使云》:“于陵子仲尚存乎?是其爲人也,上不臣于王,下不治其家,中不索交諸侯。此率民而出于無用者,何爲至今不殺乎?”④

(4)《漢字部首舉例》:首部可以認爲頁部的分支。有人説,頁字就是首字。(643 頁)

按:徐鍇《説文解字繫傳·頁部》:“頁,頭也。臣鍇曰:古人以爲首字也。”⑤

① 李崇智:《中國歷代年號考》,中華書局,2001 年,3 頁。
② 班固:《漢書》,637 頁。
③ 李時珍:《本草綱目》,人民衛生出版社,1982 年,1473 頁。
④ 焦循:《孟子正義》,464 頁。
⑤ 徐鍇:《説文解字繫傳》,影印文淵閣《四庫全書》,第 223 冊。605 頁。

（5）《古漢語通論·古文的文體及其特點》：上古時代的序都是放在後面的。有人認爲《莊子·天下》就是《莊子》的序。（1110頁）

按：《四庫全書總目》卷一四七道家類存目著録《南華經副墨》八卷云：“明陸西星撰。西星，字長庚，號方壺外史，不知何許人。焦竑作《莊子翼》，引西星之說頗多，則其人在竑以前。其言博辨恣肆，詞勝于理。其謂《天下篇》爲即《莊子》後序，歷叙古今道術，而以己承之，即《孟子》終篇之意，則頗爲有見，故至今注《莊子》是篇者，承用其説云。”①

（6）《文選·左傳》：《左傳》是春秋時魯國史官左丘明所作，後來經過許多人增益。一般人認爲它原是一部獨立的歷史著作，但也有人認爲是傳（zhuàn）《春秋》的（《春秋》是魯國的一部大事年表性質的歷史書）。（7頁）

按：《史記·十二諸侯年表》：“魯君子左丘明，懼弟子人人異端，各安其意，失其真，故因孔子史記，具論其語，成《左氏春秋》。”②《漢書·藝文志》：“《左氏傳》三十卷，左丘明，魯太史。”③杜預《春秋左傳序》：“左丘明受經于仲尼，以爲經者不刊之書也。故傳或先經以始事，或後經以終義，或依經以辯理，或錯經以合異，隨義而發。”④以上三家（司馬遷、班固、杜預）皆“認爲是傳（zhuàn）《春秋》的”。

（7）《漢字部首舉例》：鮮，本義是魚名。引申爲一般的魚。《老子》：“治大國若烹小鮮。”再引申爲肉食新鮮的鮮。有人認爲新鮮的鮮是鱻字的假借字。（676頁）

按：《説文·魚部》：“鱻（引xiān），新魚精也。”段玉裁《説文解字注》云：“云精者，即今之鯖字。《周禮·廠人》：‘辨魚物爲鱻薧。’鄭司農曰：‘鮮，生也。薧，乾也。’《詩·思文》正義引鄭注《尚書》曰：‘衆鱻食，謂魚鱉也。’引申爲凡物新者之偁。許書‘玭’下云‘新玉色鮮也’，‘黨’下云

① 永瑢：《四庫全書總目》，1256頁。
② 司馬遷：《史記》，509—510頁。
③ 班固：《漢書》，1713頁。
④ 浦衛忠等整理：《春秋左傳正義》，14頁。

233

‘不鮮也’，其字蓋皆本作‘鱻’。凡鮮明、鮮新字皆當作鱻。自漢人始以鮮代鱻，如《周禮》經作‘鱻’，注作‘鮮’，是其證。至《説文》全書不用假借字，而‘玭’下‘黨’下亦皆爲淺人所改，今則‘鮮’行而‘鱻’廢矣。”①又，《説文·魚部》：“鮮，鮮魚也。”段注云：“按：此乃魚名，經傳乃假爲‘新鱻’字。”②

（8）《古漢語通論·古代文化常識（三）》：（《論語》中）祇有對曾子稱子不稱字，對有若也有一次稱子不稱字，所以有人推想《論語》是曾子和有若的門人所記的。（974 頁）

按：柳宗元《柳河東集》卷四《論語辨上》：“或問曰：儒者稱《論語》孔子弟子所記，信乎？曰：未然也。孔子弟子曾參最少，少孔子四十六歲。曾子老而死，是書記曾子之死，則去孔子也遠矣。曾子之死，孔子弟子略無存者矣，吾意曾子弟子之爲之也。何哉？且是書載弟子必以字，獨曾子、有子不然。由是言之，弟子之號之也。然則有子何以稱‘子’？曰：孔子之殁也，諸弟子以有子爲似夫子，立而師之。其後不能對諸子之問，乃叱避而退，則固嘗有師之號矣。今所記獨曾子最後死，余是以知之。或曰：孔子弟子嘗雜記其言，然而卒成其書者，曾氏之徒也。”③

七、不言所出者 1 例

《古漢語通論（二十一）·姓名》：名和字有意義上的聯繫。例如屈原，名平，字原。（《爾雅·釋地》：“廣平曰原。”）又如顏回，字子淵。（《説文》：“淵，回水也。”回是旋轉的意思。）有的名和字是同義詞，例如宰予，字子我；樊須，字子遲。（須和遲都有待的意思。）有的名和字是反義詞，例如曾點，字晳。（説文：“點，小黑也。”引申爲汙的意思。又：“晳，人色白也。”）有時候我們看不出名和字的聯繫，這主要是因爲語義變遷的緣故。（972 頁）

按：《古漢語通論》這段文字，皆出自王引之《經義述聞·春秋名字解

---

① 段玉裁：《説文解字注》，581—582 頁。
② 段玉裁：《説文解字注》，579 頁。
③ 柳宗元：《柳河東集》，影印文淵閣《四庫全書》，第 1076 册，43 頁。

詁》。知者，王引之《春秋名字解詁叙》：“名字者，自昔相承之詁言也。《白虎通》曰：‘聞名即知其字，聞字即知其名。’蓋名之與字，義相比附。”① 此即《古漢語通論》“名和字有意義上的聯繫”之所出也。王引之《經義述聞》卷二十三：“楚屈平，字原。《爾雅》：‘廣平曰原。’昭元年《公羊傳》：‘上平曰原。’”② 王引之《經義述聞》卷二十三：“魯顏回，字子淵。（《仲尼弟子傳》）《説文》：‘淵，回水也。’《荀子·致士》：‘水深則回。’”③ 王引之《經義述聞》卷二十二：“魯宰予，字子我。（《仲尼弟子傳》）”④ 王引之《經義述聞》卷二十二：“齊樊須，字子遲。《爾雅》：‘須，待也。’《歸妹》：‘九四，遲歸有時。’陸績注：‘遲，待也。’見《釋文》。”⑤ 王引之《經義述聞》卷二十二：“曾葴，字皙。按：葴，讀爲點。《説文》：‘點，雖皙而黑也。’”⑥ 此《古漢語通論》所舉屈原、顏回、宰予、樊須、曾點五證之所出也。建議未來修訂時，在這段文字前邊加上一句“據王引之《春秋名字解詁》説”。

　　小結：清人陳澧《東塾續集》卷一《引書法》的第一條説：“前人之文，當明引不當暗襲，《曲禮》所謂‘必則古昔’，又所謂‘毋剿説’也。明引而不暗襲，則足見其心術之篤實，又足徵其見聞之淵博。若暗襲以爲己有，則不足見其淵博，且有傷于篤實之道。明引則有兩善，暗襲則兩善皆失之也。”⑦ 這是從學術規範的角度立論的。王力先生《論古代漢語的教學》：“文選部分，是爲了解決感性認識的問題；通論部分，是爲了解決理性認識的問題；常用詞部分，既有感性認識，也有理性認識。我們在古代漢語的教學中，運用文選、常用詞、通論三結合的教授法，實際上是感性認識和理性認識的相結合。”⑧ 這是從教學方法上立論的。筆者贊成這樣的教學方法，問題是檢討其實際做法，所謂的感性認識和理性認識都是有重大缺陷

①　王引之：《經義述聞》，《續修四庫全書》，第 175 册，151 頁。
②　王引之：《經義述聞》，140 頁。
③　王引之：《經義述聞》，142 頁。
④　王引之：《經義述聞》，116 頁。
⑤　王引之：《經義述聞》，117 頁。
⑥　王引之：《經義述聞》，119 頁。
⑦　陳澧：《東塾續集》，28 頁。
⑧　王力：《王力文集》第十九卷，山東教育出版社，1990 年，477 頁。

的,不完整。此話怎講? 文選的注釋祇有結論,基本上諱言所出;古漢語通論介紹的文化常識也是祇有結論,基本上諱言所出:這就是筆者所説的重大缺陷。學生祇能接受《古代漢語》的現成的結論,至于《古代漢語》是怎樣得出這個結論的,則不得而知。學生自然就會認爲這是《古代漢語》編者的獨到見解。學生的思維到此止步,這對培養、激發學生好學深思的思維没有任何積極意義。朱熹《觀書有感》:"半畝方塘一鑑開,天光雲影共徘徊。問渠那得清如許? 爲有源頭活水來。"①竊以爲王力《古代漢語》的一個大缺點就是在給學生提供"源頭活水"方面没有堅持到底,一以貫之。筆者希望王力《古代漢語》在未來的修訂中能夠給學生提供"源頭活水",换言之,就是把那些"據説""舊説""傳説"等等都改作明引,苟如是,則學子耳濡目染,寢餽其中,受惠多矣! 善莫大焉!

---

① 朱熹:《晦庵集》,影印文淵閣《四庫全書》,第 1143 册,40 頁。

主要參考文獻

壹、著　　述

一、經部

1. 武英殿本《十三經注疏》,同治十年(1871)廣東書局重刊本。

2.《十三經注疏》,影印文淵閣《四庫全書》本。

3.《十三經注疏》,中華書局影印阮刻本,1980 年。

4.《十三經注疏》,北京大學出版社,2000 年。

5. 黃懷信整理:《尚書正義》,上海古籍出版社,2007 年。

6. 朱傑人、李慧玲整理:《毛詩注疏》,上海古籍出版社,2013 年。

7. 呂友仁整理:《禮記正義》,上海古籍出版社,2008 年。

8. 彭林整理:《周禮注疏》,上海古籍出版社,2010 年。

9. 王輝整理:《儀禮注疏》,上海古籍出版社,2008 年。

10. 陸德明:《經典釋文》,上海古籍出版社,1985 年。

11. 吳承仕:《經典釋文叙錄疏證》,中華書局,1984 年。

12. 阮元、王先謙編:《清經解 清經解續編》,上海書店,1988 年。

13. 朱熹:《四書章句集注》,中華書局,1983 年。

14. 朱傑人等主編:《朱子全書》,上海古籍出版社、安徽教育出版社,

2002 年。

15. 錢穆:《朱子學提綱》,生活·讀書·新知三聯書店,2002 年。

16. 高亨:《周易大傳今注》,齊魯書社,1998 年。

17. 林之奇:《尚書全解》,影印文淵閣《四庫全書》本。

18. 屈萬里:《尚書今注今譯》,臺灣商務印書館,1964 年。

19. 王世舜:《尚書譯注》,四川人民出版社,1982 年。

20. 李民、王健:《尚書譯注》,上海古籍出版社,2004 年。

21. 顧頡剛、劉起釪:《尚書校釋譯論》,中華書局,2005 年。

22. 朱熹:《詩集傳》,中華書局,1958 年。

23. 馬瑞辰:《毛詩傳箋通釋》,中華書局,1989 年。

24. 繆天綬:《詩經選注》,商務印書館,1937 年。

25. 屈萬里:《詩經詮釋》,聯經出版事業股份有限公司,1983 年。

26. 陳子展:《詩經直解》,復旦大學出版社,1983 年。

27. 高亨:《詩經今注》,上海古籍出版社,1980 年。

28. 馬持盈:《詩經今注今譯》,臺灣商務印書館,1979 年。

29. 高本漢著、董同龢譯:《高本漢詩經注釋》,中西書局,2012 年。

30. 袁愈荌:《詩經全譯》,貴州人民出版社,1993 年。

31. 周振甫:《詩經譯注》,中華書局,2002 年。

32. 夏傳才:《詩經研究史概要》,中州書畫社,1982 年。

33. 王應電:《周禮傳》,影印文淵閣《四庫全書》本。

34. 孫詒讓:《周禮正義》,中華書局,1987 年。

35. 金榜:《禮箋》,《續修四庫全書》本。

36. 宋綿初:《釋服》,《續修四庫全書》本。

37. 朱熹:《儀禮經傳通解》,影印文淵閣《四庫全書》本。

38. 萬斯大:《儀禮商》,影印文淵閣《四庫全書》本。

39. 胡培翬:《儀禮正義》,《續修四庫全書》本。

40. 李如圭:《儀禮集釋》,影印文淵閣《四庫全書》本。

41. 凌廷堪:《禮經釋例》,"中央研究院"中國文哲研究所,2002 年。

42. 司馬光：《書儀》,影印文淵閣《四庫全書》本。

43. 朱熹：《家禮》,影印文淵閣《四庫全書》本。

44. 衛湜：《禮記集説》,影印文淵閣《四庫全書》本。

45. 陳澔：《禮記集説》,中國書店,1994 年。

46. 吳澄：《禮記纂言》,影印文淵閣《四庫全書》本。

47. 孫希旦：《禮記集解》,中華書局,1989 年。

48. 朱彬：《禮記訓纂》,中華書局,1996 年。

49. 郭嵩燾：《禮記質疑》,岳麓書社,1992 年。

50. 焦循：《禮記補疏》,《續修四庫全書》本。

51. 葉紹鈞選注：《禮記》,商務印書館,1930 年。

52. 高本漢著、陳舜政譯：《禮記注譯》,"國立編譯館"中華叢書編審委員會,1981 年。

53. 王鍔：《〈禮記〉成書考》,中華書局,2007 年。

54. 王聘珍：《大戴禮記解詁》,中華書局,1983 年。

55. 孔廣森：《大戴禮記補注》,中華書局,2013 年。

56. 陳祥道：《禮書》,影印文淵閣《四庫全書》本。

57. 秦蕙田：《五禮通考》,影印文淵閣《四庫全書》本。

58. 金鶚：《求古録禮説》,《續修四庫全書》本。

59. 俞樾：《鄭君駁正三禮考》,《清經解續編》本。

60. 杜預：《春秋釋例》,影印文淵閣《四庫全書》本。

61. 竹添光鴻：《左氏會箋》,巴蜀書社,2008 年。

62. 王伯祥：《左傳讀本》,開明書店,1940 年。

63. 徐中舒：《左傳選》,中華書局,1963 年。

64. 楊伯峻：《春秋左傳注》(修訂版),中華書局,1990 年。

65. 皇侃：《論語集解義疏》,影印文淵閣《四庫全書》本。

66. 郝敬：《論語詳解》,《續修四庫全書》本。

67. 毛奇齡：《論語稽求篇》,影印文淵閣《四庫全書》本。

68. 劉寶楠：《論語正義》,中華書局,1990 年。

69. 江永：《鄉黨圖考》，影印文淵閣《四庫全書》本。

70. 程樹德：《論語集釋》，中華書局，1990 年。

71. 趙順孫：《孟子纂疏》，影印文淵閣《四庫全書》本。

72. 焦循：《孟子正義》，中華書局，1987 年。

73. 朱彝尊：《經義考》，影印文淵閣《四庫全書》本。

74. 閻若璩：《四書釋地續》，影印文淵閣《四庫全書》本。

75. 惠棟：《九經古義》，影印文淵閣《四庫全書》本。

76. 王引之：《經義述聞》，《續修四庫全書》本。

77. 陳立：《白虎通疏證》，中華書局，1994 年。

78. 俞樾：《茶香室經説》，《續修四庫全書》本。

79. 皮錫瑞著、周予同注釋：《經學歷史》，中華書局，1959 年。

80. 梁启超：《清代學術概論》，上海古籍出版社，1998 年。

81. 劉師培：《國學發微》，商務印書館，1936 年。

82. 劉師培：《經學教科書》，岳麓書社，2013 年。

83. 張麗娟：《宋代經書注疏刊刻研究》，北京大學出版社，2013 年。

84. 呂友仁：《孔穎達〈五經正義〉義例研究》，上海古籍出版社，2019 年。

小學類

1. 徐鍇：《説文解字繫傳》，影印文淵閣《四庫全書》本。

2. 戴侗：《六書故》，影印文淵閣《四庫全書》本。

3. 段玉裁：《説文解字注》，上海古籍出版社，1981 年。

4. 王筠：《説文句讀》，中華書局，1988 年。

5. 張舜徽：《説文解字約注》，中州書畫社，1983 年。

6. 王念孫：《廣雅疏證》，江蘇古籍出版社，1984 年。

7. 黃生撰、黃承吉合按：《字詁義府合按》，中華書局，2006 年。

8. 阮元主編：《經籍籑詁》，《續修四庫全書》本。

9. 王引之：《經傳釋詞》，岳麓書社，1984 年。

10. 俞樾：《古書疑義舉例》，中華書局，1956 年。

11. 王先謙:《釋名疏證補》,中華書局校點本,2008 年,298 頁。

12. 錢繹:《方言箋疏》,中華書局,1991 年。

13. 楊樹達:《古書句讀釋例》,中華書局,1954 年。

14. 裴學海:《古書虛字集釋》,中華書局,1954 年。

15. 王力主編:《王力古漢語字典》,中華書局,2000 年。

二、史部

1. 中華書局校點本《二十四史》。

2. 中華書局校點本《清史稿》。

3. 司馬光:《資治通鑑》,中華書局,1956 年。

4. 瀧川資言:《史記會注考證》,文學古籍刊行社,1955 年。

5. 仇利萍:《國語通釋》,四川大學出版社,2015 年。

6. 黃懷信:《逸周書校補注譯》,三秦出版社,2006 年。

7. 劉向:《古列女傳》,影印文淵閣《四庫全書》本。

8. 常璩:《華陽國志》,影印文淵閣《四庫全書》本。

9. 宗懍:《荊楚歲時記》,影印文淵閣《四庫全書》本。

10. 陳橋驛:《水經注校證》,中華書局,2007 年。

11. 杜佑:《通典》,中華書局,1988 年。

12.《大唐開元禮》,影印文淵閣《四庫全書》本。

13. 浦起龍:《史通通釋》,上海古籍出版社,1978 年。

14.《元典章》,《續修四庫全書》本。

15. 查繼佐:《罪惟録》,《續修四庫全書》本。

16. 梁啓超:《中國近三百年學術史》,北京市中國書店,1985 年。

17. 陳垣:《校勘學釋例》,上海書店,1997 年。

18. 顧頡剛:《秦漢的方士與儒生》,上海古籍出版社,2005 年。

19. 呂思勉:《史學四種·中國史籍讀法》,上海人民出版社,1981 年。

20. 呂思勉:《中國制度史》,上海教育出版社,2001 年。

21. 范文瀾:《范文瀾歷史論文選集》,中國社會科學出版社,1979 年。

22. 范文瀾主編:《中國通史簡編》,人民出版社,1965 年。

23. 馮友蘭：《中國哲學史》，華東師範大學出版社，2000年。

24. 湯用彤：《漢魏兩晉南北朝佛教史》（增訂本），北京大學出版社，2011年。

25. 韓國磐：《中國古代法制史研究》，人民出版社，1993年。

26. 楊寬：《古史新探》，中華書局，1965年。

27. 楊寬：《歷史激流：楊寬自傳》，臺灣大塊文化出版股份有限公司，2005年。

28. 田金祺等修、趙東階等纂：《氾水縣志》，成文出版社，1968年。

29. 楊玉聖、張保生主編：《學術規範讀本》，河南大學出版社，2004年。

30. 張舜徽：《漢書藝文志通釋》，湖北教育出版社，1990年。

31. 姚振宗：《隋書經籍志考證》，《二十五史補編》，開明書店，1936年。

32. 永瑢：《四庫全書總目》，中華書局，1965年。

33.《中國古籍善本書目·經部》，上海古籍出版社，1985年。

34. 張之洞著、范希增補正：《書目答問補正》，上海古籍出版社，2001年。

三、子部

1. 郭慶藩：《莊子集釋》，中華書局，1961年。

2. 王先謙：《莊子集解》，中華書局，1999年。

3. 吳則虞：《晏子春秋集釋》，中華書局，1962年。

4. 張純一：《晏子春秋校注》，《諸子集成》第4冊，中華書局，2002年。

5. 蔣禮鴻：《商君書錐指》，中華書局，1986年。

6. 陳奇猷：《呂氏春秋校釋》，學林出版社，1984年。

7. 王先慎：《韓非子集解》，中華書局，1998年。

8. 劉文典：《淮南鴻烈集解》，中華書局，1989年。

9. 閻振益、鍾夏：《賈誼新書校注》，中華書局，2000年。

10. 黃暉：《論衡校釋》，中華書局，1990年。

11. 崔豹：《古今注》，影印文淵閣《四庫全書》本。

12. 王利器：《顏氏家訓集解》，中華書局，2002年。

13. 蘇軾：《東坡志林》,中華書局,1981 年。

14. 唐慎微等：《重修政和證類本草》,《四部叢刊初編》本。

15. 高承：《事物紀原》,影印文淵閣《四庫全書》本。

16. 羅大經：《鶴林玉露》,影印文淵閣《四庫全書》本。

17. 黎靖德編：《朱子語類》,中華書局。1986 年。

18. 焦竑：《焦氏筆乘》,中華書局,2010 年。

19. 顧炎武著、黃汝成集釋：《日知錄集釋》,中州古籍出版社,1990 年。

20. 馬國翰：《玉函山房輯佚書》,《續修四庫全書》本。

21. 王念孫：《讀書雜志》,江蘇古籍出版社,1985 年。

22. 于鬯：《香草校書》,中華書局,1984 年。

23. 黃侃：《黃侃論學雜著》,中華書局,1964 年。

24. 余嘉錫：《世説新語箋疏》,中華書局,1983 年。

25. 沈從文：《中國古代服飾研究》,北岳文藝出版社,2002 年。

26. 王關仕：《儀禮服飾考辨》,文史哲出版社,1977 年。

27. 陳茂同：《中國歷代衣冠服飾制》,百花文藝出版社,2005 年。

四、集部

1. 蕭統編、李善注：《文選》,中華書局,1977 年。

2. 《六臣注文選》,影印文淵閣《四庫全書》本。

3. 劉禹錫：《劉賓客文集》,影印文淵閣《四庫全書》本。

4. 馬茂元：《韓昌黎集校注》,上海古籍出版社,1986 年。

5. 司馬光：《傳家集》,影印文淵閣《四庫全書》本。

6. 張方平：《樂全集》,影印文淵閣《四庫全書》本。

7. 蘇軾：《蘇東坡全集》,中國書店,1986 年。

8. 郭茂倩：《樂府詩集》,中華書局,1979 年。

9. 朱熹：《晦庵集》,影印文淵閣《四庫全書》本。

10. 虞集：《道園學古錄》,影印文淵閣《四庫全書》本。

11. 劉宗周：《劉蕺山集》,影印文淵閣《四庫全書》本。

12. 張綖：《詩餘圖譜》,《四庫全書存目叢書》本。

13. 戈載：《詞林正韻》,《續修四庫全書》本。

14. 賀復徵：《文章辨體彙選》,影印文淵閣《四庫全書》本。

15. 徐乾學編注：《御選古文淵鑒》,影印文淵閣《四庫全書》本。

16. 陰法魯主編：《古文觀止譯註》,北京大學出版社,2001 年。

17. 戴震：《戴震集》,中華書局校點本,1980 年。

18. 錢大昕：《潛研堂集》,上海古籍出版社,1989 年。

19. 陳澧：《東塾續集》,《近代中國史料叢刊》(77),文海出版社,1966 年。

20. 高平叔編：《蔡元培全集》,中華書局,1984 年。

21. 王國維：《觀堂集林》,河北教育出版社,2003 年。

22. 歐陽哲生編：《胡適文集》,北京大學出版社,1998 年。

23. 毛澤東：《毛澤東書信選集》,中央文獻出版社,2003 年。

24. 錢穆：《錢賓四先生全集》,聯經出版事業股份有限公司,1998 年。

25. 魯迅：《且介亭雜文末編》,人民文學出版社,1973 年。

26. 郭沫若：《郭沫若全集》,人民文學出版社,1992 年。

27. 余嘉錫：《余嘉錫文史論叢》,岳麓書社,1997 年。

28. 范文瀾：《文心雕龍注》,人民文學出版社,1958 年。

29. 饒宗頤：《饒宗頤二十世紀學術文集》,中國人民大學出版社,2009 年。

30. 張舜徽：《訒庵學術講論集》,岳麓書社,1992 年。

31. 張舜徽：《張舜徽集》,華中師範大學出版社,2004 年。

32. 王力：《王力文集》,山東教育出版社,1990 年。

33. 王逸：《楚辭章句》,影印文淵閣《四庫全書》本。

34. 黃靈庚：《楚辭章句疏證》,中華書局,2007 年。

五、出土文獻

1.《郭店楚墓竹簡》,文物出版社,1998 年。

六、佛教經典

1.《中華大藏經》,中華書局,1988 年。

貳、論　文

1. 楊寬：《"冠禮"新探》，載《中華文史論叢》第一輯，中華書局上海編輯所，1962 年。

2. 曹道衡：《〈北山移文〉新證》，《古籍研究》，1997 年。

3. 易丹：《李學勤談清代經學的幾個問題》，載《中華讀書報》2001 年8 月 15 日。

4. 王鍔：《八行本〈禮記正義〉傳本考》，《古籍整理研究學刊》2001 年第 6 期。

5. 蔡方鹿：《朱熹經典詮釋學之我見》，《文史哲》2003 年第 2 期。

6. 彭林：《論經學的性質、學科地位與學術特點》，《河南社會科學》2007 年第 1 期。

7. 李慧玲：《阮刻〈毛詩注疏〉底本諸説之辨正》，《中華文史論叢》2008 年第 1 期。

8. 李學勤：《國學的主流是儒學，儒學的核心是經學》，《中華讀書報》2010 年 8 月 4 日第 15 版。

9. 李慧玲：《試説中國古代的狂歡節——蜡祭》，《河南師範大學學報》2011 年第 2 期。

10. 李慧玲：《阮刻〈毛詩注疏〉研究》，華東師範大學古籍所 2008 年博士學位論文，指導教師：朱傑人教授。

11. 王文艷：《試説〈五經正義〉撰成後的三道善後詔書》，《語文學刊》2016 年第 12 期。

12. 劉鳳霞：《試從經學的角度審視王力〈古代漢語〉》，河南師範大學 2017 年碩士學位論文，指導教師：吕友仁教授。

13. 吕梁：《"褐襲禮"研究》，南京師範大學 2019 年碩士學位論文，指導教師：王鍔教授。

圖書在版編目（CIP）數據

王力《古代漢語》經學芻議／吕友仁著. —上海：
上海古籍出版社，2021.5
ISBN 978－7－5325－9966－0

Ⅰ.①王…　Ⅱ.①吕…　Ⅲ.①古漢語—研究　Ⅳ.
①H109.2

中國版本圖書館 CIP 數據核字（2021）第 072328 號

王力《古代漢語》經學芻議

吕友仁　著

上海古籍出版社出版發行

（上海瑞金二路 272 號　郵政編碼 200020）

（1）網址：www.guji.com.cn

（2）E-mail：guji1@guji.com.cn

（3）易文網網址：www.ewen.co

蘇州市越洋印刷有限公司印刷

開本 635×965　1/16　印張 15.5　插頁 5　字數 216,000
2021 年 5 月第 1 版　2021 年 5 月第 1 次印刷
ISBN 978－7－5325－9966－0

B・1209　定價：78.00 元
如有質量問題,請與承印公司聯繫